LA FRANCE DE FACE

Du même auteur

Les Médias russes, La Documentation française, 1996.

Quand les médias russes ont pris la parole, L'Harmattan, 1997.

Chienne de guerre, Fayard, 2000, prix Albert-Londres. Le Livre de Poche, 2001.

Algérienne, de Louisette Ighilahriz, récit recueilli par Anne Nivat, Fayard-Calmann-Lévy, 2001.

La Maison haute, Fayard, 2002. Le Livre de Poche, 2004.

La guerre qui n'aura pas eu lieu, Fayard, 2004.

Lendemains de guerre en Afghanistan et en Irak, Fayard, 2004.

Islamistes : comment ils nous voient, Fayard, 2006.

Par les monts et les plaines d'Asie centrale, Fayard, 2006.

Bagdad Zone rouge, Fayard, 2008.

Correspondante de guerre (avec Daphné Collignon), publié par Reporters sans frontières, Soleil, 2009.

Les Brouillards de la guerre, Fayard, 2011.

La République juive de Staline, Fayard, 2013.

Dans quelle France on vit, Fayard, 2017.

Un continent derrière Poutine ?, Le Seuil, 2018.

Dans la gueule du loup (avec Horne et Jean-Marc Thévenet), Marabulles, 2021.

Anne Nivat

La France de face

Fayard

Couverture Hokus Pokus Créations
Photo © Sophie Bramly

ISBN : 978-2-213-71256-7
Dépôt légal : janvier 2022

À toutes celles et tous ceux
qui croient d'abord en l'humain.

Qu'est-ce qui était réel et qu'est-ce qui ne l'était pas ?
Chacun avait son opinion, sa propre vision excitante de la réalité,
et très peu de gens semblaient avoir le don de neutralité,
être capables de regarder le monde d'une manière calme, détachée,
depuis une certaine distance, pas encombrés par la partialité.
Le préjugé était partout.

Bret Easton ELLIS

Notre rapport au vrai passe par les autres.
Ou bien nous allons au vrai avec eux,
ou bien ce n'est pas au vrai que nous allons.

Maurice MERLEAU-PONTY

AVANT-PROPOS SUBJECTIF[1]

En 2017, à la veille de l'élection présidentielle, j'ai publié *Dans quelle France on vit*[2], une enquête de terrain dans six villes « moyennes » et oubliées des médias. Reporter de guerre habituée depuis des années à fréquenter de lointaines contrées en conflit, je voulais « aller voir » mon propre pays qui avait subi une vague d'attentats terroristes en 2015.

Je revendique une démarche lente et patiente, nourrie de séjours riches, durant lesquels je note méticuleusement ce que mes interlocuteurs m'apprennent sur eux et leurs villes, comme à Évreux, Laon, Laval, Montluçon, Lons-le-Saunier ou Ajaccio, dans lesquelles j'avais enquêté sur le sentiment de déclassement ou d'insécurité (réel ou fantasmé), les problèmes liés à l'identité, le malaise des jeunes ou l'emploi. Désireuse d'« entrer dans le disque dur des fractures françaises et du malaise démocratique[3] », j'avais sillonné une France

1. J'emprunte cette lumineuse expression à l'excellent livre de Gérald Bronner, *Apocalypse cognitive*, PUF, 2021.

2. Fayard, 2017 ; Pluriel, 2017.

3. Cf. le premier chapitre de Christophe Guilluy, *La France périphérique : Comment on a sacrifié les classes populaires*, Flammarion, 2014.

peu connue, pas vraiment trépidante (la grimace de certains interlocuteurs parisiens quand je leur dressais la liste de mes lieux ! « Tu vas t'ennuyer ferme ! » était quasi unanime, « les guerres, c'est beaucoup mieux », avais-je même entendu !), et j'avais donné la parole aux ouvriers, aux employés, aux petits paysans, aux modestes indépendants, aux jeunes, aux chômeurs ou aux retraités, qui n'intéressaient ni les politiques, ni les médias, ni les intellectuels. J'étais allée au-devant « des gens que les habitants des grandes villes ne croisent jamais. Des gens qu'on n'entend jamais », comme l'a admirablement souligné l'écrivain Danièle Sallenave dans un opuscule[1] publié en pleine crise des Gilets jaunes.

Peu de temps avant que nos ronds-points ne rassemblent toutes les colères « invisibles », derrière l'apparence trompeuse d'une société paisible, la gronde affleurait. Déjà, on se jugeait sans plus désirer se comprendre.

À la parution du livre, je fus submergée de réactions. « C'est un livre révolutionnaire parce qu'il fait parler le bon peuple », m'avait écrit un lecteur avisé (certains prennent encore leur plume…), plus nombreux furent les messages parvenus via les réseaux sociaux. À la suite d'une intervention dans l'émission politique de France 2, à l'automne 2018[2], je reçus ces lignes : « Il est difficile d'imaginer notre douleur

1. Danièle Sallenave, de l'Académie française, *Jojo, le gilet jaune*, Gallimard, « Tracts », avril 2019. Dans un ouvrage suivant, *Parole en haut, silence en bas*, Gallimard, « Tracts », janvier 2021, désireuse de savoir « qu'est-ce qu'on en dit dans les familles, les foyers clos, derrière les portes refermées », Danièle Sallenave questionne cette parole « qui tombe d'en haut ».

2. « Vous avez la parole », France 2.

à nous, femmes qui portons un foulard. On nous invisibilise, on nous méprise, on parle à notre place, on nous fait penser tout et n'importe quoi... Mais nous sommes là, chacune dans notre coin à travailler, étudier, éduquer, vivre du mieux que nous pouvons dans cette société qui ne nous (re) connaît pas. Ou plutôt ces "élites" qui nient notre identité, car cette France que vous avez sillonnée, elle, comme vous, elle connaît cette voisine, collègue, camarade d'université, maman d'élève qui ne demande qu'à vivre tranquillement dans le respect de l'autre. »

Sur Twitter, Facebook, WhatsApp, Signal, Telegram, Instagram, femmes et hommes, jeunes et moins jeunes m'écrivaient pour témoigner, ajouter un détail, donner leur avis. Certains m'invitaient dans leur ville, voire à leur domicile, pour que j'offre un écho à « leurs » problèmes, « leur » situation, « leurs » expériences de vie[1], corroborant l'affirmation de Pierre Rosanvallon : « La vraie vie des Français n'est pas dans les grandes théories ou les moyennes statistiques. (...) La vraie vie des Français n'a pas davantage été racontée par les sondages (qui) n'ont pas déchiffré la boîte noire des attentes, des colères, et des peurs qui les fondaient[2]. » Cette « vraie vie » se trouve dans une appréhension plus subjective du pays, « en partant de la perception que les Français ont de leur situation personnelle et de l'état de la société[3] ».

1. Illustrant ce que l'historien et sociologue Pierre Rosanvallon a théorisé dans son ouvrage *Les Épreuves de la vie*, Le Seuil, 2021. « Aujourd'hui, ce sont les épreuves de la vie qui redessinent la carte du social », a-t-il affirmé au *Monde*, 24 août 2021.

2. Pierre Rosanvallon, *Les Épreuves de la vie*, *op. cit.*, p. 9.

3. *Ibid.*

Ces réactions m'incitèrent à poursuivre l'enquête dans *La France de face*. Avec l'élection d'Emmanuel Macron, ce président alors inconnu et non issu d'un parti politique, la France semblait au-devant d'une aventure politique nouvelle. Serait-il épargné par le « dégagisme » dont avaient souffert tous les représentants du pouvoir politique avant lui ? À partir de l'automne 2018, l'irruption de centaines de milliers de manifestants dans la rue et sur des ronds-points transformés en hauts lieux de la fraternité d'abord, de la colère ensuite, finit par me convaincre que je n'en avais pas fini avec la France.

Je repris la route.

Partout, la violence (et le ressenti de cette violence) s'était démultipliée. Comment (re)définir violence légale et violence civile ? Les Gilets jaunes respectaient-ils leurs « adversaires » ? Il me fallait interroger mes concitoyens[1]. Au fil de cette enquête, je pris conscience de l'attrait croissant pour l'autodéfense, alimenté par la décrédibilisation de toute autorité au point que, bientôt peut-être, sous le choc de leur inutilité, les policiers ne voudraient plus être policiers ! Peut-être aussi qu'à l'avenir, au vu du nombre croissant de ceux considérant comme anormale l'existence même d'un chef de l'État, n'y aurait-il même plus de président !

La crise semblait profonde. Il s'agit d'un système pervers : plus la déception des citoyens à l'égard de l'action des gouvernants s'approfondit, plus ils ont l'impression que le seul levier qui leur reste est l'élection présidentielle, plus le système est dévalué, moins les gens sont prêts à accepter

1. Par souci de réalité et honnêteté, j'ai choisi de retranscrire tels quels les propos de tous mes interlocuteurs, sans les corriger ou les clarifier. Ce choix est dénué de tout jugement de valeur.

une réforme. Nous sommes dans une impasse politique[1] », soulignait le philosophe et historien Marcel Gauchet pour qui cette crise relevait d'une épreuve de vérité : les Français allaient devoir arrêter de se raconter des histoires et regarder les choses en face, d'autant que les uns et les autres ne vivaient déjà plus « tout à fait dans le même monde[2] », ajoutait le sociologue Gérard Bronner.

Écrit entre 2018 et 2021, ce nouveau livre continue à regarder la France non de haut ou d'en bas, mais bien de face. Pendant plusieurs mois, je me suis immergée dans huit lieux. Mes interlocuteurs m'ont raconté ce qu'ils vivent et comment ils voient notre pays.

À Denain (Nord), j'ai traité de la pauvreté, qui n'a heureusement pas effacé la fraternité, alors que le clientélisme menace ; à Givors (Rhône), de la fracture entre les « mobiles » et les « immobiles » ; à Alès (Gard), du trafic de drogue qui gangrène certains quartiers de la ville dans l'indifférence générale ; dans la vallée du Diois (Drôme), des tensions entre nouveaux venus et autochtones, provoquées par les changements de vie induits par la pandémie ; à Fégréac (Loire-Atlantique), des petits arrangements entre paysans bios et agriculteurs traditionnels, contraints de tenir compte les uns des autres ; à Saint-Maixent-l'École (Deux-Sèvres), de la quête de tranquillité de la population ; à Andernos-les-Bains (Gironde), du face-à-face entre « vieux » riches et « vieux » pauvres, les uns et les autres n'étant dupes de rien ; enfin, à Châlons-en-Champagne (Marne), ville championne

1. Selon Marcel Gauchet, *Le Monde*, 8 juin 2020.
2. Cf. Gérard Bronner, *Le Journal du dimanche*, 15 août 2021.

de l'abstention, j'ai constaté que les jeunes préfèrent agir plutôt que voter.

Pour l'écrire, j'ai rencontré et écouté à peu près cent personnes (un peu plus d'une dizaine par chapitre) dont j'ai tenté de saisir la vie, le fonctionnement, les positions politiques, les valeurs, la nature. Dénuée de tout stéréotype ou idée reçue, je ne me sens jamais autant moi-même qu'en pénétrant une société qui n'est pas la mienne, comme je l'ai fait en Irak, en Afghanistan, ou en Tchétchénie, et j'ai éprouvé la même sensation en France. Sans affiliation rédactionnelle, je ne représente que moi-même et ne dois rien à personne. Avec le recul, je me suis demandé si je n'étais pas parvenue à sortir de mes péripéties guerrières justement parce que je n'étais *personne*. Qui pouvait intéresser cette jeune femme seule ? Au détour d'une haute vallée tchétchène, même des combattants wahhabites avaient renoncé à me kidnapper ! Finalement, l'absence d'appartenance se révélait un atout : on me faisait confiance.

Dans ce livre, j'ai mélangé focales et points de vue, mixé des thématiques, mais j'ai aussi posé des interrogations et lancé des pistes qui pourraient aboutir (on peut toujours rêver) à une grande conversation collective. Au gré des pages, je vous emmène dans les méandres de cette France que vous croyez connaître, mais j'en dessine une tout autre : moins caricaturale, plus subtile, et surtout, étonnamment apte à s'adapter.

Je suis une femme blanche, cisgenre, hétérosexuelle, d'une catégorie socioprofessionnelle aisée qui, par pure curiosité journalistique (cela correspond aussi à ma nature), revendique le droit de s'intéresser à ceux qui ne sont pas comme elle. Sans être dans l'ignorance blanche, j'appartiens au groupe racial majoritairement dominant et je sais que ne pas l'être entraîne des conséquences, parfois illustrées dans ce livre. Si, dans ma carrière, je m'étais limitée à questionner mes semblables, je ne serais jamais partie durant des mois dans des pays en guerre découvrir une situation, un peuple, une religion, des us et coutumes. Je me serais privée d'interviewer des djihadistes, des talibans, des oligarques, et de raconter leur histoire. J'aurais failli à devenir cet intermédiaire nécessaire entre la source d'un récit et sa réception par le public, qui veut et doit savoir. Réels, ces « privilèges » n'ôtent rien à mon désir, mon élan, mon énergie à rencontrer l'Autre.

Mon implication n'est pas « politique » au sens de « militante », elle est émotionnelle, c'est-à-dire humaine : une éventuelle méfiance initiale entre mon interlocuteur et moi-même finit toujours par s'évaporer et se transformer en une relation fondée sur le respect. Je n'ai jamais forcé quiconque à me parler. J'ai rarement essuyé un refus. En France (ou ailleurs), quand je me présente à la porte d'un domicile, on me reçoit car j'ai pris la peine de me déplacer (le contraire serait impoli). On est honoré et content, mais aussi surpris. Je fais parler mes interlocuteurs d'eux-mêmes parce que leur situation personnelle est ce qu'ils connaissent le mieux et que toutes ces vies quotidiennes sont bien souvent éloignées des préoccupations de la vie politique nationale. En ressentant mon désir d'accueillir leurs mots, de saisir leurs émotions pour les transmettre, chacun me raconte en confiance les épreuves de leur vie. Une impression d'abandon m'étreint chaque fois que je quitte les lieux de la rencontre. Je suis toujours émue de laisser ceux qui m'ont fait confiance.

En janvier 2019, une de mes étudiantes de l'Académie du journalisme et des médias (AJM), un master de l'université de Neuchâtel où j'enseigne depuis onze ans, m'a sidérée. Quand elle avait annoncé à ses amis s'inscrire à l'AJM, ils s'étaient exclamés : « Mais tu n'as pas peur de faire un métier que tout le monde déteste ? »

Cette haine des médias n'a rien d'inédit : la méfiance à l'égard des journalistes est aussi ancienne que le journalisme lui-même, objet d'attaques depuis son avènement il y a de cela plus de quatre siècles. Ainsi que le montre avec constance depuis 2009 le baromètre de la confiance politique du Cevipof[1], les médias sont toujours les organisations les plus discréditées aux yeux des Français, au même niveau que les partis politiques. Selon Alexis Lévrier, historien, quand les Gilets jaunes évoquent « journalopes » ou « presstituées », « ils utilisent des mots nouveaux pour reproduire un imaginaire ancien[2] ».

On nous déteste, c'est une évidence, mais, en même temps, on a besoin de nous parce que le désir de représentation du monde (et de soi) sera toujours plus fort que le silence. À l'affût d'une « utilité » mesurable des médias, beaucoup de mes interlocuteurs pensent que si « on » ne leur donne « pas assez » la parole, ce serait à cause d'un dessein caché. « Je n'ai qu'une ligne éditoriale,

1. Centre de recherches politiques de Sciences Po.
2. Cf. « Gilets jaunes, la haine des médias n'a rien d'inédit », *Le Monde*, 12 janvier 2019.

la ligne de chemin de fer », proclamait, en 1925, Albert Londres. Même délégitimés, les médias devraient imposer des sujets qui, justement, ne font pas l'actualité, par exemple « fouiner » entre deux guerres ou deux élections présidentielles, s'émerveiller « devant certaines réalités que d'autres trouvaient banales », comme l'a toujours fait le père du « nouveau journalisme » Gay Talese[1]. Si aucun angle ne s'impose, créons-le !

Je n'ai jamais cru à l'objectivité en journalisme, en revanche, je défends farouchement l'idée d'un travail honnête et utile. J'assume ma subjectivité et revendique l'absence de jugement : sans censurer ni porter aux nues quiconque, je donne la parole dans les limites de l'angle journalistique choisi et respecte de stricts principes éthiques.

« C'est quoi être journaliste ? Tout le monde l'est ! » m'assène-t-on de plus en plus souvent. Non, tout le monde ne l'est pas. Être journaliste, ce n'est pas « produire du contenu » pour susciter un maximum de *likes*, de clics ou de rentrées publicitaires, c'est raconter des histoires vraies, obtenues et partagées grâce à du travail, l'art de la contextualisation, de la pédagogie, le respect d'une éthique et, accessoirement, du talent. J'ajouterais la passion de se frotter au terrain, à l'inconnu et à l'inattendu. Être journaliste, c'est passer son temps à quitter son confort (matériel, intellectuel) pour prêter attention à des points de vue autres. Je ne sais pas d'ailleurs toujours quel est mon point de vue,

1. Cf. Gay Talese, « Sinatra a un rhume », Éditions du sous-sol, 2018, p. 279.

mais je sais une chose : j'ai sans cesse envie d'en entendre d'autres !

Au lieu de raconter des histoires drôles ou inventées (j'aimerais savoir le faire), je raconte des histoires vraies, m'appuyant sur des faits remontés du terrain. La vérité n'existe pas, seuls s'entrechoquent les faits issus du réel. « Les journalistes sont des scribes. Les greffiers des vies qu'on leur raconte[1] », affirme avec justesse ma consœur Duan Bui. Pour ce livre, comme pour tous les précédents, sans ajout, apprêt ou apport, je me suis approchée au plus près, tout en restant à ma place. Cela ne se fait quasiment plus, et surtout, cela n'est plus mis en valeur par notre société, qui préfère toujours la facilité du sensationnel, les polémiques, la confusion des genres et les amalgames.

Quand, le 9 janvier 2016, le Premier ministre Manuel Valls avait déclaré lors d'un hommage aux victimes de l'attaque terroriste de l'Hypercacher : « Il ne peut y avoir aucune explication qui vaille. Car expliquer, c'est déjà vouloir un peu excuser », ses propos avaient provoqué un tollé. Chercheurs en sciences sociales, mais aussi journalistes, n'expliquent jamais pour excuser, mais pour contribuer à la connaissance commune.

Bref, être journaliste, c'est refuser la posture et ne jamais esquiver ces efforts.

J'ai écrit ce livre pour aider à porter un diagnostic, pour montrer ce qui se passe, sans explication idéologique. Proposer à notre société un miroir d'elle-même est un

1. Cf. Duan Bui, « Pour qui travaille le journaliste ? », revue *Astérisque*, lettre de La Scam, numéro 66, décembre 2020.

rouage essentiel au fonctionnement démocratique. Voilà à quoi, humblement, pourrait servir ce travail.

Nous vivons dans la pénombre ricanante d'un enfer où les écrans ont envahi nos univers, presque au point de les remplacer. Toujours pressés de passer à autre chose, comme envoûtés, nous rechignons à voir ce qui fait peine et avons tendance à nous soustraire au réel. Étrange et stérile attitude.

Dans ce livre, je vous invite à tout regarder de face et, croyez-moi, cela fait du bien !

- 1 -

DENAIN

Not' vie à nous, c'est toujours dans l'bas.

Christiane

« Dans notre pays, le gouvernement sème la peur et développe l'anxiété, alors que ce type d'attitude est plutôt réservé à l'extrême droite. » Ces mots cinglants, prononcés d'une voix fluette, un tantinet haut perchée, n'ont pas été prononcés par un homme politique, mais par un homme d'Église singulier, l'abbé Joseph, curé du Denaisis, dit « *padre* », « Jo », pour ses amis, ou « Pino », pour sa famille italienne. Durant mon séjour à Denain, ville de 20 000 habitants des Hauts-de-France, son nom a été évoqué presque tous les jours par des interlocuteurs pourtant peu férus de religion. L'abbé venait de déménager dans la ville voisine de Saint-Amand-les-Eaux où il avait été ordonné en l'an 2000. Il m'y a reçue trois heures durant avec respect, ouverture et curiosité.

Illico tutoyée, je me suis vite sentie en confiance face à cet homme bienveillant témoignant d'une impressionnante lucidité sur les maux de notre pays. En discutant pauvreté, précarité et fraternité, la conversation prit rapidement un tour politique. L'abbé ne mâchait pas ses mots : « Ici, j'ai rencontré des gens qui votent RN et qui sont pleins de compréhension envers leur prochain, insistait-il. Ces gens ont tous des raisons personnelles pour voter RN, d'abord parce qu'ils se sentent humiliés dans leur quotidien... À côté de ça, ils sont bons à l'église », répétait-il, lucide. En ajoutant ce bon mot : « Ce ne sont pas des fascistes, mais des fâchés[1] ! »

Treize jours plus tard, le *padre* de 66 ans succombait à une leucémie foudroyante[2]. Lors de ses funérailles, à la sortie de l'église[3], les nombreux Gilets jaunes présents se sont écartés pour former une haie d'honneur de part et d'autre de son cercueil alors que résonnait « Camarade » de Jean Ferrat. Dès le début du mouvement de protestation, le père Joseph, ancien ouvrier syndiqué CFDT quinze années durant dans une usine de zinc voisine, s'était intéressé à eux. En décembre 2018, il avait même passé du temps sur des ronds-points occupés et célébré une messe de Noël d'anthologie sur celui de Somain[4].

Le clairvoyant abbé avait compris que ceux qui votaient Rassemblement national renouaient avec un sentiment de justice, même fugace. Il constatait aussi avec tristesse que, souvent, ces électeurs ne se représentaient ni le poids ni les conséquences de leur choix. Avec effroi, il s'était rendu compte que les soucis personnels et autres considérations

1. Expression inventée par Michel Lefebvre, maire communiste de Douchy-les-Mines entre 2001 et 2017, ex-salarié d'Usinor Valenciennes et syndicaliste, conseiller général puis départemental de « Denain 2008 », vice-président du Conseil général du Nord entre 2008 et 2015. L'abbé Joseph aimait lui emprunter cette formule.

2. Serein lors de notre entretien, le père Joseph eut ces mots à propos de sa maladie : « Je l'ai épousée comme une danseuse de la mort. »

3. Célébrée le 3 octobre 2020 en la collégiale Saint-Pierre de Douai.

4. Ville communiste de 13 000 habitants, mitoyenne de Denain.

individualistes pouvaient facilement balayer le respect du bien commun. « L'autorité, c'est ce qui fait grandir, ne l'oublions pas, même si, en France, on a toujours identifié l'autorité à la droite, et que, du coup, tout est biaisé, ajoutait-il. Anne, j'serai p'têt' plus là quand ton livre sortira, mais me fais pas mettre en prison quand même… », tempérait-il en me voyant prendre des notes.

Peiné par ce qu'il voyait s'étioler sous ses yeux, et renvoyant dos à dos les fondamentalismes chrétien et musulman, le *padre* fustigeait la « désagrégation » française. Partisan d'un État souverain proche du citoyen, régulateur, dont l'obligation morale serait la protection des faibles, le prêtre ouvrier se nourrissait des écrits de Michel Onfray et de Cynthia Fleury, relisait *Et si on aimait la France*[1] de feu Bernard Maris[2] et compulsait la revue *Front populaire*, le trimestriel *Fakir* et l'hebdomadaire *Marianne,* étalés sur la longue table de sa pièce de réception.

Mais surtout, l'abbé n'hésitait pas à participer à des manifestations, comme à Douchy-les-Mines, une bourgade communiste mitoyenne de Denain où il avait longtemps officié. « L'émerveillement doit parfois passer par l'indignation. Faut aider les riches à s'appauvrir ! Faut aller manifester pour forcer la solidarité ! Les manifs, c'est le pot de terre contre le pot de fer… Faut témoigner de l'amour de Dieu pour les plus faibles et les plus pauvres ! » répétait-il, non pour se justifier, mais pour expliquer sa courageuse posture.

1. Grasset, 2015.

2. Bernard Maris fut assassiné le 7 janvier 2015 dans l'attentat contre *Charlie Hebdo*.

L'abbé pouvait aussi s'emporter : « En France, y'a plus de mouvement social qui fédère : les patrons délocalisent les industries, ils aiment que leur portefeuille et leurs intérêts… ils aiment pas la France ! Faut refaire cohésion ! Faut s'atteler à notre ennemi commun : l'individualisme ! Parce que ce poison, on l'a déjà en nous tous, on l'a même digéré ! » Il était capable de se mettre en rage contre des élus de la République : « J'aurais Hollande devant moi, c'est simple, je lui mettrais mon poing dans la figure. Lui, comme d'autres, n'a pas tenu ses promesses, tempêtait-il, conscient des implications de cette “trahison” pour la population du Nord. Quant au président Macron, c'est un homme intelligent. J'apprécie ce qu'il a pu faire en Grèce, au Liban, mais ici, en France, il a trahi la dimension sociale de son engagement ! Ses parlementaires sont des godillots : en place, ils ne font rien ! », fulminait-il.

L'abbé Joseph se savait condamné. Réputé ne pas mâcher ses mots, le rencontrer m'a permis de saisir la toile de fond de ce Nord tenté par les extrêmes où, selon lui, d'un côté, « les uns fantasment sur un pays qui n'est plus le leur tout en refusant de s'intégrer à celui où ils vivent, créant un racisme antiblanc » et, de l'autre, où « on se recroqueville et se terre ». Chantre d'une France des différences, le *padre* dénonçait « les musulmans pratiquant la *taqîya*, c'est-à-dire la dissimulation ou le double langage, qui refusent de s'agréger à la République et qui veulent substituer la charia aux valeurs républicaines ». Puis il tentait une explication : « Avec ses cinq prières par jour, l'islam est une religion verticale et individualiste. Face à cette force, pas facile pour nous, pudiques cathos, d'exprimer notre foi... Donc, pas étonnant qu'aujourd'hui des jeunes prêtres se cherchent une identité forte et que certains portent la soutane... Cette posture est un exosquelette dans une Église catholique où les sacrements ont pris la place de l'Évangile ! Je le répète, la parole de Dieu doit redevenir centrale, insistait-il, reliant religieux et politique au sens de "relatif à la cité". L'islam positif enrichit la République, répétait l'abbé face à moi, assis à contre-jour. Tous les musulmans doivent prendre la parole, ne pas la laisser exclusivement aux mosquées qui, en France, sont des ambassades de l'Algérie, ou du Maroc, et bientôt de la Turquie ! » Il savait également pointer la perversité du processus. « Comme je plains ces professeurs des écoles confrontés à ceux qui contestent la minute de silence en mémoire de *Charlie Hebdo*, ou l'enseignement de la Shoah. Comme je plains ceux qui enseignent l'histoire en France ! », assenait-il en une réflexion prémonitoire de l'assassinat du professeur Samuel Paty, survenu le 16 octobre 2020, quelques jours après notre rencontre et sa mort.

L'abbé Joseph fustigeait les fondamentalistes chrétiens et souhaitait que l'Église s'exprime « sur des sujets sociétaux, et pas seulement sociaux », notamment à propos du début et de la fin de vie, mais aussi de l'homosexualité[1]. Aucun de ces sujets ne le rebutait, au contraire, il s'en emparait avec joie et naturel.

Élève du prêtre et théologien Ignace de Loyola, l'abbé Joseph citait allègrement la treizième règle de ses *Exercices*

1. L'abbé Joseph Nurchi avait béni des couples homosexuels.

spirituels[1], où l'on apprend que si l'Église catholique dit « noir » ce qui paraît « blanc », le prêtre doit s'exécuter[2]. « En remplaçant "église" par "parti" ou "ligne éditoriale", ça marcherait tout aussi bien, s'amusait-il. Ce qui veut dire que s'il sert la cause, quelle que soit cette cause, le mensonge est érigé en vérité ! Eh bien, moi, je dis que ce mensonge-là nous affecte quand il s'applique à notre société civile[3] ! » L'abbé Joseph en était convaincu, la désespérance trouve ses racines dans le conformisme quasi inconscient de chacun envers toutes sortes d'idées préconçues et terreau d'une idéologisation permanente de la réalité.

Or, à Denain, précisait-il, deux rouleaux compresseurs du conformisme se concurrencent : « Celui du RN et celui de la gauche. »

*

* *

Lors de ma visite dans son presbytère, l'abbé Joseph avait évoqué le nom de Nacera Latif[4], une musulmane de Denain, dotée « de cœur et du sens de la justice », élevée

1. Publiés en 1548, ces *Exercices spirituels* sont de courtes règles de prière rédigées à partir de sa propre vie par Ignace de Loyola (1491-1556), le fondateur de la Compagnie de Jésus.

2. Cf. Treizième Règle : « Enfin pour être entièrement d'accord et conforme avec l'Église catholique, s'il arrive qu'elle définisse qu'une chose est noire, laquelle paraît à nos yeux être blanche, nous devons juger aussi qu'elle est noire. »

3. Cf. https://www.paroledecroyants.com/parole-de-curé, une émouvante interview audio de l'abbé réalisée quelques jours avant la mienne et qui la complète.

4. Le père de Nacera, venu faire son service militaire aux Mines, est d'origine polono-italienne, sa mère est algérienne.

dans les corons et travaillant au centre social de la mairie d'Haulchin, une commune mitoyenne.

Tous deux s'étaient rencontrés lorsque le doyen du Denaisis recherchait un presbytère pour le nouvel abbé. La municipalité d'Haulchin avait pensé lui affecter son bâtiment, alors vide[1]. Cela n'a pas abouti, mais un lien était né. « Nacera est plus christique que beaucoup de chrétiens qui viennent à la messe le dimanche, car la différence se fait sur l'agir », aimait à répéter l'abbé.

Le rire facile, son abondante chevelure sombre mise en valeur par un éclatant chemisier jaune, Nacera, 56 ans, connaît la grandeur de l'âme humaine, ses tréfonds, tout comme ses arrangements avec la réalité. « Bats-toi pour les petits, même s'ils sont racistes », est la devise à laquelle elle ne veut pas déroger, soufflée par son ami l'abbé Joseph.

En 2013, Nacera s'implique dans la rénovation de la chapelle de sa commune[2], organisant même la procession de l'inauguration[3] sur son mois de congé. Pour cette musulmane non pratiquante, convaincue des bienfaits de la mixité, ce chantier est un outil comme un autre destiné à mettre au travail les démunis. N'ayant jamais considéré l'abbé Joseph comme un curé, mais comme son frère de cœur, Nacera élude l'aspect religieux de cette gigantesque mission. Le diocèse a financé la toiture de la chapelle, un carreleur a offert la pose d'un sol en marbre. Sur le chantier, athées, catholiques

1. En France, les presbytères (logements des prêtres) appartiennent à la mairie.
2. Qui appartient formellement au diocèse.
3. Cf. https://www.lavoixdunord.fr/art/region/ce-dimanche-a-haulchin-on-inaugure-la-chapelle-restauree-ia15b36969n2137507 et https://marcheurs-notre-dame.cathocambrai.com/page-164539.html

et simples croyants ont uni leurs forces. Nacera a appris à jointoyer les pavés. « J'ai été retournée par la joie d'un enfant qui voyait à cette occasion son papa travailler pour la première fois. Là, j'ai compris qu'on était dans le vrai », se souvient avec émotion cette femme droite, issue d'une famille algérienne venue chercher du travail dans le nord.

Nacera a grandi au coron, seule « Arabe ». Ses voisins et copains de jeux étaient polonais, italiens et français, mais personne ne faisait la différence. Après son BEP, CAP puis bac, elle s'est rapprochée de son rêve[1] : devenir assistante sociale. « Dans mon boulot, grâce à ma fonction et à ce que les bénéficiaires perçoivent de son utilité, certains oublient mon origine maghrébine », explique l'agente territoriale. Mais pas tous. Dans cette municipalité rurale quasi sans Arabes, Nacera sait qu'on la surnomme « la négresse de la mairie ». L'insulte « sale guenon » a été taguée sur les murs de la salle des jeunes.

Au tribunal, Nacera s'est retrouvée face à l'accusé, un homme de sa génération qui a fini par lâcher les raisons de sa haine au juge : « C'est une femme d'origine... vous comprenez... et en plus, elle travaille. » Tout est dit. Cet homme préfère que Nacera se soumette à la « règle » de sa culture d'origine – selon lui, rester cloîtrée – plutôt qu'elle ose se montrer indépendante. « Pour ce type de personne, la femme doit rester à la maison, car elle n'est rien ! En plus, il pensait que j'étais marocaine comme lui, ma cou-

1. Il ne manque à Nacera qu'un domaine de compétence à faire valider pour obtenir en 2022 son diplôme d'assistante sociale. Face à un précédent jury, elle s'est déjà entendu reprocher « manquer de distance » ou avoir « trop d'empathie » vis-à-vis de son prochain. Elle préfère en rire.

leur de peau étant plus foncée que celle des Algériens. Il en était d'autant plus blessé ! » s'amuse-t-elle. Aux bénéficiaires d'aides sociales osant encore l'interroger sur son origine, provocatrice, Nacera, répond du tac au tac qu'elle est « suédoise ». Ces mêmes personnes voudraient aussi, parfois, qu'elle leur dise pour qui ils devraient voter, ou se lâchent, saisis d'inconscience : « J'en ai marre des bougnoules, Nacera, y en a que pour eux, y en a qu'pour les bougnoules dans c'pays ! »

Vivre ensemble, c'est accepter la différence de l'autre, « ce à quoi, ici, personne ne parvient », avoue crûment Nacera qui, depuis la dernière élection présidentielle, a constaté que chacun se retranchait derrière sa communauté. « Pour se protéger ? Mais pourquoi ? Droite et gauche ont disparu ! On est dans un enfermement plutôt qu'une ouverture ! On s'croirait repartis en croisade ! », estime-t-elle, favorable au retour du port du tablier à l'école et aux leçons de morale, et qui se fiche que ça paraisse vieillot.

Le principal, assure-t-elle, c'est qu'on arrive à rassembler autour de la République, sinon « elle est vidée de son sens ».

Tout comme l'abbé, Nacera a remarqué la tentation de l'intégrisme au quotidien et n'hésite pas à réagir quand elle croise des abbés[1] en soutane. « C'est Daech ou quoi ici ? J'ai les mêmes à la maison ! », a-t-elle l'habitude de s'exclamer avec humour, évoquant son quartier, à Denain, où les femmes maquillées et non voilées (comme elle) sont rares. Il y a quelques années, se souvient Nacera, une homélie de l'archevêque avait insisté sur la nécessité pour la reli-

1. Et leurs supérieurs hiérarchiques.

gion de « prendre le chemin de l'école ». Et dans certaines paroisses, à la rentrée scolaire, des curés avaient béni des cartables ! L'engouement pour cette pratique demeura éphémère : à la rentrée suivante, tout était oublié.

Certains administrés de Nacera sont si aveuglés par la consommation facile qu'ils ne comprennent même pas pourquoi ils n'arrivent plus à payer leurs factures. Les questionner sur le montant de leurs revenus comparé à celui de leurs dépenses les plonge dans l'embarras. « En fait, ils sont dans la grande pauvreté parce qu'ils ne dépensent pas correctement, détaille-t-elle. Ils ne savent pas et ne veulent pas gérer. Pour oublier leur misère au quotidien, ils jouent à des jeux en ligne et se mettent en danger. » Dans certaines familles de troisième génération d'immigrés, mais aussi dans des familles françaises de souche, il arrive que « personne ne travaille, mais y a tout à la maison : écrans plats, smartphones, vêtements de marque. Ils ont pris l'habitude de tout se faire livrer aussi ! Qu'est-ce que tu veux, c'est l'air du temps, personne ne veut se sentir privé ! ».

Nacera s'arrache les cheveux face à cette génération pour qui le travail n'est pas prioritaire, et même, dévalorisé. « Maman, elle a des sous ! Elle met la carte dans le distributeur et le fric tombe ! », a-t-elle déjà entendu dire chez ses récipiendaires alors que, dans ce Valenciennois sinistré, même l'entreprise Toyota peine à recruter pour sa chaîne de production[1].

Cette détresse morale est amplifiée par la pandémie de Covid-19, et aussi un niveau d'agressivité, y compris envers

1. À Onnaing, qui produit la Yaris.

Nacera qui tient pourtant le « beau » rôle : distribuer aux familles leurs chèques alimentaires[1] . Elle se souvient d'une vieille dame qui exigeait avec véhémence un bon d'alimentation de 30 euros, identique à celui de sa voisine, sans réfléchir à la raison pour laquelle cette dernière le touchait. « Cette dame refusait d'entendre mon argument à propos de l'inégalité des ressources. C'est la nouvelle mentalité du "tout est dû" ! »

Au quotidien, Nacera aide une cinquantaine de familles à construire des dossiers CAF, de gaz et d'électricité pour faire reculer les échéances de paiements. Parfois, les larmes lui montent aux yeux, comme ce jour où une mère de famille lui a lâché que recevoir un poulet du Secours populaire en plein mois de mars, c'était Noël.

Malgré la pandémie et l'ordre de fermeture des administrations, Nacera a continué à recevoir tous ceux qui en avaient besoin sans rendez-vous, vêtue de sa doudoune, aérant son bureau en permanence, se lavant régulièrement les mains et imposant une distance de sécurité. Pour continuer à servir, et à faire honneur au service public, elle a tenu bon. « Les nécessiteux se sentent à part, complètement abandonnés. C'est comme s'ils n'avaient pas le droit de vivre ! »

*
* *

Par son intermédiaire, je rencontre deux bénéficiaires. Commençons par Laurent, 46 ans, venu à pied au CCAS

1. D'un montant de 30 euros pour une personne seule, de 40 pour un couple sans enfants et de 50 pour un couple avec deux enfants. Chaque bénéficiaire présente un dossier soigneusement anonymisé par Nacera devant une commission *ad hoc*.

et apprêté comme pour un entretien d'embauche. D'abord méfiant, Laurent a accepté de me voir parce qu'il aime les livres et que j'en écris un. Mais il ne comprend pas bien pourquoi je m'intéresse à lui. Laurent vit dans une HLM près du centre avec son épouse et son fils de 22 ans, étudiant en deuxième année à l'université à Valenciennes[1]. Nacera a mis deux ans pour le convaincre de prendre parfois le bus, grâce aux aides. Elle l'aide aussi à remplir sa feuille d'impôts puisqu'il n'a pas de connexion Internet[2].

D'emblée, Laurent évoque « Macron », affirmant qu'il votera contre lui, donc en faveur de Marine Le Pen à la prochaine présidentielle. « J'sais pas si Macron se rend compte qu'il parle toujours à 10 % de la population. En tout cas, nous, les pauvres, on ne se sent pas concernés par ses discours. » Après un cursus de vente, Laurent a toujours vécu de petits boulots et de contrats courts. « Au fil du temps, ajoute-t-il d'une voix lasse, vous acceptez des jobs de moins en moins bien pour vous, vous vieillissez, et puis... Ben, au bout du bout, vous sentez bien que vous convenez pas... » À cet instant précis, il lève ses yeux bleus vers moi. Ne plus convenir, ne pas se sentir adapté à cette société que Laurent perçoit cruelle et injuste décuplent le sentiment d'injustice et les soucis du quotidien. Laurent a bien pensé quitter cette région déprimée pour aller tenter sa chance ailleurs, mais il n'a pas eu le courage de le faire. Ses parents vivent ici, alors il reste et enchaîne les formations professionnelles, la condition *sine qua non* pour continuer à bénéficier du RSA. Tout comme

1. En 2021, le fils de Laurent a arrêté la fac, depuis il émarge à Pôle emploi.
2. Même s'il n'est pas imposable, Laurent doit remplir une déclaration d'impôt.

son fils restera, croit-il savoir. « À un moment donné vous séchez sur pied et vous devenez une espèce de racine… »

Laurent a suivi une quinzaine de formations et s'est senti jugé à chaque fois. « Quand on menace de nous couper les vivres, j'tolère pas. Et puis, ça aide pas de savoir que si on n'accepte pas tel job, on va vous l'enlever, ce RSA ! Ok, y doit avoir une contrepartie, j'suis bien d'accord… Mais bon, c'est la manière dont on le dit… » Ce qu'il perçoit comme un manque de respect le met en colère. Fin et intelligent, Laurent est assez lucide pour avoir compris qu'il ne décrocherait (sans doute) plus aucun job parce qu'il y aura toujours plus jeune que lui, plus entreprenant et plus malléable aussi.

Dans sa famille de trois où son épouse ne travaille pas, les revenus s'élèvent à un peu plus de 800 euros (le montant du RSA) auxquels s'ajoutent des aides au logement. Sur un loyer de près de 600 euros, Laurent paie plus de la moitié de sa poche. Il ne possède pas de téléphone portable, encore moins de voiture et ne part jamais en vacances, sauf, parfois, dans l'Est, chez sa sœur.

Son fort sentiment de déclassement est intensifié par l'injonction permanente à s'acquitter de tout via Internet. S'il n'a jamais consenti à faire la queue pour recevoir un paquet du Secours populaire, Laurent accepte les bons de première nécessité distribués par Nacera. Tant qu'il peut s'acheter de la nourriture « saine » (pour lui, un paquet de pâtes Panzani), il refuse d'être considéré comme « pauvre », met toujours un point d'honneur à payer ses factures dès qu'elles se présentent et n'a jamais constitué de dossier de surendettement, une vraie fierté.

« Bien sûr, en parlant d'moi comme vous me faites parler là, j'ressens que de l'amertume..., poursuit-il, admettant être "passé à côté de tout", alors qu'il avait des capacités, cela se voit et s'entend. À mon époque, fallait remplir les lycées professionnels, y'avait pas de passerelles entre la filière pro et généraliste comme aujourd'hui », justifie Laurent. Durant cette enquête, j'entendrai maintes fois cette cruelle récrimination, telle une béance initiale produisant un profond mal-être.

Laurent se montre spécialement amer en évoquant ses voisins, un jeune couple qui fait souvent la fête, alors que, chez lui, « y'a jamais rien à fêter ». Sous cette pointe de jalousie affleure son malaise. Si Laurent accepte de gagner moins que quelqu'un qui travaille, il refuse de se faire traiter de « fainéant » par celui qui gagne un tout petit plus que lui. « Mes voisins qui m'insultent, ben, y sont de la même classe sociale que moi ! C'est ça le problème ! », reconnaît-il.

*
* *

Chez Christiane, 61 ans, la porte d'entrée reste toujours ouverte pour lorgner ce qui se passe au-dehors (généralement rien), mais aussi dans l'espoir que quelqu'un vienne lui tenir compagnie. Christiane m'a donc vue me garer devant son entrée bien avant que je sorte de ma voiture.

En périphérie d'Haulchin, sa petite cité HLM, où les logements constituent une moitié de maison mitoyenne, offre un air de coron amélioré. Nous nous installons en bout de table du salon sous le regard de quelques bouddhas. J'en dénombre cinq ou six, bustes ou miniatures. Ces représentations tranquillisent Christiane la catholique, qui a posé le premier sur le meuble de la cuisine, le second à côté de son écran plat, trois autres sur son bahut, après une longue période « anges » puis « poupées de collection ». Son intérieur couleur taupe est coquet.

Malgré le froid, Christiane m'accueille bras nus, découvrant ses tatouages. Si elle s'écoutait, le chauffage serait au plus bas, mais elle l'allume pour ses petits-enfants, deux jeunes garçons à peine sortis de l'adolescence affalés sur le divan face à la télé allumée. Ce sont ses deux plus âgés sur dix-huit. Non, dix-sept, après avoir recompté. Joviale et généreuse, Christiane arbore une chevelure blonde qui la rajeunit. Elle a eu huit enfants avec trois compagnons différents. Elle-même est issue d'une famille de douze enfants et m'avouera, voix soudainement étranglée, avoir subi des attouchements de la part de son père, des faits qu'elle n'a même pas confiés à Nacera.

Alexandre, 18 ans, le petit-fils aîné, vient d'achever des tests chez Amazon qui recrute des préparateurs de commande sur Douai, à une trentaine de kilomètres via l'A1. À 1 250 euros nets mensuels, l'offre est tentante[1]. « Y nous ont prévenus qu'on pouvait faire vingt-quatre kilomètres à pied en une seule journée ! Alors, si on a des problèmes de marche, faut leur dire ! », raconte-t-il, impressionné. Alexandre possède permis et voiture, il a déjà travaillé dans le bâtiment aux côtés de son père plaquiste-enduiteur, mais ne désire pas poursuivre. « Voir mon père souffrir à en crever du mal de dos à 36 ans, c'est horrible ! », note-t-il tout

1. Alexandre sera embauché pour trois mois à Amazon.

en s'enorgueillissant de la réputation de ce père qui trouve toujours facilement du travail dans les agences.

Ouvrière à la chaîne à 16 ans, sa grand-mère sexagénaire peine à se remémorer ses différents lieux de travail : elle mentionne une cartonnerie, puis une moutarderie. Intrigués, ses petits-enfants se joignent à mon cortège de questions : ils ne savaient même pas que leur mamie « avait fait tout ça ». Grâce à l'allocation adulte handicapé (AAH), la pension de réversion d'un mari défunt et son RSA, les revenus mensuels de Christiane s'élèvent à environ 900 euros pour un « reste à vivre » d'environ 200 euros. Interdite bancaire après des achats de meubles en crédit revolving, son dossier de surendettement a été accepté grâce à l'aide de Nacera.

Christiane sait très mal lire et écrire (elle a finalement appris en même temps qu'une de ses petites-filles, en classe de CP), et reconnaît avoir du mal à voter. Elle envisage avec horreur que « Macron repasse », n'ayant pas avalé ce qu'il avait lancé sur la facilité à trouver du travail : « Moi, j'ai traversé la route, et j'en ai pas trouvé » ricane celle qui donnera sa voix à Marine Le Pen lors de la prochaine présidentielle, et conseille à ses enfants d'en faire autant. « Marine aidera plus les malheureux qu' les riches, y sont tellement radins les riches ! Y s'assoient sur une chaise et y z'ont tout », constate celle qui, comme tous les pauvres que j'ai rencontrés en France et à l'étranger, se montre la première à aider d'autres déshérités. « Même si, moi, j'ai rien, j'irai toujours donner, j'fais toujours à manger en quantité, c'est pas pour une assiette de plus... » Christiane fourre tout ce qu'elle cuisine au congélateur et accepte de bon cœur les bons de 40 euros de Nacera. « J'peux pas me permettre de manger d'la viande trop souvent. J'ai du chou rouge au congé, j'essaie aussi d'autres légumes parce que j'suis en surpoids. Après le 25, de toute façon, on mange des œufs. » Le colis de 100 euros de viande (où l'escalope de dinde domine), parfois acheté chez le boucher arabe du coin, lui dure quasiment tout le mois. Au dîner, Christiane se contente d'un bol de café au Banania, réédition de son café au lait matinal. Elle ne fume pas, ne boit pas et se met toujours en quatre pour subvenir aux besoins de ses enfants et de ses petits-enfants, d'autant qu'ils ne sont pas en situation de lui rendre la pareille, estime-t-elle.

Son dossier de retraite a été patiemment constitué avec Nacera, elle touchera 150 ou 200 euros maximum. Quand sa plus jeune fille quittera le domicile familial, ses aides au logement cesseront et, d'ici deux ans maximum, Christiane sera contrainte de quitter les lieux. Pour aller où ? Avec quels moyens ? Elle préfère ne pas s'en soucier à l'avance.

Plutôt que de se plaindre, Christiane prend la vie au jour le jour et profite du moindre instant de joie familiale. « Not' vie à nous, c'est toujours dans l'bas », répète-t-elle, résignée, mais sans aigreur.

*
* *

À Denain, au moins un sujet accorde tout le monde : « Y'en a assez que cette ville soit systématiquement présentée par ceux qui n'y vivent pas comme "la plus pauvre de

France[1]". » Pourtant, les chiffres ne trompent pas : au premier trimestre 2020, son taux de chômage s'élève à 13 %[2]. Le salaire annuel est de 13 328 euros[3], 35,95 % de moins que la moyenne en France métropolitaine[4]. Entre 1978 et 1988, la fermeture d'Usinor a enclenché un cycle infernal : les personnes les plus mobiles sont parties, ne sont restées que les plus démunies. Pour certains, l'appauvrissement s'est mué en héritage familial.

Selon un infirmier local, dans la région, trois maux se conjuguent : alimentation, tabac, alcool. La population souffre principalement de problèmes cardio-vasculaires, de diabète, de la maladie de Parkinson, de celle d'Alzheimer, ainsi que de dépression. À cause d'une nourriture trop grasse, des patients masculins, avachis des journées entières devant leur télévision, bière à la main, sont souvent opérés très jeunes de la vésicule.

Peu de cafés ou de restaurants sont ouverts le soir, comme si, à la nuit tombée, il fallait courir se réfugier à son domicile. On noie son désespoir à Valenciennes, au casino de Saint-Amand ou chez soi, mixant martini et Red Bull pour un effet rapide, ou s'enivrant à la « Jägerbomb », un mélange de Jägermeister[5] avec de la bière ou une boisson énergisante. Depuis quelques années, les jeunes « se tapent des ballons »,

1. En 2010, Denain avait été définie comme telle par un classement cumulant taux de chômage et revenu fiscal. Cf. *Le Monde*, 31 décembre 2013.

2. Alors que la moyenne s'élève à 8,1 % en France métropolitaine, source Insee, premier trimestre 2020.

3. En 2017.

4. Où il s'élève à 20 809 euros. Insee.

5. Une liqueur allemande de 35 °C, à base de plantes médicinales.

cette terrifiante drogue des pauvres[1], et partent conduire un coup, pour rigoler.

Les dix premiers jours du mois, le marché des pièces détachées automobile marche à fond : on bricole par nécessité. Dès le 5, les urgences sont débordées, car « les gens touchent leurs aides et font la fête » souligne l'infirmier. Les grandes surfaces regorgent de promotions aguichantes sur des produits pas sains ; déscolarisés, des enfants cèdent à la tentation du trafic de drogue transfrontalier. Quant aux filles, elles tombent enceintes : « La condition de parent isolé garantit des aides », décrypte celui qui a tenu à rester anonyme. Dans le Denaisis, 98 000 patients peinent à décrocher des rendez-vous médicaux : les médecins traitants sont surbookés et le nombre de médecins de garde insuffisant[2].

En cette soirée de septembre, une douce lumière dorée met en valeur les bâtiments de brique aux toits pointus. L'horizontalité de la plaine est cisaillée par des clochers effilés autour desquels les villages sont ramassés, comme s'il ne leur restait plus que cette flèche autour de laquelle se blottir. D'imposants et hauts silos rappellent l'importance de la terre. En ville, où l'étroitesse de certaines rues oblige à prêter attention à l'autre, le trafic routier est dense le matin, inexistant après 18 heures. J'y croise un nombre élevé

1. Ils inhalent le protoxyde d'azote, un gaz hilarant, contenu généralement dans les bombes destinées à la chantilly et autres crèmes fouettées via des cartouches pour siphons ou des ballons de baudruche.

2. Pour parer à cette urgence, en 2021, une Communauté professionnelle de santé (CPTS) regroupant des professionnels libéraux engagés dans des actions de santé publique a été créée pour soulager le seul hôpital public dépourvu de service de réanimation.

de jeunes femmes en surpoids. Beaucoup sont enceintes, alors qu'elles poussent déjà une poussette. Les paquets de cigarettes étant trop chers, la frontière se franchit aisément pour aller acheter en Belgique des pots de tabac de 250 ou 500 grammes.

Par deux ou trois, des ados sont assis à même les pas de porte. Ils portent les mêmes pantalons de jogging siglés et T-shirts floqués que partout ailleurs, et leurs poches sont lestées des mêmes smartphones. Beaucoup de maisons de corons ont été rénovées, leurs jardinets offrent des seuils entretenus et fleuris. Derrière certains portails à claire-voie, on aperçoit de flambantes berlines noires garées au plus près de l'entrée. Denain, qui s'étale sur les rives de l'Escaut, n'est pas une ville qui se laisse aller, au contraire. Comme partout ailleurs, les populations ne se mélangent pas, elles se regardent en chiens de faïence, telles des armées sur un champ de bataille.

Jean-Marie Stanikowski, 76 ans, est un historien du patrimoine minier qui assume sa passion. Quand, petit, il a affirmé à son père, un mineur polonais, souhaiter marcher dans ses traces, ce dernier le lui a déconseillé. Sa mère le lui a interdit. Jean-Marie fera finalement carrière à la mine comme thermicien. « Moi, au moins, j'avais un espoir avec des modèles qui ont réussi ! Aujourd'hui, y'a plus de promotion dans les entreprises… y'a pas de carotte ! », soupire le passionné en racontant qu'une des dernières fois où il est retourné à la cité Werth, un ex-quartier de corons, il s'est fait alpaguer par des jeunes et ça a failli mal tourner. Choqué d'être considéré comme un étranger dans sa propre ville, nostalgique d'une solidarité déchue, Jean-Marie calme ses frustrations en votant RN.

L'arrêt des hauts-fourneaux a tétanisé Jean-Marie, resté intarissable sur les capacités fluviales de l'Escaut exploitées par Usinor pour ravitailler Paris en charbon par barges entières. À tel point que, cinq années durant, il n'a plus été capable de repasser dans la rue de l'usine, où il m'emmène ce matin. Calé au volant, Jean-Marie désigne du doigt l'ancienne porte d'entrée du site et les maisons des ouvriers.

Se promener à ses côtés, c'est revivre les heures de gloire de cette ville et de son industrie, réaliser le poids de ce passé englouti et, surtout, le niveau d'indifférence qui règne aujourd'hui. « Cet héritage est une catastrophe pour la mairie..., souligne Jean-Marie. Il est trop lourd... D'ailleurs, ils vont remplacer un bout de la friche industrielle par une bretelle d'autoroute... », ce qui, pour le retraité, s'apparente à un manque de respect et le rend fou de rage.

On sillonne le quartier du Nouveau Monde, celui où il a grandi, pour rejoindre le terril Renard, une colline de déchets écologiques parsemée de crottes de lapins sauvages, qui se consume encore. Ce site a-t-il été sauvé de la destruction parce qu'Émile Zola y descendit[1] et s'en inspira pour son roman *Germinal* ? La Fosse Mathilde, une ancienne entrée de puits minier, a servi d'habitation des années durant, et son site à l'abandon partiellement muré, pourrait, selon la mairie, être transformé en « ferme urbaine » où des personnes en insertion cultiveraient des légumes bios. Jean-Marie est dubitatif. Heureusement, souligne ce

1. En 1864.

« lanceur d'alerte » d'un style particulier, tous les sites miniers du Nord sont inscrits au patrimoine mondial de l'Unesco, ce qui les préserve de la destruction totale. On pénètre sur le site en franchissant un grillage découpé et tordu, signe que nous ne sommes pas les seuls visiteurs. « Ça y est, j'vais m'sentir mal », glisse l'historien, mi-sérieux mi-plaisantin. « J'viens à la fosse Mathilde en pèlerinage, et je pleure... », confie, ému, celui qui jure de continuer tant qu'il pourra à « monter la garde » sur ces ruines au sol jonché de préservatifs et de canettes.

*

* *

La longue rue de Villars, du nom du Maréchal victorieux qui, en 1712, commandait les armées françaises face aux troupes du prince Eugène de Savoie[1], traverse Denain d'ouest en est. Depuis le terminus du tram en provenance de Valenciennes jusqu'à l'hypermarché Carrefour et sa galerie commerciale (« la nouvelle église où l'on va se prosterner », selon Jean-Marie Stanikowski), une partie de l'artère a été rénovée. Mais pas son autre segment qui court jusqu'à l'église Saint-Martin, où se sont multipliés les salons de coiffure à 4 euros la barbe, 8 euros la coupe, boulangeries et autres commerces « arabes ». Comme pour souligner l'existence des deux populations, la rue de Villars est devenue l'illustration de la division de la ville. L'atmosphère y est paisible, mais la confiance ne règne pas.

1. Cet épisode du 24 juillet 1712 fut décisif dans la guerre de la succession d'Espagne. Il est relaté dans le tableau *Bataille de Denain*, peint en 1839, qui figure en bonne place dans la galerie des batailles du château de Versailles.

Par cette chaude journée, j'accède à la fraîcheur dans l'église, face au café de la Paix[1]. Pour y pénétrer, j'ai dû enjamber deux garçons assis à même le parvis, tellement concentrés sur leurs vidéos de rap qu'ils ne m'ont même pas vue. Juste à côté de la permanence du Rassemblement national, trois pré-adolescentes sont elles aussi assises sur les marches d'un commerce fermé, où elles reprennent en choeur le refrain de leur chanson préférée.

J'ai entendu tellement de plaintes à propos du nombre de boucheries et autres commerces « arabes » (pour ne pas dire *hallal*), que je me suis amusée à les compter : la rue abrite huit salons de coiffure, des boulangeries, quatre boucheries spécialisées dans les « colis de viande » (de 15 à 160 euros), mais aussi trois enseignes d'assurance, un club de bridge, plusieurs kebabs, un théâtre (la miniature de l'opéra Garnier[2]), une flambante médiathèque, le conservatoire de musique, deux officines de pompes funèbres (la « classique » et la musulmane) et toutes les banques les plus connues. En revanche, Denain ne dispose d'aucun gîte ou chambre d'hôte, et encore moins d'un hôtel. Pour y séjourner, j'ai fait appel à Airbnb qui m'a proposé un logement dans le centre : une chambre « spacieuse » sous les toits d'une imposante maison de maître. Son seuil franchi, j'ai découvert une famille attachante et chaleureuse qui, jamais,

1. Denain compte deux églises (la chapelle Saint-Joseph et l'église Saint-Martin, place Wilson) et trois mosquées (l'« algérienne » et la « marocaine » toutes deux situées sur la place Gambetta, ainsi qu'une salle de prières salafiste).

2. Inauguré en 1912 et classé monument historique, le théâtre de Denain est une réplique au 1/5e de l'opéra Garnier de Paris. Il témoigne du fort développement de la ville au début du XXe siècle.

ne m'a considérée comme une cliente ou une journaliste[1], mais plutôt comme une amie de passage. Dès le premier soir, j'étais généreusement invitée à partager le dîner familial dans la salle-à-manger du rez-de-chaussée avec Vito[2], le patriarche de 98 ans, arrivé des faubourgs de Naples en France en 1951 avec pour seul bagage son costume du dimanche, Maria, son épouse, de vingt ans sa cadette, silhouette affairée au chignon relevé, et Gaetano, leur fils de 41 ans, au teint sombre et aux allures de beau gosse dont le débit ultra-rapide m'empêchait parfois de tout noter.

Lorsque, autour de la table ronde, tous trois ont baissé la tête, se donnant et me donnant la main, j'ai compris qu'ils priaient.

Pendant tout le repas, Vito est resté silencieux (avec l'âge, son ouïe a baissé), mais son fils est loquace. « Denain, c'est la France, la France profonde avec des gens réglos. Moi, j'me sens ch'ti avant tout, mais les autres ici sont des « weshs[3] », des lascars arabisés, tu comprends ? C'est c'qui attend la France, la « lascardisation », avec ceux qui savent que jouer aux jeux vidéo ! », annonce cet auto-entrepreneur créateur de sites internet, revenu vivre chez ses parents après des aventures personnelles malheureuses. De temps à autre, le père scande le laïus de son fils d'un « Alleluïa ! » sonore

1. À Châlons-en-Champagne (chapitre 8), ce sera l'inverse : je ne rencontrerai pas ma logeuse avec laquelle les échanges via la messagerie d'Airbnb resteront fonctionnels, voire froids.

2. Vito s'est éteint le 2 novembre 2021.

3. Originaire de l'arabe algérien, orthographié aussi « ouech », le terme « wesh-wesh » désigne ainsi – et souvent de façon péjorative – les personnes qui aiment à commencer ou terminer chacune de leurs interactions par le mot « wesh », et donc, par extension, les jeunes de banlieue ou les « racailles ». Il se popularise en France dans les années 1990 via la culture hip-hop.

témoignant de ce qui, au fond, compte le plus pour lui : louer le Seigneur.

Après le dîner, Gaetano me montre fièrement des dizaines de carnets d'écolier griffonnés par son père. J'y découvre une écriture enfantine, scrupuleusement respectueuse des lignes de chaque page et dont les interminables phrases sans point glorifient le Seigneur.

Toute la famille italienne de Vito est catholique convertie à l'évangélisme, comme celle de sa femme Maria. Rue de Villars, le patriarche possède un petit immeuble dont il ne se séparerait pour rien au monde : le local de son église évangélique, où vient parfois prêcher un pasteur de stature internationale. Lors de ma discussion avec l'abbé Joseph, celui-ci avait souligné le sens de la fête des évangéliques, « alors que les cathos tirent des gueules d'enterrement ! Notre rite est tellement codifié qu'il n'amène plus la joie, nous, on a perdu le sens de la fête, du sacré, du beau, de la liturgie », avait-il insisté, nullement étonné que, pour contrer cet engouement, certains prêtres remettent à l'honneur d'anciens rites liturgiques.

Gaetano est fier des vingt-cinq années que son père a passées à la mine, sous terre, et du tour qu'a pris sa retraite voici quarante ans : libéré de son labeur, Vito a racheté des maisons délabrées, les a retapées et revendues avec une facilité à faire pâlir d'envie les agences locales ! C'est ainsi que cet immigré parti de rien a pu acquérir une maison de maître, le rêve de sa vie.

Financé par ses parents, Gaetano a tenu sa propre agence immobilière, mais cela n'a pas duré. Pourtant titulaire d'une maîtrise de droit, d'un diplôme d'ingénieur et de deux masters, le fils n'a jamais vraiment réussi à travailler de façon durable. D'une générosité sans borne envers les siens comme envers les autres, Gaetano voue un immense respect à son père, qu'il devine pourtant insatisfait de la vie de son fils.

« Ici, les gens s'achètent une voiture d'occase à moins de 5 000 euros. Une maison peut coûter moins de 50 000 euros ! », s'enthousiasme Gaetano au volant de sa voiture, retrouvant ses réflexes d'agent immobilier. Lui aussi souligne les fléaux de Denain : alcoolisme, tabagisme, deal, trafics de rue et misère. Il insiste sur le business illégal de voitures avec l'Allemagne et les petites annonces postées sur le site du Bon Coin. « Les jeunes Arabes sont hyper démerdards, plus que nous, les Français, explique-t-il. Ce sont des commerçants nés, alors que nous, on a plutôt une mentalité de salariés. Ensuite, la mosquée les assagit », analyse celui qui semble avoir oublié ses origines italiennes et le fait que les Arabes dont il parle sont nés en France, comme lui. « Quand t'as 20 ans, tu fais des conneries, ben t'en sors par la religion, par l'islam, je veux dire… Beaucoup de Français cathos sont devenus athés ou se sont convertis à l'islam. »

Féru d'histoire ancienne, Gaetano rappelle que les batailles finales de la conquête des Gaules[1] ont eu lieu dans la région. Il éprouve une nostalgie particulière pour les Nerviens, ce peuple qui a résidé dans le Hainaut à l'âge de fer et dont tous ceux dont le patronyme commence par « Van » seraient les héritiers, ce qui, selon lui, explique les liens forts avec les Flamands voisins. « Regarde toutes ces croix, lance-t-il

1. 58-51 avant J.-C.

avec déférence alors que nous longeons un cimetière anglais. Ils ont versé leur sang pour nous. »

Alors que nous abordons le quartier du Château, Gaetano change de propos : « Tu vois, ici, c'est à 80 % des Arabes. Et ça deale à mort », affirme-t-il avec ce mélange de respect et de ressentiment teinté de jalousie envers la communauté aux côtés de laquelle il a grandi. Voici le quartier des Gitans sédentaires « qui peuvent avoir des caravanes à 50 000 ! », précise le jeune homme toujours soucieux de donner la valeur des choses. « Et attention ! Eux ne touchent aucune aide sociale, ils ne votent pas, en plus, ils détestent les Arabes ! Faut bien les différencier des Gitans forains de passage qui, eux, "restent jamais longtemps", précise-t-il. Il y a trente ans, les immigrés s'intégraient par le haut en respectant les mœurs, aujourd'hui, leur intégration se fait par le bas. Et tu sais pourquoi ? Y'a trop de laxisme, y'a pas assez d'autorité. Y deviennent tous des wesh-wesh ! », analyse-t-il en roulant, s'improvisant sociologue.

Alors que nous approchons du nouveau centre « aqualudique » tant vanté par la mairie, par association d'idées, Gaetano évoque la piscine municipale, qui, croit-il, aurait aménagé ses horaires pour les femmes musulmanes. Je lui propose d'aller vérifier. Sans surprise, la caissière répond par la négative. Elle est même étonnée par cette question. Gaetano, qui, « comme tout le monde », va se faire coiffer chez un Arabe parce que c'est moins cher, reste sceptique. « Bon, ok, mais ça viendra, marmonne-t-il. J'ai pas voté Chenu[1] aux municipales, mais j'étais à deux doigts. »

1. Sébastien Chenu le candidat du RN.

Qu'est-ce qui l'en a empêché ? « S'il faut voter pour un pédé pour sauver la France, j'suis prêt à l'faire ! », lui aurait soufflé, insultant, un copain faisant allusion à l'homosexualité du candidat aux municipales. « Les gens qui votent RN ici sont pas des racistes. C'est simplement qu'ils veulent pas se faire imposer des choses ! » Lesquelles ? Gaetano poursuit sa diatribe : « Ça va toujours dans le sens de l'islam, c'est bien la preuve que quand on voit quèqu'chose de fort en face de nous, ben on est faibles ! Dans tous les mariages mixtes, ce sont les femmes chrétiennes qui se convertissent. » Cette constatation le dégoûte. Pourtant, Gaetano ne veut pas voter Marine Le Pen à la présidentielle de 2022 « parce qu'elle a trahi son père ». Marion Maréchal, sa nièce, à peine plus jeune que lui, lui paraît « bête ». Réductrice, la vision du monde de Gaetano n'en est pas moins édifiante : le jeune homme se montre à la fois familier et rude avec les Arabes du Denaisis, enviant « leur » force et regrettant la faiblesse des « siens ».

Gaetano est aussi partisan d'une « dictature écologique » : le jeune homme passe énormément de temps sur sa page Facebook, il a même envoyé une lettre au président et à une cinquantaine de personnes qu'il considère comme « les plus influentes du monde ». « Monsieur le Président, [...] j'aimerais attirer votre attention sur l'ère nouvelle qui doit absolument débuter et qui conduira à un monde futuriste en matière de constructions. Une ère avec des bâtiments tout ou en partie hermétiques et ultra-résistants, dont le but sera de sauver des vies lors de cataclysmes naturels majeurs. [...] À relatif court terme, de nombreux sous-sols inexploités de la capitale pourraient être aménagés comme bases de survie.

[...] J'aimerais constituer la plus grande structure humaine jamais établie pour mener à bien ce projet. Il s'agirait d'un consortium international unique en son genre qui oeuvrerait à la réalisation de cet objectif : pourvoir à l'habitat de demain. » Gaetano n'a reçu aucune réponse. Bien sûr, il s'en étonne.

★
★ ★

Le vendredi qui a suivi l'abject assassinat de Samuel Paty, le 16 octobre 2020, Hassan Iquioussen, considéré comme une des « stars » de la prédication en ligne[1] et proche de l'UOIF, une organisation soutenant l'idéologie des Frères musulmans, a prononcé des mots apaisants. Controversé à cause de ses prises de position antijuives et homophobes[2], l'imam de 62 ans est originaire de Denain où il a fait fortune dans l'immobilier. Son fils cadet, Othmane, est aussi imam. Soufiane, son fils aîné, est engagé aux côtés d'Anne-Lise Dufour, la maire socialiste qu'il a largement contribué à faire réélire, en mars 2020, face au candidat du Rassemblement national[3].

---

1. Cf. Clémence de Blasi, « À Denain, la maire socialiste cajole les Frères musulmans », *Le Point*, 13 février 2020.

2. En 2003, une des conférences enregistrées du « prédicateur ch'timi », comme il avait été surnommé, était intitulée « La Palestine, histoire d'une injustice ». Les Juifs y étaient décrits comme « ingrats », avares » et « vivant entre eux dans des ghettos ». Ses propos avaient provoqué l'indignation du Mouvement contre le racisme et pour l'amitié entre les peuples (MRAP). Un autre passage possédait des relents antisémites. Enregistrée à l'époque sur cassette, cette conférence n'est plus disponible, et a été retirée de la vente en librairie quelques mois après son enregistrement.

3. La liste (Union de la gauche) de Anne-Lise Dufour-Tonini a été élue à 57,11 % des voix au premier tour de scrutin face à celle du Rassemblement

Quatre années plus tôt, le 30 juillet 2016, lors d'une cérémonie célébrée en hommage du père Jacques Hamel, sauvagement égorgé en son église de Saint-Étienne-du-Rouvray à un peu plus de 200 kilomètres de Denain, l'imam Hassan Iquioussen avait été convié par Anne-Lise Dufour à représenter la communauté musulmane.

Sur un cliché photographique, on voit l'imam se recueillir tête baissée et yeux fermés à la droite de la maire sanglée dans son écharpe tricolore. À l'époque, la photo avait choqué. Des musulmans du Denaisis s'étaient étonnés du choix « non représentatif » d'Hassan Iquioussen, puisqu'il n'habitait plus la commune. Ils auraient préféré d'autres représentants locaux du culte musulman, mais personne n'était disponible, argue-t-on à la mairie, dépassée par l'ampleur que prenait la controverse.

Au second plan de cette même photo, entre son père et Anne-Lise Dufour, l'air grave, se tient Soufiane Iquioussen, 35 ans, qui, lui, habite Denain. Lauréat du Prix Talents des cités[1], un concours du Sénat qui promeut des entrepreneurs de la diversité, longtemps érigé en exemple d'intégration[2] par la presse locale, le jeune Soufiane est alors employé au Centre communal d'action sociale (CCAS) de la mairie et directeur d'une structure de réinsertion, le garage solidaire. En 2013, de passage au Sénat pour recevoir son prix, Soufiane et quelques

national menée par Sébastien Chenu, député du département du Nord, qui a obtenu 30,69 % des voix. Le taux de participation a été de 49,76 %.

1. Il lui a été remis au Sénat, à Paris, en 2013.

2. Même s'il déteste cette expression, Soufiane étant issu de la troisième génération.

amis ont été pris en photo en train d'exécuter le geste de la quenelle[1]. Ils ont ensuite décrété en ignorer la signification. Lors des élections municipales de 2014[2], tous s'étaient retrouvés sur la plupart des listes socialistes de la région. Cette même année 2014, Soufiane Iquioussen ouvre le premier « garage solidaire du Hainaut » sur la friche industrielle d'Usinor, le fleuron sidérurgique qui employa jusqu'à dix mille personnes. C'est l'époque où les idées « solidaires » font des émules dans toutes les contrées défavorisées de France. Grâce au soutien du PS local et à l'entregent de la maire, alors également députée, la structure obtient d'importantes subventions publiques. Le principe du garage est simple : toute personne justifiant des minima sociaux[3] peut faire réparer sa voiture pour 5 euros de l'heure au lieu des 50 minimum dans un garage privé[4].

En 2016, les services de l'État cessent de financer le garage solidaire : un grand nombre de pneus offerts par Michelin ont disparu, une enquête a été ouverte pour détournement de fonds publics, Soufiane Iquioussen est soupçonné de

1. Popularisé par l'humoriste Dieudonné dans ses spectacles, ce geste est « antisioniste » et « antisystème ».

2. Soufiane Iquioussen ne sera pas élu à Escaudain, une commune mitoyenne de Denain, où il s'est présenté.

3. Les services du garage solidaire sont disponibles aux demandeurs d'emploi depuis plus de douze mois dont les revenus sont inférieurs au Smic ; aux bénéficiaires de minima sociaux (RSA, ASS, AAH) ; aux personnes accompagnées par le PLIE ; aux moins de 26 ans à la recherche d'un emploi suivis par la mission locale ou Pôle emploi ; aux salariés d'une structure d'insertion par l'activité économique (SIAE). Une cotisation annuelle de 10 euros est demandée.

4. Des ventes de véhicules sont aussi proposées à 1 000 euros maximum.

malversations. Fin 2017, les garages solidaires de Denain et d'Anzin ont été liquidés[1].

Lorsque je la rencontre en septembre 2020, Anne-Lise Dufour en a visiblement assez qu'on lui rappelle sa « bourde » immortalisée par la fameuse photographie avec l'imam. Elle réaffirme que le cliché a été pris par ses propres services de communication et posté sur le compte Facebook de la mairie, ce qui, selon elle, la dédouane. Anne-Lise Dufour répète tout ignorer du passé et des convictions d'Hassan Iquioussen. Quand j'évoque les critiques sur le fait que son fils Soufiane a longtemps été employé de la mairie, elle rétorque que « ça ne devrait pas être si casse-gueule d'employer des Arabes à Denain ou ailleurs ».

« C'est par la gamelle que Soufiane et son équipe ont engrangé des voix ! », m'avait lancé l'abbé, faisant allusion à une friterie halal, ouverte par un membre par alliance de la famille Iquioussen grâce à une aide à l'installation votée par la ville, fin 2019. Plus tard, quoique excentrée, cette friterie avait été choisie par la maire pour ses dernières réunions publiques. « Anne-Lise Dufour n'est ni de droite, ni de gauche, elle veut conserver le pouvoir, c'est tout », ajoutait l'abbé.

Lors des élections municipales de 2020, sept cents nouveaux inscrits, pour la plupart issus de la communauté marocaine, se sont déplacés aux urnes, un nombre suffisant pour faire basculer le scrutin. D'où venaient-ils ? Des services du

1. Le 4 février 2021, le tribunal de commerce a prononcé une interdiction de gérer une entreprise durant deux ans à l'encontre de Soufiane Iquioussen. Le jeudi 2 septembre 2021, le tribunal de Valenciennes a relaxé Soufiane Iquioussen de ses deux abus de confiance commis à Denain entre avril 2016 et juin 2018. Cf. *La Voix du Nord*, 4 septembre 2021.

CCAS où travaillait Soufiane Iquioussen ? Sébastien Chenu, le candidat malheureux du RN, s'en était étonné, d'autant plus que la ville perd des habitants, mais ces domiciliations ne se sont pas révélées illégales. Le piège du clientélisme n'est pas propre à Denain, il existe dans de nombreuses autres villes de France.

J'ai eu beaucoup de mal à rencontrer Soufiane Iquioussen qui, après avoir accepté, ne répondait plus à mes appels. La parution de deux articles peu flatteurs à son égard dans la presse nationale[1] y était sans doute pour quelque chose. Nous avons fini par nous rencontrer dans l'ancienne école catholique reconvertie en une vingtaine d'appartements possédés par sa famille, située presque en face de la mairie et dont l'acquisition avait aussi provoqué quelques remous. « J'ai Tracfin[2] sur le dos, je ne peux plus accéder à l'emprunt », s'était plaint Soufiane, habile à se présenter comme une victime parmi d'autres. « Quand on s'appelle comme moi, qu'on n'appartient pas à la bourgeoisie et qu'on essaie d'être un enfant de la République, on me renvoie toujours à ma condition, on ne me laisse pas faire, c'est une forme de racisme larvé », insistait-il. Pour l'enquête sur le garage solidaire, tout l'entourage de Soufiane Iquioussen a été auditionné par Tracfin, et l'acharnement s'est poursuivi avec la

1. Celui d'Hadrien Mathoux, « Comment une ville du Nord est devenue la base arrière d'une famille reine de l'entrisme islamique », *Marianne*, 17 octobre 2019, suivi de « À Denain, la maire socialiste cajole les Frères musulmans », *Le Point*, 13 février 2020.

2. Tracfin (acronyme de Traitement du renseignement et action contre les circuits financiers clandestins) est un service de renseignement chargé de la lutte contre la fraude fiscale, le blanchiment d'argent et le financement du terrorisme. Il est rattaché au ministère de l'Économie et des Finances.

parution du livre de Mohamed Louizi[1], un ancien Frère musulman, dénonçant à longueur de page « ceux qui font le jeu de l'islamisme à des fins électoralistes », allant jusqu'à nommer la famille Iquioussen.

Soufiane estime qu'en France la plupart des musulmans confondent tradition et religion, n'adaptant pas leur corpus religieux à la culture dans laquelle ils vivent. Son discours sur la disparition de la culture du travail est rodé, l'homme est intelligent et amène. Il regrette que ses congénères ne s'engagent pas assez dans la vie de la cité, une tendance qu'il a essayé de contrer : « Soit je devenais rentier grâce aux loyers de cet immeuble, soit j'allais faire de l'associatif, de l'humanitaire. » Il a choisi la seconde option. « On doit forcer les acteurs à travailler tous ensemble, et dans mon réseau, y a pas que les Arabes, y a aussi tous les autres ! Ici, 70 % des offres d'emploi ne passent pas par Pôle emploi, mais nous, on est en lien direct avec les entreprises ! », se targue-t-il.

À l'approche des élections municipales de 2020, Anne-Lise Dufour aurait « demandé conseil » à Soufiane pour ne pas perdre la ville. « Je sais que pour elle personnellement, j'suis pas l'Arabe de service, mais pour son entourage, je le suis ! », tonne-t-il, encore plein d'amertume.

*
* *

Une autre « affaire » défraie la chronique denaisienne, celle des Roms, dont les tout premiers se sont installés à

1. Mohamed Louizi, *Pourquoi j'ai quitté les Frères musulmans*, éditions Michalon, 2016.

Denain en 2007, l'année de l'entrée de la Roumanie dans l'Union européenne. À partir de 2014, leur afflux s'intensifie. Ils vivent essentiellement dans le centre, où des « marchands de sommeil » de Seine-Saint-Denis et de Roubaix ont racheté des pans de rues entiers, dévalorisant le parc immobilier local. Ces maisons délabrées sont acquises pour 10 à 30 000 euros puis divisées en appartements à louer (500 euros max) à une population qui ne se plaindra pas de leur insalubrité. Véreux et cupides, il arrive même que certains de ces propriétaires déclarent leurs locataires à la CAF pour percevoir directement les allocations logement. Au fil des années, les enfants roms sont scolarisés, leurs parents ouvrent des échoppes et travaillent par intermittence, même si beaucoup restent sans emploi. Très vite, des règlements de comptes entre marchands de sommeil et trafiquants se mettent à pourrir le quotidien des riverains. Le « dossier Rom » empoisonne la mairie et provoquera même le parachutage de Sébastien Chenu[1], qui, avec Anne-Lise Dufour, se dispute encore la paternité du démantèlement final de 750 faux dossiers aux prestations sociales alors que ce sont leurs pressions conjuguées qui ont obligé l'État à réagir.

En janvier 2017, attirée par cette situation inédite, Marine Le Pen, en campagne pour l'élection présidentielle, se rend à Denain. À la suite de son passage est créé le collectif Couleur(s) République[2], un mouvement citoyen non par-

1. Entretien avec Sébastien Chenu, le 17 septembre 2020 à Denain. En juin 2017, Sébastien Chenu, un des porte-paroles du Rassemblement national, est élu député de la 19e circonscription du Nord avec 57,48 % des voix.

2. https://www.lavoixdunord.fr/138974/article/2017-03-27/l-extreme-droite-dans-le-denaisis-couleurs-republique-dit-non

tisan qui veut faire barrage à l'extrême droite. Le père Joseph s'y inscrit et devient l'un des piliers de la trentaine de rencontres organisées tous les samedis matin. Il prête sa voiture pour des maraudes, y va de sa bourse, en plus des quêtes organisées à l'église. « La maire n'a pas pris le temps de comprendre ces Roms, elle s'est braquée, regrette-t-il. On pourrait d'ailleurs dire la même chose de son rapport à la communauté arabe : dans les deux cas, elle n'a vu que ce que ça pouvait lui rapporter pour conserver son poste », pestait-il. À la suite de l'intervention d'Anne-Lise Dufour, l'ensemble de la communauté a été montrée du doigt. « Les Roms que nous avons accompagnés au Collectif n'ont pas escroqué la CAF », défend Nacera.

⋆
⋆ ⋆

Là où la misère est établie, la catastrophe est souvent plus « sociale » que médicale. Voici deux mois que Yohan, 40 ans, a découvert souffrir d'un diabète de type I. À Douchy-les-Mines, dans son salon où il mesure son taux de glycémie tout en me parlant, en attendant sa pompe à insuline, trois perruches à collier cancanent, deux tortues d'eau lambinent dans un aquarium faiblement éclairé, et un chaton ronronne. Fanny, sa compagne, vient de rentrer des courses et s'affaire dans la cuisine. Tous deux ne se sont pas mariés, organiser une fête coûterait trop cher.

Yohan a été battu par une mère alcoolique durant toute son enfance, il est devenu père à 23 ans. Aujourd'hui majeure, sa fille aînée perçoit le RSA depuis ses 16 ans. L'idée que sa fille revive les galères de boulot de son père l'angoisse : ces dernières années, après avoir été manutentionnaire, nettoyeur de péniches et agent de maintenance, Yohan a passé du temps au chômage. Pourtant, ce lecteur assidu des *Indignés* de Stéphane Hessel, amoureux de sa ville et optimiste-né, n'a pas perdu espoir que Denain se relève. Mais surtout, il rêverait que les grandes agences d'intérim des structures qu'il fréquente assidûment et qui ont toutes déserté la ville, reviennent s'y établir[1].

Yohan est un militant de base, pour qui les stratégies locales des uns et des autres n'a aucun secret, un de ces piliers prêt à se sacrifier jusqu'à la baston, capable de tenir la permanence jusqu'à pas d'heure, distribuer les tracts dans la rue et troller sur les réseaux. Avant de contribuer à la campagne d'Anne-Lise Dufour, il avait proposé ses services au Parti communiste puis à La France insoumise, finissant par se disputer avec les uns et les autres. Mais sa priorité a toujours été de lutter contre le RN, qu'il appelle encore FN, un parti auquel ses deux parents, des anciens communistes, donnent leur voix depuis longtemps, ainsi que son beau-père et sa petite sœur. « C'est la grande bêtise de Mitterrand d'avoir permis au FN d'exister, ressasse-t-il. Ici, les gens de La France insoumise ont voté Anne-Lise Dufour, sinon elle s'rait pas passée… mais y'en a qui aimeraient que le RN passe parce qu'y croient qu'enfin y pourront faire la révolution ! », lance-t-il.

À force de ne pas travailler, on perd les codes du travail et « y'en a qui perdent carrément les codes de la vie ! », estime Yohan, lui-même sur un fil. « Plus on galère, plus c'est

1. Si, en 2021, Manpower est revenue rue de Villars, Adecco n'abrite pas encore d'agence sur place.

facile de partir en vrille, admet cet homme cabossé, adepte d'une démocratie où chacun trouverait sa place. Celui qui travaille doit pas avoir à aller mendier un bon à la mairie… Moi j'veux que tous ceux qui sont en bas de l'échelle aient une vie décente, c'est tout ! »

C'est mû par cet idéal que Yohan a participé au mouvement des Gilets jaunes, se rendant même deux fois à Paris pour des manifestations, d'où il est revenu déçu : « À la dernière manif, je n'avais plus l'impression d'être dans la capitale de la France : tout était cassé, tout était retourné, ça m'a blessé ! On répond pas à la violence par la violence ! »

« En fait, y'a pas de différence entre capitalisme et communisme, réfléchit à voix haute l'ex-Gilet jaune. Dans les deux cas, c'est de l'exploitation de l'homme par l'homme. » Son téléphone sonne, c'est son patron, « un type qui me prend pour un idiot », précise Yohan qui a décroché un CDD de trois mois comme chauffeur pour personnes à mobilité réduite, et a finalement accepté ce contrat que, pourtant, son militantisme combat. « C'est soit ça, soit le chômage, j'ai pas vraiment le choix », grimace-t-il. Le propriétaire du véhicule lui en laisse payer le lavage et envoie les horaires la veille pour le lendemain. Mais Yohan serre les dents et se concentre sur les avantages : au moins, il peut discuter avec la clientèle.

Comme beaucoup de déshérités, Yohan est généreux et se préoccupe d'autrui. En 2015, il a déposé les statuts de son association Les Insoumis, qui organise maraudes et distribution de vêtements chauds aux SDF, mais aussi de livres de poésie. En rognant un peu sur son RSA et grâce à des bénévoles qui offrent des gâteaux faits maison, Yohan s'est fait un nom, juste avant que la Covid gâche tout. « J'peux pas dire qu'on soit vraiment heureux en France, s'exclame-t-il subitement. Autour de moi, les gens se dégradent physiquement, mais surtout mentalement. Tout le monde est en mode survie. »

★
★ ★

Sept jours sur sept, avec pour seules contraintes les horaires des prières, huit religieuses en habit des Servantes des Pauvres[1] sillonnent Denain à vélo. Ce sont des oblates bénédictines, infirmières diplômées ou aides-soignantes, connues et respectées de tous, y compris de la mairie, des médecins, des pharmaciens et des kinésithérapeutes. Même les familles musulmanes envoient leurs enfants au « patro » (abréviation de « patronage »), leur centre aéré, validé par la CAF !

Les mercredis après-midi et pendant les vacances scolaires les Servantes se rendent au chevet de malades qu'elles suivent parfois depuis de longues années. Souvent interpellées dans la rue, elles n'hésitent jamais à mettre pied à terre pour engager la conversation. Contrairement à d'autres intervenants dans le domaine du soin, les sœurs ont tout leur temps.

1. Fondée en 1872 par Dom Camille Leduc, un moine bénédictin né à Angers, la mission de la congrégation des Servantes des Pauvres, gratuite, est de « servir le Christ dans les pauvres, principalement le soin des malades à domicile, et le leur révéler ». On compte huit maisons en France.

« À Denain, c'est le gouffre. La famille est défigurée, la population a perdu ses repères de base, il n'y a plus de fierté du travail, perçu comme une corvée », expose Marie-Moïse Amélie, 41 ans, la mère prieure. « J'ai l'impression qu'on ne peut plus se passer de l'État providence et qu'en même temps beaucoup de citoyens ont perdu la force de se battre pour vivre », résume-t-elle.

Sœur Marie-Moïse assure même avoir constaté davantage de « stress de survie » au sein des familles denaisiennes vivant exclusivement des aides : « Ce stress augmente quand on leur annonce que le RSA, c'est fini… Ces familles ont toutes un écran plat, mais pas le paquet de pâtes qui nourrit… Il faut aider ces premières victimes de la société de consommation », ajoute la sœur dont l'abnégation et la joie à exercer son sacerdoce égalent celles de sœur Yannique, membre des Filles de la Charité de Saint-Vincent-de-Paul, que j'avais suivie pour ma précédente enquête dans le quartier de la Madeleine à Évreux[1].

« La différence, aujourd'hui, c'est que tout le monde se croit Dieu… C'est un peu ça le problème, non ? »

*

* *

Humbles, les pauvres se plaignent rarement, même si ce qui leur manque cruellement (hormis les moyens matériels) est souvent la certitude d'être capables de réussir quelque chose : il est plus facile à Yohan de venir en aide à un plus démuni que lui que de s'en sortir lui-même. Idem pour

1. Cf. Anne Nivat, *Dans quelle France on vit*, *op. cit.*, p. 27 et suivantes.

Christiane, dont la belle-fille nous a prises en photo en souvenir d'un moment teinté de respect mutuel. L'estime de soi compte.

Nos responsables politiques s'inquiètent de la montée du sentiment d'injustice et de l'impression tenace de « trahison » démocratique. Ils devraient se demander pourquoi leur parole est aussi desséchée, pourquoi leurs discours sur « les valeurs » paraissent tant dénués de chaleur, de bonté, de générosité et d'écoute. Comment ont-ils pu à ce point s'éloigner de la réalité ? Comment parviendront-ils à insuffler une nouvelle énergie collective ? Les responsables – le sont-ils ? – ont-ils encore des réponses ?

Venues du fond de la mine, les gueules noires se sont muées en seigneurs. Mines et acieries ont disparu, seuls restent les pauvres, solidaires. Car si l'individualisme sépare et anéantit les dernières illusions, la fraternité demeure.

-2-

GIVORS

Ma voiture, c'est mes jambes.
Sans elle, j'peux plus emmener mes enfants à l'école,
j'peux plus aller au travail ni faire les courses,
j'ai plus de vie sociale !
Ceux qui disent qu'il faut moins l'utiliser
sont des dangers pour notre vie économique
et notre liberté de circulation.

Virginie

Passé l'inscription « Liberté, Égalité, Fraternité » gravée par le conseil municipal après la Révolution de 1848[1] sur la porte d'entrée à gauche de cette église romano-byzantine, érigée en 1820, je pénètre dans la nef inondée d'une douce lumière, filtrée par dix-sept vitraux en cours de rénovation, trésor inestimable défendu par le président de l'association culturelle Saint-Nicolas[2].

À Givors[3], 20 000 habitants, ville du Rhône située à vingt-cinq kilomètres au sud-ouest de Lyon et à quarante de Saint-Étienne, l'église impressionne par sa dimension de basilique, ses riches tableaux[4] et ses vitraux majestueux, même si peu

1. Cette inscription a été sauvée par le curé quand, en 1990, à l'occasion de la restauration extérieure de l'église, il a refusé qu'elle soit effacée alors que la mairie sablait la façade.

2. Anthropologue, spécialiste de l'art sacré médiéval, Dominique Estragnat est l'auteur de l'excellent livre *Les Trésors de la cathédrale des mariniers et des verriers ; l'église Saint-Nicolas de Givors*, Bron, 2020.

3. Pour ce chapitre, je remercie chaleureusement Nicolas Ballet, reporter au *Progrès* et chef adjoint des éditions du Sud et de l'Ouest lyonnais, qui m'a largement ouvert son carnet d'adresses et les archives du journal.

4. Dont *L'Adoration des mages*, par le peintre Joseph Vivien, natif de Lyon, situé à la droite de l'autel, qui avait été réalisé pour la cathédrale Notre-Dame de Paris voilà plus de trois cents ans. Pour plus de détails, lire l'article de

d'offices y sont célébrés[1]. En ce mois de février 2021, impossible de ne pas remarquer le gigantesque ouvrage en chêne clair niché au cœur de la nef. Sept mètres de hauteur, huit de profondeur et presque six de largeur, c'est un orgue en cours de montage et d'harmonisation, et qui sera entièrement démonté pour rejoindre par container la ville de Mokpo, à l'extrême sud de la Corée du Sud[2] où il prendra place au cœur d'une basilique catholique romaine flambant neuve.

« Voulez-vous me rejoindre dans les entrailles de l'instrument ? », lance une voix qui tombe du ciel. Relevant la tête, au sommet d'une étroite échelle je distingue le facteur d'orgue. « C'est mon douzième orgue de fabrication », précise, malicieux, Michel Jurine, 68 ans, conscient de son effet quand il m'énumère les différents métiers forgeant le sien. Concevoir, fabriquer et harmoniser un tel instrument requiert des talents de menuiser, de tuyautier (un métier dans le métier), de musicien, de mélomane et de grand harmoniste. Instrument à vent, un orgue est constitué de bois, de peaux[3] pour les joints des réservoirs et des soufflets, et de tuyaux en étain.

Nicolas Ballet, « Tableau de Notre-Dame de Paris retrouvé à Givors : il y restera ! », *Le Progrès*, 3 avril 2021.

1. Jusqu'à la pandémie de Covid, deux messes par semaine, les jours de marché, étaient célébrées dans l'oratoire de Saint-Nicolas, mais aussi des communions et des baptêmes. L'absence de chauffage, le manque de prêtres et des menaces de frises qui se délitaient ont entraîné sa fermeture temporaire.

2. En juillet 2021, l'orgue a été démonté et emballé en cinq semaines puis expédié par container bateau en Corée du Sud. Il y est arrivé fin octobre. Michel Jurine et son équipe de six personnes l'ont remonté. Après son harmonisation, l'orgue a été inauguré sur place.

3. Choisies chez les deux ou trois derniers mégissiers de France à Millau et dans la Creuse, elles ont été tannées sans chrome et sont collées avec de la colle animale d'os et de nerfs, pour obtenir une symbiose totale.

« Au début était le son, raconte Jurine, alors que, masqués et gantés, nous nous tenons blottis au cœur de l'instrument. En tant que pianiste et organiste, j'avais des idées musicales, du son dans la tête. Fabriquer un orgue, c'est traduire ces idées en termes de tuyaux, soufflets, sommiers, réservoirs. Le seul élément que mon atelier ne fabrique pas sont les touches des claviers », énonce-t-il avec fierté.

L'artisan me désigne le tuyau le plus long de l'instrument, 5,60 mètres, et le plus petit, quelques millimètres. La charpente de l'intérieur est en mélèze, son extérieur en chêne, mais, au gré des commandes et de son inspiration, toujours soucieux d'une acoustique harmonieuse, Jurine a aussi fabriqué des orgues en pin ou en noyer. « Au sud de la Corée du Sud, précise-t-il, les conditions climatiques influent sur la partie "machine" de l'instrument. Là-bas, inévitablement, des pièces s'allongeront, se rétracteront. Le son n'en sera pas réellement affecté, mais je dois en tenir compte ici. »

À chaque commande asiatique, Jurine lutte pour obtenir de la « réverbération ». Afin que les Coréens saisissent ce qu'il entend par là, il les a invités en France et leur a fait écouter trois orgues : celui de la basilique de Fourvière, un autre, de sa confection, à Saint-Didier-au-Mont-d'Or, et le troisième, ici même, dans l'église de Givors. « À Fourvière, l'acoustique est mauvaise et la réverbération d'à peu près sept secondes, à Saint-Didier, c'est plutôt trois, une durée conciliable avec la parole, une nécessité puisque ces orgues vont tous être placés dans des églises où des messes seront dites. »

Alors qu'en Europe la fréquentation des églises, avec ou sans orgue, ne cesse de baisser, en Asie, et surtout dans la péninsule coréenne, c'est l'inverse : le nombre de catholiques pratiquants augmente (+2,7 % par année en moyenne[1]) et galvanise la construction de nouvelles églises, cathédrales et basiliques.

L'atelier de Michel Jurine est installé à Rontalon, à dix-huit kilomètres de Givors. Trop petit pour accueillir les dimensions monumentales de l'orgue destiné à la basilique du port de Mokpo, l'artisan-artiste a eu l'idée de l'harmoniser dans l'église Saint-Nicolas de Givors, d'abord parce qu'elle a la capacité de le contenir, mais surtout parce que en termes de volumes elle ressemble à la basilique coréenne. « Dès la construction de la basilique achevée, des paroissiens ont enregistré leurs chants et m'ont envoyé les enregistrements pour que je vérifie la réverbération. »

Autodidacte « acharné », Michel Jurine est habité par la musique depuis son plus jeune âge. Originaire de Saint-Didier-en-Velay, en Haute-Loire, il a reçu une « éducation chrétienne forte ». Sans être pratiquant, le fait religieux le passionne. Depuis sa première commande pour la Corée en 2015[2], Michel Jurine a appris à connaître ses interlocuteurs et leurs pratiques : tout a commencé par le coup de fil d'un intermédiaire, un organiste coréen parlant le français, ancien élève du conservatoire de Lyon, qui, le premier, a suggéré

1. En Corée du Sud, sur une population de 52 millions, on trouve près de 5 millions de chrétiens, cf. https://fr.aleteia.org/2020/11/03/en-coree-les-orgues-made-in-france-ont-la-cote/

2. Michel Jurine est le seul Francais à qui la Corée du Sud commande des orgues. Après l'harmonisation de celui de Mokpo, il débutera en France la fabrication de son quatrième orgue « coréen » destiné à une église à Andong, une ville au nord-est du pays.

aux donneurs d'ordre de se tourner vers Jurine pour obtenir un « son français » plutôt qu'allemand, alors que ces derniers dominent le marché mondial de l'orgue depuis des siècles et ont fabriqué les neuf dixièmes des orgues existant en Corée. Il lui est alors demandé de développer « une idée musicale » en quelques pages, discutée ensuite par téléphone. Moins d'un mois plus tard, Michel Jurine sautait dans un avion pour signer son contrat[1]. « À la différence des pianos, il n'existe pas deux orgues semblables », souligne-t-il. Chaque orgue est le reflet d'une culture. Sur place, il découvre la personne qui a « sponsorisé » l'instrument de la paroisse, c'est-à-dire qui l'a payé. « Pour mon premier orgue, celui du département de musicologie de l'université de Séoul, il s'agissait d'une charmante dame très âgée. »

★
★ ★

Si l'orgue de Michel Jurine est promis à un destin voyageur, il fait exception à Givors où les déplacements de la population restent essentiellement locaux : ici, on est plus enraciné que nomade, et dès que la liberté de circuler en voiture est menacée par une potentielle hausse du prix des carburants, on va manifester.

« Comment une femme de 42 ans, de droite, qui a deux enfants magnifiques et un travail, ancienne plus jeune élue de France à 18 ans[2], ceinture noire de judo, ancienne pompier

1. Le budget de l'orgue de Mokpo s'élève à 800 000 euros.

2. Virginie a été conseillère municipale à Givors de 18 à 36 ans sur une liste divers droite.

volontaire[1], vivant dans une villa et possédant un appartement secondaire finit par demander au président de la République de stopper son délire ? » C'est par ces mots que Virginie Bodard, une blonde aux yeux bleus, cheveux mi-longs, me reçoit dans sa maison inachevée, voisine de celles de ses parents et de ses deux sœurs sur une colline de Givors et débute le récit des raisons pour lesquelles, le 17 novembre 2018, elle est descendue dans la rue manifester pour la première fois de sa vie, mais s'est aussi improvisée, puis imposée organisatrice et meneuse du groupe des Gilets jaunes de Givors.

Quand, à l'automne 2018, sur les pages Facebook de ses amis, Virginie voit fleurir l'idée de placer le fameux gilet sur son tableau de bord, elle dispose aussitôt le sien en évidence, guette chaque véhicule croisé et envoie des signes de reconnaissance à ceux qui l'arborent. « On en a tous un à dispo, ah ah ah !, je me marre, c'est quand même l'État, avec ce gilet obligatoire dans nos autos, qui nous a donné l'outil pour se faire battre ! »

Devant l'ampleur de la mobilisation, Virginie crée sur Facebook[2] la page « France en colère Givors 69 ». Les réactions sont immédiates. Pour le fameux 17 novembre, son obsession est que le rassemblement ne devienne pas

---

1. Virginie a été pompier volontaire pendant cinq ans grâce à son amie Myriam Sakhri, une gendarme-pompier volontaire retrouvée morte en 2011 dans sa caserne avec son arme de service sans qu'il ait été prouvé que cela soit un suicide. Dix ans plus tard, la justice a réouvert son dossier : https://france3-regions.francetvinfo.fr/auvergne-rhone-alpes/rhone/lyon/dix-ans-apres-la-justice-rouvre-le-dossier-de-la-mort-de-la-gendarme-myriam-sakhri-2027542.html

2. Elle ne s'est toujours pas résolue à la fermer.

dangereux. « On voulait juste bloquer les ronds-points menant à l'autoroute en filtrant ceux qui devaient vraiment passer… », se remémore-t-elle, alors que, dans le jardin, deux oies se dandinent en gloussant sous nos fenêtres.

Depuis le salon de Virginie, en se penchant légèrement, on distingue le toit de Carrefour, non loin du fameux rond-point où tout a commencé. Le jour dit, soucieuse de rester dans la légalité, Virginie a déclaré sa manifestation aux autorités de police et s'est présentée au commissaire avec qui elle est en contact permanent, même si, pendant la manifestation, par téléphone, elle aura plutôt affaire aux Renseignements généraux. « Pour une première fois, il fallait être responsable », insiste-t-elle. Tôt le matin du 17, Virginie n'a aucune idée de la quantité de personnes qui seront présentes, et cette incertitude l'angoisse. « Et si c'était un flop ? Et si personne ne venait, finalement ? » Très vite, elle se rend compte du contraire : dès les premières heures, ça afflue sur « son » rond-point, pour atteindre douze cents personnes environ, « autant de gauche que de droite ».

Vers 9 h 15, compacte, en colère, la foule s'avance carrément sur l'autoroute, la fameuse A47 qui traverse et défigure Givors. Personne ne parvient à bloquer le mouvement. « Y avait énormément de monde, personne n'écoutait plus rien, c'était une sorte de liesse générale sur fond de "Allumez le feu !" de Johnny. J'ai vu mon terrassier littéralement en transe sur l'autoroute, j'ai vu un routier qui allumait des fumigènes… C'était beau, mais comme j'étais responsable, je m'angoissais… », raconte-t-elle. Heureusement, en soirée, il a plu, ce qui a évité à la manifestation de dégénérer.

Après que des dizaines de personnes lui ont lancé « à samedi prochain ! », épuisée, Virginie rentre chez elle, s'affale sur son divan, allume la télévision et découvre, apeurée, les images du mouvement au niveau national. Ce premier samedi est une réussite. Virginie n'avait pas prévu sa récurrence hebdomadaire : par passion, elle vend sur les marchés de Noël des savons bios artisanaux achetés dans le Sud, non loin de Fréjus où elle possède un petit appartement reçu en héritage. La podologue givordine n'avait aucunement envisagé de dédier tous les samedis suivants à d'autres manifestations. Pourtant, c'est ce qu'elle fera, emportée dans la tourmente des « assemblées » houleuses de la salle Malik Oussékine, prêtée par la mairie, où se retrouvent chaque samedi plus de cent cinquante personnes à rédiger des tracts et concevoir des actions.

Le second samedi, son père passe sur le rond-point et s'engueule avec un policier ; le troisième, des membres du groupe décident de se rendre au siège du conseil régional à Lyon, « pour voir Wauquiez ». En vain. Finalement, la délégation est reçue par Jean-Luc Fugit, député de la 11e circonscription du Rhône, à qui est remis un épais dossier de doléances.

À chaque fois, Virginie impose qu'il n'y ait ni armes, ni alcool. Les manifestants ne communiquent plus par téléphone et deviennent de plus en plus difficiles à contrôler. Ils mènent d'incessantes discussions sur la nécessité de nommer des chefs, il y a des pour et des contre, mais le non l'emporte toujours. Virginie se rend à des réunions à Vienne et à Feyzin, mais ne pousse jamais jusqu'à Lyon. Tout l'automne, le mouvement est en pleine ébullition et cet état d'esprit non partisan, qui mélange des citoyens de classes moyennes d'habitude silencieux, lui plaît. « Pendant tout ce temps, « Manu » se tait. Quel mépris envers nous ! Bon, on se dit que c'est sans doute parce que le président a peur, mais surtout qu'il n'a rien compris », précise Virginie qui commence à recevoir des menaces de toutes natures sur sa page FB. A posteriori, elle réalise que c'est à ce moment-là que le mouvement sur le terrain se met à dégénérer. « Quand La France insoumise a manifesté avec le cercueil de la Ve République, ça ne m'a pas plu du tout. Ils tentaient de s'imposer, mais je ne l'ai pas compris tout de suite. Ils avaient même émis l'idée de prendre en otage Christiane Charmay, la maire communiste ; j'étais à fond contre. »

Quand, finalement, le 10 décembre 2018, Emmanuel Macron s'exprime[1], Virginie a l'impression d'être entendue, sa colère s'apaise. Temporairement, les mots du chef de l'État la réconfortent, même si elle ne se résout pas à abandonner ses amis du rond-point : dans les réunions, les discussions s'intensifient sur la nécessité d'arrêter ou de continuer. « On était épuisés à mener de front cette lutte, nos vies de famille, nos boulots… » En revanche, souligne-t-elle, aucun habitant du quartier prioritaire des Vernes ne s'est jamais mêlé à son groupe : « Ça ne les intéressait pas. Pour moi, cette lutte a toujours concerné des gens qui bossent, pas des gens qui reçoivent ! », lâche-t-elle abruptement.

1. Cf. le verbatim de sa déclaration : https://www.lemonde.fr/politique/article/2018/12/10/le-verbatim-de-l-allocution-televisee-du-president-de-la-republique_5395523_823448.html

Plus de deux ans plus tard, Virginie ne regrette rien, mais porte un avis plus nuancé sur le mouvement : « Pour sauver la France, je m'y prendrais autrement… faut rendre les gens plus forts, plus autonomes dans leur vie, j'appelle ça autosuffisants ! »

Dans sa vie de tous les jours, Virginie s'évertue à « se renforcer », ce qui, pour elle, passe par le recours au « bon sens paysan ». D'où les animaux en semi-liberté autour de sa maison qui n'est pas une ferme. Derrière les fenêtres du salon, j'aperçois des chiens, des chats, des oies, six poules et quatre ou cinq moutons. Virginie a conscience de ne pas être « une grande écologiste », mais elle n'est pas indifférente aux propos de l'essayiste belge Günter Pauli sur l'économie circulaire, ainsi qu'aux conférences du controversé Idriss Aberkane[1], visionnées sur Internet.

Pour Virginie, comme pour de très nombreux Français, en dépit des efforts des différentes instances de l'État pour promouvoir d'autres mobilités, la voiture reste essentielle. « Ma voiture, c'est mes jambes. Sans elle, j'peux plus emmener mes enfants à l'école, j'peux plus aller au travail ni faire les courses, j'ai plus de vie sociale ! Ceux qui disent qu'il faut moins l'utiliser sont des dangers pour notre vie économique et notre liberté de circulation, et d'ailleurs, je les combats au niveau local ! affirme-t-elle avec conviction. Les TER sont des moyens de transport essentiels pour se déplacer de

1. Günter Pauli est un industriel belge, conférencier à succès, créateur de la méthodologie « pollution zéro », chercheur en « économie « bleue » relative à l'économie des mers, des océans et à leurs côtes. Il a été présenté par le conférencier Idriss Aberkane, auteur du livre *Libérez votre cerveau* (Robert Laffont, 2016), comme « le Steve Jobs du développement durable ».

ville en ville, comme ici entre Saint-Étienne et Lyon, mais ça reste du métro/boulot. Moi, j'ai aucune utilité à prendre ce TER… » précise-t-elle en me désignant de la main la ligne ferroviaire juste en bas, trop sonore à son goût.

Virginie fait partie de ces Français prêts à se battre pour maintenir ce qui leur apparaît comme fondamental. La volonté du gouvernement d'augmenter les taxes sur les carburants a été une des raisons premières de son engagement. « Comme le prix du pain au Moyen Âge, le prix de l'essence est une référence. Tout le monde sait que les taxes sur l'essence sont énormes, moi et les écolos, de ce point de vue-là, c'est la bagarre », lance la jeune femme.

Juste avant le début du mouvement, Virginie a ressenti une profonde injustice : le terrain que sa tante avait laissé en héritage et sur lequel la famille avait commencé à faire construire n'était plus constructible. « J'en dormais plus, j'avais la haine. C'était une humiliation supplémentaire, comme si on revenait au temps des seigneurs. Nous, les gueux, on ne peut pas se défendre face à Sa Seigneurie La Métropole ! », enrage-t-elle face au président de la métropole de Lyon, qu'elle s'est même décidée à aller voir[1]. Autre rancœur qui l'a poussée à descendre dans la rue, celle qu'elle appelle « le mur du pouvoir d'achat » : depuis le passage des socialistes, Virginie se sent étranglée par les impôts. Malgré les deux salaires « confortables[2] » du foyer, le sien, de

1. David Kimelfed, LREM, est devenu président de la métropole de Lyon après la démission de Gérard Collomb nommé ministre de l'Intérieur en 2017. Lors des élections de 2020, Kimelfed n'a pas été réélu et a laissé son siège à Bruno Bernard, un écologiste.

2. 18 000 euros annuels de bénéfice pour Virginie en tant que podologue et 40 000 euros de salaire annuel pour son mari.

podologue, et celui de son mari, technico-commercial dans une chaîne de blanchisseries industrielles, le couple a été contraint de stopper les travaux de leur maison. « Je suis en libéral, normalement je devrais rouler sur l'or, eh bien non, il me reste au mieux 1 500 euros par mois sans possibilité de s'arrêter quand on est malade, sans prime, sans vacances payées. J'en ai marre ! On se moque de ma génération, une génération désenchantée ! D'ailleurs, beaucoup de confrères ont jeté l'éponge, ils sont partis vers l'immobilier ou le commerce. Tout le monde se sert sur mon dos : assurances, banques, taxes, etc. On me vole le fruit de mon travail », fulmine Virginie.

Indépendante de nature, elle a parfois été contrainte de demander à son père de lui régler quelques factures. « Et si, sans mes parents, je tombais dans la misère ? » La seule idée de vivre moins bien que ses parents, l'un cuisinier à la Sodexo, l'autre infirmière, obsède Virginie et alimente son ressentiment.

L'été précédant les Gilets jaunes, Virginie a pris la température de la France des marchés Elle a noté qu'y revenait sans cesse le refrain du manque de pouvoir d'achat. Les places y sont chères, faut avaler des kilomètres, et il n'est jamais évident de rentrer dans ses frais, comme à son cabinet d'ailleurs, se plaint-elle. Podologue depuis vingt ans à Grigny, une commune mitoyenne de Givors, dans un centre commercial situé à côté de l'Intermarché, Virginie a bien du mal à faire accepter à ses patients sa note de 34 euros : « Le soin terminé, au moment du règlement, la même question revient à 90 % : est-ce que c'est remboursé par la sécu ? Quand je réponds, bah non, là je vois que c'est très dur de faire le chèque… Dernièrement, une maman m'a dit qu'elle avait appelé une autre podologue, qui prend 20 euros la consultation. Je lui demande pourquoi elle n'y est pas allée. Parce que c'était plus loin ? Finalement, je lui ai proposé une facture pour sa mutuelle, mais cette dame ne s'est pas rendu compte à quel point elle m'a démotivée… En plus, sur Google, maintenant, les patients peuvent te noter. Y en a un qui m'a mis une étoile parce que sa mutuelle l'avait pas remboursé. Les Français veulent pas payer le médical ! »

À ce « mur » du pouvoir d'achat s'ajoute celui de l'« administration » : « On me retire tous les services publics dont j'ai besoin. Y a une menace sur le centre des impôts ; la CAF est partie, la sécurité sociale aussi, les hôpitaux sont pourris, en mairie, faut prendre rendez-vous même pour un passeport ! déplore-elle. L'État m'en prend de plus en plus, par contre, moi, quand j'ai besoin de lui, il me dit : va sur Internet ou téléphone ! Alors, moi, je lui dis : sors tes mains de mes poches ! C'est mon argent, c'est moi qui l'gagne ! » se récrie Virginie, tutoyant l'État comme s'il s'agissait d'une personne qui l'aurait trahie.

Sans être pratiquante, Virginie a placé ses deux enfants dans des établissements privés catholiques plutôt qu'au collège public où elle-même avait été scolarisée. « Je ne fais plus corps avec mon pays, regrette-t-elle. *La Marseillaise* ne m'évoque plus un élan de patriotisme mais plutôt l'envie de me sauver. J'habite en France, mais je ne me reconnais plus en elle. Plus les lois sont votées, plus je me sens exclue. Je n'appartiens pas à cette France de la théorie du genre, adepte des minorités, cette France qui veut plaire à un islam politique que je connais bien pour avoir grandi avec, et que je n'ai pas la force de combattre. Je sais, c'est un peu lâche. Je pense à toutes mes copines musulmanes intégrées et modérées. Elles sont de gauche, moi de droite, et pourtant, nous nous soutenons, En somme, nous formons ensemble un contre-pouvoir : chacune tire dans son sens pour que tout se passe bien au niveau local. Ce sont des femmes et des hommes comme moi, nous sommes tous français, et ceux qui ont besoin d'être protégés de l'islam politique c'est eux ! Comme moi, ces musulmans fêtent Noël, partent en vacances et travaillent. La seule différence est qu'ils ne mangent pas de porc, mais ils n'ont rien à voir avec le burkini ou le voile ! En défendant la culture française, je les défends ! Nous parlons ouvertement et je leur répète : stop à l'immigration, c'est trop, on peut plus faire face ! Macron se dit ni de gauche ni de droite, ou plutôt, en même temps de gauche et de droite… En fait, c'est un socialiste et un opportuniste ! Je connais ce genre de gars, ils vendraient du sable dans le désert, ils veulent le pouvoir, point. Je lui ai donné sa chance[1], il avait plutôt bien commencé avec la visite en grande pompe de Poutine, je pensais qu'il redonnerait à la France sa grandeur, bah non ! Il méprise le peuple, il nous parle mal, il dégrade l'image de l'Élysée avec l'affaire Benalla. J'ai pas oublié cette scène où, entouré de ses conseillers, il lance : "Le responsable, c'est moi, qu'ils viennent me chercher !" Pour moi, c'est à ce moment là qu'il rentre en guerre avec le peuple français ! Il a aussi viré le général de Villiers, s'est entouré d'incapables, il ne lutte pas contre l'immigration, ne nous protège

1. En 2017, Virginie a voté Macron au second tour après avoir donné sa voix à François Fillon.

pas du terrorisme. Il a une communication d'une violence rare ! » Questionnée sur Marine Le Pen, Virginie dénonce son outrance « à la Trump », toujours en train de s'autosaboter, et avoue préférer Éric Zemmour. « C'est comme si Marine ne voulait pas vraiment le pouvoir. Pourtant elle serait bien utile sur l'immigration. Mais réfléchissant, je ne crois pas que Marine soit la solution, je ne la trouve pas assez fiable. » Virginie a toujours voté par devoir, mais avec de moins en moins de conviction.

En l'absence d'un scrutin à la proportionnelle, elle a fini par se demander à quoi bon y aller.

Sauf pour les municipales.

⋆

⋆ ⋆

Pour rejoindre Givors en voiture depuis Lyon, il suffit de longer le cours du Rhône vers le sud. À cause du couvre-feu, en cette soirée de février, l'autoroute, d'habitude chargée, est vide. Je glisse aisément sur l'A7. Très vite surgissent les torchères des cuves de la raffinerie de Feyzin, puis celles du complexe de Solaize. Givors se tient là, juste avant les contreforts montagneux du Massif central, tapie sur la rive droite du Rhône. La nuit, les lueurs orangées des bâtiments industriels effacent toute laideur et créent une aura accentuant le mystère du fleuve. Cette magie s'effacera avec l'aube.

Mohamed Boudjellaba, 52 ans, est le nouveau maire de cette ville administrée soixante-sept années durant par les communistes. Divers gauche, tendance écologiste, il a été élu au second tour des élections municipales de mars 2020 avec seulement vingt-neuf voix de plus que Christiane Charnay[1], la maire sortante communiste. La victoire étant courte, la perdante a dénoncé des pressions sur des électeurs à proximité d'un bureau de vote et engagé un recours devant le tribunal administratif, qui a abouti à l'invalidation du scrutin[2]. Le maire a fait appel de cette annulation, la suspendant[3]. Mais cette « actualité » n'est pas la raison de ma visite dans sa ville : je suis venue à Givors parce qu'un homme issu du quartier le plus populaire de la ville, arabe et écologiste, a réussi à mettre fin, après trois tentatives, à ce que certains appellent localement une « seigneurie ».

À cette heure matinale, de rares passants se croisent sur le parvis. Dans le hall de la mairie il me faut suivre un parcours fléché, timide tentative pour organiser la circulation des visiteurs dans un contexte de pandémie. Le lieu est vide, hormis une femme de ménage souriante, accompagnée de son impressionnant chariot. Telle une nouvelle reine des lieux, celle grâce à laquelle tout fonctionne encore

1. Au premier tour des municipales, avec 20,52 % des voix, Mohamed Boudjellaba arrive en troisième position derrière Christiane Charnay (PCF) 24,55 %, Antoine Mellies (RN) 22,84 %. Au second tour, il gagne l'élection avec 28,88 % des voix, devant Christiane Charnay 28,24 % et Antoine Mellies 25,40 %.

2. Le 2 février 2021, le tribunal administratif de Lyon a invalidé le scrutin municipal des 15 mars et 28 juin 2020.

3. Le 21 octobre 2021, le Conseil d'État a annulé les municipales de 2020. Les nouvelles élections se sont tenues les 5 et 12 décembre 2021. Lors du second tour, Mohamed Boudjellaba a été réélu avec 50,75 % des suffrages contre la communiste Christiane Charnay (31,20 %) et Fabrice Riva (divers droite, 18,04 %). Cf. Nicoles Ballet, « Large vainqueur de l'élection, M. Boudjellaba assoit sa légitimité », *Le Progrès*, 13 décembre 2021.

m'indique gentiment l'étage du bureau du maire tout en s'activant.

Vêtu d'un pantalon sombre ceinturé et d'une chemise à manches longues de couleur claire, assis à contre-jour, celui qui m'y attend paraît longiligne. Ce vêtement, ainsi que sa façon de croiser ses fines et longues mains sur ses genoux ou de les faire danser devant lui, les rapprochant puis les éloignant en ponctuant son propos, lui donnent des airs de Barack Obama. « Mon tout premier souci, mon tout premier dossier, explique Mohamed Boudjellaba d'une voix douce, a été de savoir comment j'allais m'attaquer à un système vieux de soixante-sept ans ! Étant né ici, j'ai été biberonné à ce système, du coup, j'ai vécu le communisme de façon inconsciente. Gamins, la mairie nous emmenait à la mer, à la montagne, et je n'ai pas particulièrement souffert de racisme dans mon enfance. C'est beaucoup plus tard que je me suis rendu compte que le communisme créait sa bourgeoisie de caste locale… C'est ça le clientélisme[1] ! », souligne-t-il, s'animant subitement.

Givors est une ville au riche passé industriel, particulièrement bien située au niveau autoroutier, ferroviaire et fluvial sur l'axe Clermont-Ferrand-Genève, à la porte sud de la Métropole lyonnaise. Depuis le début des années 1980, ses cités ouvrières métallurgiques ont été confrontées de plein fouet à la désindustrialisation des forges et des verreries, telle BSN, son fleuron, dont il ne subsiste que la « cheminée des verriers », aujourd'hui utilisée comme tour de téléphonie mobile. Qu'est-ce que le communisme au XXIe siècle ? Les

1. Entretien à la mairie le 9 février 2021.

électeurs de Givors l'ignorent, et les responsables politiques communistes eux-mêmes sont embarrassés quand on leur pose la question. Comme Christiane Charnay[1], l'ancienne maire, plus gênée encore quand je souligne qu'en cas de nouvelle élection son recours pourrait entraîner l'arrivée au pouvoir du Rassemblement national. Finalement, Antoine Mellies, 39 ans, le candidat du RN en mars 2020, renonce à être tête de liste à Givors, se plaçant en troisième position. Début novembre 2021, il devient chargé de campagne d'Éric Zemmour, candidat alors non déclaré, en Auvergne-Rhône-Alpes. Après un entretien à son domicile, sa fillette d'un an dans les bras, Antoine Mellies me désigne du menton une affiche de campagne abandonnée derrière le portemanteau de son entrée. Son slogan ? « Un vrai maire pour Givors ». Sous le portrait, le logo du RN. « C'est à cause de ça que j'ai pas été élu ! », affirme-t-il en tapotant du pied le coin du logo, ajoutant que ce fut une bonne leçon.

À Givors, non seulement Mohamed Boudjellaba a mis fin à une longue dynastie politique, mais il est aussi le premier maire arabe d'une ville à forte immigration algérienne dont il est lui-même issu[2]. Le petit Mohamed a grandi au quartier Vernes, sur les hauteurs de la ville. « À l'époque, dans les années 1970, le commissaire habitait deux barres plus loin que moi. Tout ça c'est bien fini… Pourtant, on a tellement besoin de cette mixité ! souligne-t-il avec gravité. Celui qui s'en sort quitte la ville, et celui qu'on me ramène pour habiter au quartier est encore plus pauvre ! Vraiment, le

1. Entretien à son domicile, le 11 février 2021.
2. Même s'il ne parle pas arabe.

bailleur social ne fait pas le job ! », lâche-t-il, agacé, ajoutant que la part déjà trop élevée de 47 % de logements sociaux[1] le contraint à rénover l'existant et à accueillir des promoteurs privés qui « font venir du propriétaire ». Tel Nexity, présent à Givors avant que Boudjellaba soit élu, et dont la résidence neuve en plein centre-ville nourrit les commentaires. Depuis l'été 2020, venues principalement de Lyon à cause de la Covid, deux cents personnes se sont installées à Givors. Les achats immobiliers font monter les prix et cette nouvelle population modifie imperceptiblement la structure sociale de la ville, peu à peu transformée en ville-dortoir.

« Y a pas de vivre-ensemble, on vit tout juste côte à côte, déplore Mohamed Boudjellaba. Les communistes ont toujours accueilli tout le monde. Ça avait du bon, mais, du coup, ils ont un peu mis en place la "culture du bol de riz" : dans le désespoir, le pauvre, qui n'a pas de réseau, s'accroche au maire et aux élus. Chacun est responsable de son communautarisme… les communistes ne font pas exception ! »

Dans le sillage de la marche des Beurs[2] et des manifestations en faveur de Malik Oussékine[3], obnubilé par l'idée de « percer » dans l'espace public local, Boudjellaba se lance dans l'associatif sans vraiment se rendre compte

1. Son but est de réussir à baisser cette part à 25 %.

2. La « marche pour l'égalité et le racisme », surnommée par les médias « marche des Beurs » est une marche antiraciste qui s'est déroulée fin 1983, plusieurs semaines durant, dans plusieurs villes de France.

3. En 1986, dans le contexte d'une forte contestation étudiante en rapport avec le projet de réforme universitaire Devaquet, Malik Oussékine, 22 ans, frappé par des policiers, trouve la mort dans la nuit du 5 au 6 décembre à Paris.

que ce secteur est politiquement instrumentalisé par le parti communiste local. « Aux p'tits mecs comme moi on collait l'étiquette de voyou, fallait faire avec... » Déterminé, Mohamed Boudjellaba cherche une échappatoire pour sortir de sa condition. « Où je me situe ? » est la question qu'il se pose sans relâche.

Son parcours est émaillé de rejets : d'abord en discothèque, quand il se faisait refouler après de longs kilomètres de route, puis des meilleures écoles et de certains boulots, alors que le jeune Boudjellaba a toujours été premier ou second de sa classe. Quand le collégien souhaite poursuivre ses études, son père lui suggère de devenir tourneur. « Au quartier, les jeunes se disent qu'en France on n'entend jamais parler en bien de Mohamed, Karim ou Abdel. Les autres prénoms, c'est ceux qu'on entend à la télé, pas les leurs. Tout ça induit comme un retrait inconscient. Leur prison, elle a pas besoin d'avoir des barreaux, c'est leur quartier ! »

Bac d'électrotechnicien en poche, mais sans travail, Boudjellaba se fait remarquer par le maire communiste Camille Vallin, qui lui offre un job... d'éboueur. « Je crois qu'en me proposant ça vous manquez de respect à mes parents », lui rétorque-t-il, blessé. À cette seule évocation, Mohamed se referme, sa voix se fait encore plus basse, quasi inaudible. Il évoque aussi les lettres d'insultes anonymes reçues un mois après son installation à la mairie, où il est traité de « bougnoule » et dont certaines sont accompagnées d'excréments. Mohamed Boudjellaba a encore l'impression de gêner les institutions, d'autant qu'il a été élu sans véritable affiliation à un parti, même s'il est aussi capable de rire des bourdes liées à son « dépucelage politique » : par exemple, cette photo, en pleine campagne pour ses premières municipales, où il apparaît aux côtés d'une amie fraîchement convertie, voilée, ou encore son invitation, en 2010, à Tariq Ramadan pour une conférence-débat qui avait réuni une foule impressionnante... Après trois campagnes, l'opiniâtreté de Mohamed Boudjellaba a eu raison du fief communiste, même si, il n'a pas honte de le dire, « être maire, c'est un job de merde, terriblement ingrat ! Dans cette ville de clans, de misère, où tous les problèmes ont été individualisés, j'ai pas de baguette magique et de moins en moins de pouvoir ! ».

En érigeant la « cité des Étoiles », ces immeubles de logements sociaux visibles à travers les fenêtres du bureau du maire, l'architecte Jean Renaudie[1] rêvait d'échafauder une ville « fraternelle ». Les terrasses pointues en forme d'étoiles qui dégringolent de la colline Saint-Gérald étaient censées développer une alternative aux tours et aux barres, et montrer que « le bonheur existe par le logement ». Aujourd'hui, le béton a triste mine, et « la vraie cohabitation, c'est pas côte à côte, mais ensemble », martèle Boudjellaba à propos de cette œuvre. « Givors a été fraternelle, mais elle ne l'est plus », souligne-t-il à regret. « L'ère de la défense des intérêts par classe, caste ou chapelle politique » est révolue : aujourd'hui, la politique est « globale ».

« Les communistes ne se sont pas rendu compte qu'autour d'eux le monde avait changé, que l'entreprise s'était mondialisée. Ils ont continué à opposer la bourgeoisie aux

1. Inaugurée en 1982 et labellisée « Patrimoine du XXe siècle » en 2003, la cité des Étoiles a été construite par Jean Renaudie entre 1974 et 1981. Elle compte quelque trois cents logements, dont près de la moitié à loyer modéré.

ouvriers, et les ouvriers aux autres. Mais, avec le temps, eux-mêmes se sont embourgeoisés et ont fini par tenir un discours politique inverse à celui de leurs débuts ! Ce système n'a plus eu pour seul but que son maintien au pouvoir... Au bout d'un moment, ça devait craquer ! » analyse-t-il en replaçant ses jambes, son corps dégingandé semblant occuper tout l'espace.

À l'image de dizaines d'autres villes de France, lors de certains mariages[1], Givors est confrontée à des rodéos sauvages pouvant durer jusqu'à soixante-douze heures. Ces parades vrombissantes de Maserati blanches, spécialement louées pour l'occasion, tétanisent les riverains. Lors de sa campagne électorale, Boudjellaba avait promis de faire cesser ce chaos. Une fois élu, on l'a vu sortir, excédé, sur le parvis de sa mairie et crier qu'il ne célébrerait pas le mariage si le raffut n'était pas immédiatement stoppé. Il a aussi pris la décision de faire signer une « charte des mariages » aux intéressés et n'a pas hésité à faire intervenir la police municipale[2] et nationale pour confisquer les bolides.

Mais surtout, Boudjellaba a fait déménager le lieu de célébration : les mariages ne sont plus scellés à la mairie, dans le vieux centre et ses rues étroites, mais plus bas, dans la salle Rosa-Parks de la Maison du Rhône, un bâtiment

1. Sur cent fêtes de mariages, les deux tiers environ seraient problématiques.

2. À Givors, depuis l'arrivée de Mohamed Boudjellaba, la ville compte huit policiers municipaux équipés de gilets pare-balles, caméras et tasers, un chef de poste, un garde champêtre à cheval, trois ASVP (agents de surveillance de la voie publique), deux personnes en charge du centre de supervision urbaine pour la vidéoprotection, une apprentie, un agent d'accueil réception des doléances et un autre chargé de la réglementation.

doté de parkings et placé devant une large route, juste sous les fenêtres de l'ex-maire Christiane Charmay, qui, elle, « autorisait les youyous » et n'a vu en ce changement qu'un « déplacement du problème ». Mohamed Boudjellaba insiste sur un autre point : « Ces jeunes font les beaux le vendredi et le samedi avec leurs voitures, mais le lundi y z'ont plus rien, ils chinent une clope… constate-t-il avec amertume. Que ce soit pour les mariages ou les décharges sauvages au bord du Rhône, ma ville n'est pas une poubelle, je rejette tout laxisme. J'ai toujours défendu l'idée de respecter la loi », souligne-t-il avec vigueur.

Le sujet de la grève de la faim de deux professeurs du collège Lucie-Aubrac[1], un établissement de plus de cinq cents élèves situé dans le bas des Vernes, le gêne. « L'Éducation nationale n'accorde pas assez de moyens à nos collèges. J'en ai parlé au principal, mais le véritable patron des enseignants est le DASEN[2] », concède ce père de quatre filles, dont l'une est scolarisée dans le privé. Alors que tous les labels « REP+[3] » doivent être discutés en septembre 2022 à l'échelle nationale, un collectif issu du collège Lucie-Aubrac a exigé d'obtenir ce label au plus vite pour trouver une solution aux problèmes récurrents d'incivilité et de violence à Givors. « J'ai rencontré ces enseignants en colère… Ils devraient aller visiter le quartier d'où viennent leurs élèves,

1. Leur grève de la faim a commencé le 22 janvier 2021 et s'est achevée le 11 février pendant mon séjour, après une couverture médiatique intense, tant nationale qu'internationale.

2. Depuis le 1er février 2012, le directeur académique des services de l'Éducation nationale (DASEN) remplace l'inspecteur d'académie.

3. Réseaux d'éducation prioritaire renforcée.

je le leur ai dit ! Pour moi, ils ne connaissent pas assez leur territoire… »

Que leur combat principal soit le label, tel que le proclame leur slogan « Rep+ rien de plus » désole l'édile. « C'est pas un combat, ça ! Je préférerais qu'ils parlent de réussite de nos enfants… » En maire préoccupé par l'image de sa ville, la grève de la faim au collège a agacé Mohamed Boudjellaba et l'a rendu soucieux.

★
★ ★

« Quand, face à toute une classe hilare, ton élève fait le geste de trancher ta gorge, il n'a pas idée de sa violence ! Quand il te répond "nique ta mère", ou "salope !" parce que tu as griffonné dans son carnet de correspondance un mot qui lui déplaît, il ne se rend pas compte de sa grossièreté ! Ces enfants grandissent dans une ambiance de violence verbale et physique banalisée. Y a même des parents qui nous appellent à la rescousse tellement ils y arrivent plus… » Enveloppée dans une écharpe orange qui retombe en cascade sur son buste, son visage encadré par une chevelure brune frisée dont elle tente en vain de replacer certaines mèches, Leïla Moumen, 44 ans, une des deux grévistes de la faim, vient s'asseoir dans ma voiture garée devant le portail d'entrée du collège.

Depuis la rentrée, toutes sortes d'actes de violence empoisonnent son quotidien d'enseignante d'arts plastiques, tel cet élève de 13 ans, mécontent d'une remarque à propos de l'oubli de son livret, qui a balancé sa paire de ciseaux. Sans blesser personne, l'arme ayant atterri sur le tableau noir.

Mais il y a autre chose : tant que le collège accueillait les enfants des quartiers de Givors (dont les Vernes et les Plaines), et ceux des villages environnants comme Saint-Romain-en-Gier ou Saint-Andéol-le-Château, une certaine mixité scolaire perdurait. Depuis le changement de carte scolaire en 2018, l'absence des enfants des villages a tout fait voler en éclats. De petits groupes fragiles se sont formés pour éviter rackets, insultes et violences, mais leur influence est limitée. « Sur vingt-cinq élèves, détaille Leïla, j'en ai à peu près huit qui ne suivent pas, parce qu'ils sont dyspraxiques[1] ou dyslexiques[2]. Ils ont besoin d'une aide supplémentaire que je ne peux leur apporter sans AESH[3] par exemple. »

Cette situation intenable a contribué à faire naître chez les enseignants un désagréable sentiment d'inutilité, d'autant que, souvent, leurs meilleurs éléments quittent le collège pour rejoindre des établissements privés. Ici, souligne cette agrégée, maghrébine de la deuxième génération, elle-même ancienne dyslexique qui s'en est tirée par l'effort, les Vernes, le deuxième quartier le plus pauvre de toute la métropole de Lyon, serait en passe de devenir un ghetto : « Avant, même issus de différents milieux, les élèves parvenaient à faire connaissance car, au fond, ils avaient tous le même mode de vie, écoutaient la même musique, regardaient les mêmes séries et possédaient les mêmes téléphones portables… Aujourd'hui, sans mixité sociale, les possibilités de

1. Un enfant dyspraxique a du mal à réaliser certains gestes et actions volontaires, comme se situer dans l'espace ou coordonner ses mouvements. La dyspraxie est un trouble reconnu de l'apprentissage scolaire.

2. Un enfant dyslexique souffre de troubles de la lecture et de l'écriture.

3. L'accompagnant d'élève en situation de handicap (AESH) est un agent contractuel de l'État sous contrat de droit public.

s'ouvrir à l'autre se restreignent, ils déboulent au collège comme à une récréation géante : ils sont en dehors de chez eux, y a tous leurs potes, mais leurs trousses sont vides et leurs cartables aussi, hormis le fameux carnet de correspondance ! se lamente-t-elle. Pourtant, on sait bien qu'ils nous aiment et qu'ils aiment leur collège, d'ailleurs on les appelle les "attachiants" ! La majorité d'entre eux a une attitude positive, mais il suffit d'une minorité de grandes gueules qui montent tout de suite dans les tours, incapables d'exprimer autrement leurs émotions. Engueuler un enfant qui n'a trouvé que ce stratagème pour exister, c'est lui prêter attention. C'est pathétique, ça nous fait très mal... voilà pourquoi on est en grève ! », justifie cette ex-artiste mère de quatre enfants. Du coup, Leïla, qui a l'habitude de se rendre à vélo sur son lieu de travail, hésite à le prendre à nouveau tant elle se sent vulnérable aux abords du collège.

Le rapport à l'effort, non plus, n'est plus le même. Leïla se souvient d'un exercice de dégradé de couleurs proposé à sa classe. Quasi tous les élèves s'en étaient sortis, sauf une, dont la feuille n'était pas du tout dégradée, ce qu'elle lui avait fait remarquer. « Mais, madame, c'est une question de point de vue », lui avait-elle aussitôt rétorqué. « Le rôle de l'enseignant n'est pas uniquement remis en question sur des questions de religion, d'islam ou d'histoire-géographie, il l'est *de toute façon*, souligne Leïla avec gravité. Quand on veut emmener les enfants au musée, ils nous demandent à quoi ça sert ! Ils sont bourrés d'a priori. Quand on en revient, ils sont quand même contents d'y être allés. »

À la longue, croit savoir Leïla, les inégalités en France seront creusées avec, d'un côté, des élèves adeptes de l'effort et de la ténacité, et de l'autre, « les nonchalants, qui ont grandi dans le je-m'en-foutisme et sont dépourvus des codes pour vivre en société, travailler, réfléchir et apprendre ». « Nous, les enseignants, on est en première ligne, nos élèves sont trop nombreux, on n'a plus assez de temps pour s'occuper de chacun. Avant, je réussissais à leur faire faire de la peinture à l'huile, de l'acrylique, du modelage. Tout ça, je ne peux plus le faire », regrette-t-elle.

Pour ce qui est du problème qui a provoqué la grève de la faim, l'Éducation nationale a demandé au collège de patienter jusqu'à 2022[1]. Le label « REP+ » modifie la prime mensuelle des enseignants et leur offre des moyens renforcés, comme une assistante sociale et une heure de concertation accordée sur leur temps de travail aux professeurs. Ça serait « une vraie reconnaissance, celle qui nous manque cruellement », souligne Leïla.

Tout juste sortie de ma voiture, j'observe sa frêle silhouette se poster aux côtés de Pierre, son collègue gréviste, devant une caméra de France 3. Tous deux savourent le succès de la médiatisation de leur grève, même s'ils déplorent ne jamais réussir à évoquer, en réponse à ces questions (toujours les mêmes), les problématiques essentielles, que personne n'a vraiment envie d'entendre[2].

1. Cf. *Le Parisien* : https://www.leparisien.fr/societe/nous-souhaitons-sortir-de-cette-logique-le-gouvernement-veut-mettre-fin-aux-reseaux-d-education-prioritaires-22-11-2020-8409745.php

2. *Le Progrès* a consacré de nombreux articles à ce mouvement, dont celui-ci, au moment où je rédige ce chapitre : « Environ 70 personnes pour demander plus de moyens attribués aux enseignants », vendredi 28 mai 2021, p. 21.

★
★ ★

Sur les hauts de Givors, tel un balcon suspendu sur la ville, le quartier des Vernes est un havre de verdure à la vaste esplanade carrelée. Ses tours espacées se dressent à flanc de coteau, ses équipements sportifs et jeux pour enfants paraissent en bon état et la place centrale, qui offre pléthore de places pour se garer, regroupe le peu de commerces qui fonctionnent. Tout est propret, contrairement à l'image et à la réputation du quartier. Derrière, c'est la forêt. En cette période de vacances scolaires d'hiver, des enfants, filles et garçons, souvent par deux, traversent l'esplanade. Le boulanger-pâtissier peine à faire respecter les gestes barrières, d'où son affichette en gros caractères collée sur la porte d'entrée, exigeant d'attendre dehors et masqué. Mitoyen, le snack Palm Burger est fermé pour cause de pandémie.

Ce quartier populaire[1] a été construit dans les années 1970 au plus fort de l'émigration algérienne, quand cette main-d'œuvre se rendait travailler en masse à Vénissieux, chez Berthet, devenue l'usine Renault-Trucks. Rapidement, des barres de béton ont remplacé les baraquements de bois abritant Italiens, Espagnols, Algériens et Tunisiens. Plus tard, est arrivée une émigration marocaine moins dense. Aujourd'hui, aux Vernes, le taux de chômage atteint 60 %. Jon Ali, un chanteur dont la carrière a été lancée via les émissions de téléréalité « The Voice » ou « Les Anges », y réside encore. C'est en partie grâce à lui si Mohamed Boudjellaba a obtenu la majorité des voix dans les deux

1. Il abrite à peu près un quart de la population totale de la ville.

bureaux des Vernes de ce quartier classé « politique de la ville », le chanteur n'ayant pas limité ses efforts pour « aller chercher cette jeunesse givordine[1] ».

Côté rue Jacques-Duclos, j'entre au seul bar-tabac ouvert, temple des jeux à gratter de toutes sortes, et doté d'un salutaire distributeur de boissons chaudes. Des hommes en groupes de trois ou quatre palabrent sous les arcades de béton où, d'une main, je tiens mon gobelet de café industriel brûlant et, de l'autre, je distribue des checks avec le coude à tous ceux qui saluent Patrick Veyrand, le journaliste local qui m'a amenée au quartier. En ce matin de février, le froid picote les yeux. « Moi j'veux partir d'ici, annonce Abdel, 40 ans, tout en soufflant sur son breuvage brûlant, technicien de maintenance industrielle en arrêt maladie, très élégant en baskets blanches et fine doudoune passée sur un polo Ralph Lauren. Si l'quartier s'est dégradé, c'est d'abord à cause du chômage. La mixité, tout ça, c'est du flan, du baratin », se plaint-il. Abdel, la boule à zéro, est un des rares clients à ne pas s'être déplacé ce matin pour dépenser quelques sous dans un jeu de hasard qui fait miroiter le million. D'autres jeunes s'embrassent, se serrent la main, achètent un ticket au bar, le grattent et repartent discuter plus loin. « T'as vu, pas besoin d'aller au casino quand t'habites ici ! Ça gratte toute la journée, c'est l'envie de gagner qui démange, surtout en début de mois. Ce bar-tabac c'est notre PMU à nous... », ironise le quadragénaire. Exclusivement masculin, le défilé est impressionnant. Une ombre féminine passe en burqa sans que personne y prête la moindre attention. « Ici on est

1. Cf. « Jon Ali, l'autre visage de la victoire de Mohamed Boudjellaba », propos recueillis par Fabrice Dufaud, *Le Progrès*, 11 juillet 2020.

pauvres, mais on accueille bien », poursuit Abdel. Un de ses voisins, Mohsen, 60 ans, raconte les trente et un tours de rodéo en motocross – il a compté – d'il y a quelques jours, haussant les épaules en signe de désapprobation et d'impuissance. « Ici, les logements, c'est tout du PLAI[1], donc toute la misère du monde qui s'additionne... J'comprendrai jamais cette politique d'attribution. La misère engendre la misère, c'est bien connu, ajoute-il en spécialiste, lui qui a mené toute sa carrière chez le plus gros bailleur social de Lyon. Les gens deviennent méchants et agressifs car ils se sentent déconsidérés par le bailleur et par la société en général, accuse Mohsen. On dit qu'il y a trop de boucheries hallal dans Givors ! Mais il faut comprendre que c'est la seule issue pour les jeunes du quartier aujourd'hui ! Le marché du hallal ne s'est jamais développé en grande surface, parce que, disons la vérité, si y'en avait à Carrefour, ben, on n'aurait pas confiance. Mais ça veut pas dire qu'on est des extrémistes communautaristes ! » Pour contrer son bégaiement, Mohsen parle à toute allure, renvoyant la balle au système communiste « qui a tout bloqué ». « Charnay, notre ex-maire, prétend qu'ç'a été une élection communautariste... mais bon, je me pose la question, communiste et communautariste, c'est pas un peu synonyme ? Elle dirait pas ça un peu parce que l'nouveau maire est arabe ? Bref... Moi j'ai deux cultures : quand j'rentre chez moi, j'suis arabe, mais, dehors, j'suis français à part entière ! », plaide-t-il.

Comment sortir le quartier de la précarité ? Ni Abdel, ni Mohsen n'ont la réponse, mais aucun des deux n'est

1. Les logements en PLAI sont financés par le Prêt locatif aide d'intégration et attribués à des locataires en situation de grande précarité.

dupe. Mohsen se déplace dans l'agglomération en train-vélo parce qu'il connaît les combines et sait que ça lui coûterait beaucoup plus cher en voiture ; en revanche, Abdel ne jure que par son véhicule, qui, pour le moment, attend d'être réparé, le clouant sur place. Pour lui, comme pour la plupart des habitants du quartier, l'automobile représente l'unique « signe extérieur de richesse ».

Abdel a été élevé aux Vernes par sa seule mère. S'il se présente mi-sérieux, mi-roublard comme un braqueur de banques, il n'a pas oublié que, durant tout le primaire, il était premier de sa classe ! Tous ses espoirs de changement reposent en Mohamed Boudjellaba. Même s'il se défend d'avoir envie de s'y faire embaucher, Abdel se plaint de « passer en dernier » quand il s'agit des services techniques de la ville, qui, selon lui, accordent toujours leur préférence à des gens de l'extérieur.

Un de ses frères, à qui il doit rendre visite dans quelques jours avec seulement 150 euros en poche, est incarcéré en Espagne. « Attention ! lance-t-il avant de tourner définitivement les talons, la prison ça renforce les forts et ça affaiblit les faibles… »

★
★ ★

Depuis que sa voiture a été accidentée, Raymond, 75 ans, agriculteur à la retraite, reste lui aussi cloîtré chez lui, sur le plateau au-dessus de Givors. Avec cet accident, ce qui l'ennuie le plus est de ne plus pouvoir aller ramasser des aliments dans la benne de l'Intermarché de Givors ou à La Vie Claire de Grigny. « Si j'suis pas complètement foutu, j'envisage de racheter une vieille bagnole d'occase pour continuer… », affirme le vieil homme. Né dans ce hameau de parents agriculteurs en polyculture, Raymond s'est spécialisé dans la production de fromage de chèvre et de vache avant de militer pour la Coordination rurale.

À peine sortie de ville, déjà, c'est la campagne. Sur les contreforts du Pilat, je traverse des champs à perte de vue, une continuité rompue par le ruban noir du bitume et quelques fermes d'où s'échappent des volutes de fumée. Derrière moi, les méfaits de l'industrieuse vallée du Rhône semblent stagner, offrant l'agréable impression de se dissiper à mesure qu'on monte, comme si on s'en délestait. En roulant, mon véhicule dérange de gros corbeaux installés à même le bitume. Presque à contrecœur, ils s'envolent lourdement à mon approche. Hormis deux véhicules estampillés « département du Rhône » et chargés d'élaguer les bas-côtés encore poudrés de cette route sinueuse, je ne croise personne. Les techniciens, dont les véhicules occupent la moitié de la route pour y entreposer les branchages, me font de grands gestes pour que je passe. Plus je m'élève et plus la vue sur le Rhône gagne en majesté.

« Mon épouse, elle est plutôt su'l canapé devant la télé, et moi j'coupe encore du bois ! », m'annonce Raymond en guise d'explication sur le fonctionnement de sa maisonnée, après être enfin parvenue à trouver sa ferme, indiquée nulle part. Pour dénicher son hameau, il faut faire marcher son sens de l'orientation et ses méninges.

Reclus non loin du village de Longes, Raymond ne décolère pas vis-à-vis des façons modernes de produire. « Je sais que plein de gens en ville ont cette nostalgie de la vraie campagne », souligne-t-il. Nous discutons dans sa cuisine, sur la table où, déjà prêt pour le déjeuner, est posé un saladier de mâche du jardin et quelques « invendus » comme ces galettes de céréales germées et des briques de jus de fruits.

Subitement, son discours vrille : « On sait bien qu'un jour on risque d'être attaqués », répète Raymond. Par qui ? Des voleurs, des malfrats venus de la grande ville ? « Bah non, par la bande à Daech, pardi ! Par les islamistes ! Parce qu'en France on ferme pas nos portes… Y voudraient qu'on s'convertisse à l'islam radical, y a d'ailleurs un prof qui a été décapité… » Je me rends compte que Raymond vit terrorisé, se sent assiégé et ne descend plus que rarement à Givors ou à Rive-de-Gier, où, croit-il, la population a « changé ». Il répète qu'on ne « ferme pas assez les portes ». J'entends bien qu'il ne s'agit pas, prosaïquement, de celles de sa ferme, mais de celles du pays, donc des frontières.

« Nous on est de religion chrétienne. Moi j'ai été au catéchisme et je ne me convertirai pas à l'islam, ah ça non ! » Raymond baisse la tête et se referme l'espace d'un instant. Tout commentaire est vain face à mon interlocuteur pétri de certitudes. « Quand le RN dit quelque chose de positif, faut toujours qu'ça soit tourné en négatif, mais la vérité c'est que le piège a fini par se refermer sur nous… C'était pas forcément idiot ce que disait le père Le Pen en son temps… », analyse ce retraité fragile pour qui « la culture française a trinqué ». Au village voisin, comme en de nombreux endroits autour de Lyon, le RN obtient fréquemment de bons scores[1].

1. En 2019, à Longes, qui compte moins de mille habitants, la liste soutenue par Marine Le Pen est arrivée première des européennes. À la présiden-

En militant, seul, depuis plus de quinze ans, en faveur du tri et de la récupération de denrées encore consommables, Raymond est un écolo avant l'heure, qui se bat également contre les préjugés envers ceux qui, comme lui, « ramassent ». Dans ces bennes du bord du Rhône, il se retrouve souvent en concurrence avec des manouches. L'ex-agriculteur s'organise avec un jeune voisin possédant une fourgonnette équipée de deux rampes de chargement. Sa « tournée » achevée, ce dernier rameute son compère pour partager les palettes de pommes de terre et de carottes, ou le pain de la veille qu'on lui a donné à Loire-sur-Rhône ou à Chasse-sur-Rhône. Ils font leur tri dans la courette de Raymond. « Une bouteille cassée, on la balance, mais sinon, on redistribue à tous ceux qui en ont besoin, et crois-moi, y en a bien plus qu'on pense ! »

Repéré à l'intérieur d'une benne occupé à récupérer tout ce dont le supermarché se débarrassait, le septuagénaire ébouriffé avait lancé à la directrice de l'Intermarché interloquée qu'il cherchait de l'alimentation pour ses animaux. Elle a mis un certain temps à comprendre ce que Raymond, pudique, ne lui disait pas : en fait de ramasser pour les animaux, il en mettait aussi dans son frigo. De plus en plus ouvert et souriant au fil de la conversation, Raymond se lève pour aller me chercher, dans son carnet téléphonique datant d'avant la numérotation à dix chiffres,

tielle de 2017, Marine Le Pen est arrivée en tête du second tour avec 50,52 % des voix. Les 6 et 13 décembre 2015, pour les élections régionales, Christophe Boudot (FN) a fini premier du premier tour, puis troisième derrière Laurent Wauquiez (LR) et Jean-Jacques Queyranne (PS). Cependant, aux régionales de 2021, le candidat du RN, Andrea Kotarak, a fait un mauvais score.

le téléphone personnel du président de la Confédération paysanne, dont je n'ai aucun besoin. « On leur dit à tous en bas que c'qu'on cherche, c'est pour les animaux, parce que si on disait que c'était pour les êtres humains, y aurait des problèmes de conditions sanitaires… C'est pour pas avoir de problèmes qu'on dit ça, et aussi… pour pas qu'y s'apitoient… » En partant, Raymond m'offre un litre de lait de noisettes et une brique de jus de grenade qu'il a récupérés. « Ceux à qui on donne, ici su'l plateau, y s'affichent pas, oh non ! Mais y'en a, si tu savais ! Ah… si l'ridicule tuait, ben y aurait beaucoup de morts… »

Alors que je repars, à la fenêtre d'un imposant corps de ferme du lieu-dit La Jurary, un grand et fier drapeau tricolore flotte au vent…

⋆
⋆ ⋆

Située à dix-sept minutes de la gare de Lyon-Part-Dieu, Givors manque de bus et de trains, d'où le recours massif de ses habitants à la voiture. Le covoiturage n'arrive pas à s'imposer et le train-tram-vélo peine à s'organiser. Aux abords de l'autoroute A47, bâtie sur le trajet de l'ancien canal bordant le Gier et qui transperce la ville en deux, la pollution routière est si intense que des riverains souffrent de problèmes respiratoires.

D'après spécialistes et élus, la métropole lyonnaise, seconde de France, compterait entre dix et quinze années de retard sur la Région Île-de-France en termes d'infrastructures et de transports en commun. Ici, la population ne peut se permettre de se passer de voiture, m'avait glissé Boudjellaba, pourtant favorable à tous les projets alternatifs qui mettent en valeur les mobilités « douces », ou « actives », comme on dit aujourd'hui.

Pour rallier le centre de Lyon sans utiliser de voiture, à cause de leur situation excentrée, les Givordins doivent payer deux abonnements distincts : l'un à la SNCF, l'autre aux cars TCL[1], une « double peine » que n'hésitent pas à dénoncer ceux pour qui la mobilité est une fracture supplémentaire, insidieuse, dont on ne débat jamais vraiment. Pour Givors, les avantages à avoir intégré Lyon-Métropole[2] sont nombreux, mais cette décision a aussi coupé la ville de son bassin de vie naturel dont font partie les communes d'Échalas, de Saint-Romans-en-Gier et de Loire-sur-Rhône. Pour le maire, cette coupure administrative supplémentaire est sans doute une erreur.

En gare de Givors-ville où les parkings ont été réaménagés pour accueillir davantage de voitures, j'attends le TER direction Saint-Étienne pour rejoindre le président de l'association des usagers de la ligne[3] qui m'a proposé de la « redescendre » ensemble. Trois adolescents marchent en provenance du « village automobile », l'appellation désignant la zone commerciale des concessionnaires, je les vois

1. Les TCL, Transports en commun lyonnais, transportent près de 1,5 million de voyageurs.

2. Les ordures ménagères coûtent moins cher, et la friche industrielle de 11 hectares du centre-ville de Givors sera en partie réaménagée grâce à la Métropole. Les communes avoisinantes, quant à elles, se sont tournées vers d'autres syndicats de communes.

3. L'association Améliorer les déplacements et les trains en Loire Sud, ADTLS (devenue « Améliorer les mobilités en Loire Sud »), existe depuis un peu plus de vingt-deux ans.

enjamber habilement la voie ferrée, (emprunter les passages *ad hoc* leur ferait perdre du temps). L'un d'eux est muni d'un extincteur récupéré quelque part ; avec un briquet, son acolyte tente de mettre le feu à une espèce de bonbonne, ça ne donne rien, puis, subitement, une grande flamme s'élève. De peur, ils lâchent tout très vite et s'éloignent en se gondolant.

En direction de Lyon, dans le sens opposé, déjà, un deuxième train se profile. Le nôtre a près de quinze minutes de retard. Parmi les voyageurs qui attendent, beaucoup de jeunes femmes seules, enfermées dans le monde déployé par leur smartphone, coupées de l'extérieur par le truchement de leurs écouteurs. Pour éviter d'être importunées, tant bien que mal, elles tentent de prendre un air détaché. À leur âge, dans la même situation, je l'arborais aussi.

Finalement, le TER entre en gare et se met à filer à rebours du Gier, longeant l'autoroute A47 selon sa propre ligne, entre zone industrielle et campagne. À certains endroits, on dirait que rivière, train et autoroute se fondent en un seul et même tracé, puis, subitement, la vallée s'élargit, on respire à nouveau. L'autoroute déroule sa cohorte de véhicules tel un convoi parallèle au nôtre. Des rangées de ruches occupent le bas-côté des voies.

« La tarification influe énormément sur les modes de déplacements, souligne Nicolas Peyrard, 40 ans, président de l'association des usagers et architecte de profession en prenant place dans le bus reliant Saint-Étienne à Rive-de-Gier. En train c'est 7 euros l'aller simple, en bus c'est 1 euro, vous vous rendez compte ! En rapport avec ses moyens et son temps disponible, chacun choisit sa mobilité : en train, c'est vingt minutes, en bus, ce sera une heure…, soupire-t-il. La vallée du Gier est un territoire de marginalité temporelle où le temps peut sembler arrêté, où la mobilité des années 1970, cet âge “béni” d'avant crise, reste la norme dans l'imaginaire collectif et celui des élus », note Nicolas, enveloppé dans son trench noir et ceint d'une écharpe cachemire élégamment nouée.

Tiraillée entre Saint-Étienne et Lyon, la situation de la vallée du Gier est complexe. Son besoin de mobilité est fort, mais, ces dernières années, elle a perdu des trains : leur cadencement[1] est moins rapide alors que la fréquentation de la ligne augmente. Au grand dam des acteurs des mobilités douces, et contrairement aux agglomérations de taille comparable, ici, l'étalement pavillonnaire sur les coteaux fait augmenter la part de la voiture individuelle. Sur l'axe ultra-chargé Saint-Étienne-Lyon, mais aussi pour les très courtes distances ultra-locales, les autochtones prennent leur voiture. Givors est réputée pour les embouteillages de son pont sur le Rhône où transitent quotidiennement plus de quatre-vingt mille voitures !

L'association des usagers de la ligne est ancienne, mais ses dirigeants ont de plus en plus de mal à recruter des bénévoles. Face à la SNCF et aux instances régionales en charge des mobilités, les associations font ce qu'elles peuvent, mais, justement, elles ne peuvent plus grand-chose. Les réunions entre la Région, la SNCF et les usagers ayant été sup-

1. Le cadencement est une technique d'exploitation d'un axe ou d'un réseau ferroviaire fondée sur un principe de répétition systématique à intervalles réguliers des itinéraires, des arrêts, des temps de parcours et donc des horaires qui se répètent d'heure en heure.

primées, ne restent pour se faire entendre que les publications sur les pages Facebook et autres réseaux sociaux. « Personne ne veut nous rejoindre ! », déplore Nicolas. Même les séances de tractage dans les trains ou à la gare n'aboutissent à rien : « Tous les usagers disent qu'on a raison, mais aucun ne s'engage ! » L'architecte aimerait passer le flambeau, mais craint qu'en se retirant l'association périclite. « On râle contre la SNCF, mais faudrait aussi se plaindre de la Région AURA[1] », précise-t-il, agacé et décontenancé de se retrouver toujours face à des communicants aux arguments affûtés, préparés à lui faire avaler que la Région ne pourrait absorber le coût de telle ou telle modification[2].

Nicolas sait son militantisme ingrat : seuls deux candidats aux élections municipales de 2020 ont répondu aux propositions écrites de son association sur les mobilités. Il a de plus en plus la désagréable impression d'être un des rares à rechercher l'intérêt général… « Notre territoire est délaissé, la résilience n'y est pas à l'ordre du jour... Un vieux slogan résume à lui seul le besoin de changement d'image : « Givors, j'y vis, j'y dors ». Faute de ne pas trouver un abonnement adapté à leur travail, de très nombreux « pendulaires » ont même abandonné le TER et repris leur voiture personnelle, une régression en termes d'écologie. Nicolas, lui, s'est acheté un vélo pliable pour le transporter plus aisément dans le train.

1. Auvergne-Rhône-Alpes.

2. Sur cet épineux sujet, se référer à l'excellent blog de Olivier Razemon abrité par *Le Monde*, notamment cet article : https://www.lemonde.fr/blog/transports/category/rails-et-traverses/

Après vingt années de déchirements, en octobre 2018, le projet de l'A45, une autoroute supplémentaire entre Lyon et Saint-Étienne, a été définitivement abandonné, révoltant les uns (à Saint-Étienne) et réjouissant les autres (à Lyon). Le projet a été remplacé par des concertations financées à 400 millions par l'État censées aboutir à l'aménagement de la route, du rail et des autres mobilités. Pourtant, rien n'avance, comme si le monstrueux projet avorté avait éteint tous les autres[1]. « Les infrastructures ne se décident jamais de concert avec les usagers, ça c'est un fait, s'agace Nicolas, habitué à ce que les horaires ou les extensions de lignes de bus, de tram ou de train lui soient communiqués sans que son association ait son mot à dire. Augmenter la fréquence des trains en heure de pointe, on est pour ! On voudrait même plus de wagons, mais le problème, c'est que la Région n'a pas l'air de vouloir investir sur cette ligne, même s'il est prouvé que 49 % des habitants entre Saint-Étienne-centre et Lyon-centre utilisent le train ! », précise-t-il. Quant à la population hors centre, qui a peut-être moins de moyens, il est aussi prouvé qu'elle utilise davantage sa voiture alors que le transport en commun est moins cher ! Mais, parce que l'autoroute A47 est gratuite, personne ne réalise l'avantage tarifaire du train.

*

* *

1. La loi d'orientation des mobilités de fin décembre 2019 a provoqué d'incessants travaux sur les routes nationales avoisinant l'autoroute, mais aussi des réfections sur l'A7 et des rénovations des viaducs, engendrant d'innombrables et exaspérants bouchons qui n'épargnent pas Givors.

Au bord du Rhône, à l'embouchure du Gier, s'élève le sobre bâtiment de l'hôtel Kyriad. Quasi vide en période de pandémie, j'ai été heureuse de le trouver, sinon je n'aurais pu résider en ville. Pour parer aux contraintes sanitaires, la direction a édicté que chaque client devra descendre chercher son petit déjeuner dans la salle commune, indiquer précisément au serveur ce qu'il veut consommer pour que ce dernier, seul autorisé à toucher les ingrédients habituellement empoignés par tous, prépare le plateau qu'il remontera dans sa chambre.

Le premier matin, dans ces drôles de conditions, il m'a fallu montrer à Benjamin, 20 ans, serveur du petit déjeuner, comment secouer et ouvrir la brique de lait de soja sans en mettre partout. Puis il a fallu se soumettre aux rudes soubresauts de départ et d'arrivée de l'ascenseur, où café et autres liquides (pour moi, un bol de muesli) menaçaient de se renverser. Dès le matin, il fallait exercer son sens de l'équilibre, mais, au moins, on avait quelque chose à manger.

Après un bac économique et social au lycée Aragon de Givors, Benjamin termine son stage de seconde année de BTS au Kyriad. Un stage gratuit, souligne-t-il, dépité, dès que nous engageons la conversation, mais, au moins, il peut dormir sur place. « J'aime pas vraiment cette France d'aujourd'hui, c'est pas la France que mon grand-père me parlait (*sic*), respectueuse, avec des valeurs de politesse et d'écoute. » Sans avoir voté à aucune élection présidentielle, pour l'élection à venir de 2022, Benjamin n'a pas l'intention de se priver de ce qu'il considère comme « une chance ». Pour obtenir « la solution » à tous les maux de la France, il suffirait selon lui de mélanger toutes « les idées sympas » de chaque parti.

Depuis son bac, Benjamin réfléchit beaucoup à ce qu'il va devenir. Il se voit vivre heureux, loin de Givors, peut-être dans le Sud, comme si un éloignement de quelques centaines de kilomètres vers le soleil avait le pouvoir de tout changer. « Fais de toi quelqu'un de bien avant de vouloir que les gens soient fiers de toi », lui a seriné son grand-père.

Pour ses dix-sept ans, au loto du foot de son club local, Benjamin a gagné un vélo électrique dont il est fier mais, quand même, la voiture offre bien d'autres possibilités ! « Les filles, elles aiment bien ça, la voiture, c'est mieux d'avoir une voiture quand même », insiste-t-il, déviant notre conversation vers le sujet de sa récente rupture avec sa copine partie étudier à Paris. Contrit et désarçonné, Benjamin hésite encore entre tristesse et fierté que sa partenaire lui ait ainsi indiqué une voie à suivre.

– Alors finalement vous faites quoi ici, madame Nivat ?

– J'écris un livre…

– Ben moi, j'aimerais bien être connu, passer à la télé…

– Pourquoi ? Qu'est-ce que cela vous apporterait ?

– J'sais pas, moi, de la reconnaissance. C'est bien ça, la reconnaissance… Non ?

– C'est pas ça la reconnaissance, Benjamin, c'est pas passer à la télé…

Benjamin aimerait surtout savoir si je vais parler de lui dans ce livre.

– Ça dépend de ce que vous me direz. Vous auriez envie de parler de quoi, de me dire quoi ?

Benjamin ne sait pas vraiment.

Concentrée sur mon plateau dans l'impitoyable ascenseur, je m'arrête à un étage qui n'est pas le mien et tombe nez à nez avec une employée qui, elle aussi, m'a vue à la télé. Craignant d'avoir tout renversé, je pousse un cri.

Gouvernante remplaçante au Kyriad, Nadia, 60 ans, qui en paraît facilement dix de moins, est plutôt une habituée des hôtels trois à cinq-étoiles. Issue d'une famille nombreuse à qui la valeur travail ne fait ni peur ni honte, et optimiste de nature, cette cheffe des femmes de ménage force le respect : alors que la plupart de mes interlocuteurs se plaignent de ne pas trouver de travail, Nadia affirme ne jamais avoir eu le moindre de mal à occuper un poste de femme de ménage ou de gouvernante. « Question de mentalité ! précise-t-elle. On m'offre un emploi, d'accord, mais moi, en retour, j'offre mon travail. Faut jamais perdre ça de vue ! » Nadia me confie : elle aime travailler, mais n'ose pas vraiment le dire. C'est mal vu.

Femme de ménage et d'origine maghrébine, dans sa carrière, Nadia a été sans cesse confrontée à d'avilissants stéréotypes qu'elle s'évertue à contrer. Elle m'en dévoile une liste non exhaustive : « Si je mentionne mes amis, mon interlocuteur croit tout de suite que ce sont des Arabes ; évidemment, il pense que je suis une musulmane pratiquante ; quand j'étais serveuse, tout le monde m'assurait adorer le couscous, alors que j'aime pas ça ; et tous les coiffeurs s'extasient sur mes cheveux raides s'imaginant que ce n'est pas naturel, alors que, justement, ça l'est ! »

Face à toutes ces idées reçues, Nadia prend le parti du rire et de la légèreté. Ses expériences de vie et son naturel l'aident à prendre de la distance avec tout ce qu'elle considère comme « polluant ». Pour préserver son libre arbitre, elle allume le moins possible la « lucarne empoisonnée », comme elle nomme la télévision, dénonçant son « gavage négatif ». « Pour moi, Pascal Praud n'a rien à y faire, c'est un attiseur de merde ! », commente-t-elle pendant ces quelques minutes volées à son planning. Après s'être entichée de Facebook, Nadia a quitté la plate-forme et a clos son compte, lassée de partager avec des inconnus des moments de sa vie qui n'intéressent qu'un cercle restreint, ou de « partager » bêtement de prétendues informations, sans aucun moyen de les vérifier.

Nadia, à qui la patronne du Kyriad a aussi proposé de dormir sur place, réside à Saint-Étienne. Elle se déplace en TER et parcourt les cinq cents mètres de la gare jusqu'à l'hôtel à pied, quelle que soit la météo, profitant de ce « sas » pour réfléchir.

★

★ ★

Parce qu'il faut bien repartir, par un froid glacial je tourne le dos aux rêves de réussite de Benjamin, à la droiture de Nadia, je m'assieds derrière mon volant et allume la radio. Avenue du Maréchal-Leclerc, sous le monument des combattants de la Résistance, j'avise deux femmes voilées discutant sur un banc, à bonne distance l'une de l'autre. Leurs voiles sont noirs, leurs vêtements colorés, elles ont bravé le froid et sont masquées. Sous leurs masques, j'ai l'impression qu'elles sourient.

Au feu vert, résonnent les premières notes du tube « Fantasy » du groupe Earth, Wind & Fire, qui me transmettent instantanément une folle énergie, celle de continuer à exercer mon métier, d'oser aborder d'autres personnes, de saisir l'atmosphère d'une autre ville… et tant mieux si être journaliste de terrain aujourd'hui contribue à mettre au jour notre humanité, à donner à entendre avec respect les chemins de chacun, et surtout, à raconter sans décevoir.

-3-

ALÈS

Bienvenue à la cliantel, bon passage et à bientôt !

Tag sur un mur de la tour de la drogue.

Assis sur une chaise de fer placée sur la fine bande qui sépare les deux voies devant le 23, quai de Grabieux, ses cuisses très largement écartées, le jeune homme tente d'arborer l'attitude cool et nonchalante de celui dont la présence en ces lieux serait naturelle. Il a placé un écouteur dans son oreille droite, l'autre pend sur l'épaule gauche, et il feint d'écouter de la musique. En réalité, il est en liaison avec des acolytes qui lui glissent des informations en cas d'urgence. Sa capuche noire lui couvre les deux tiers du visage. Sur sa droite, sur sa gauche, des voitures passent. S'ils sont du coin, les conducteurs savent parfaitement ce que ce jeune homme à l'allure athlétique fait là. Lui est capable de deviner parmi les véhicules ceux qui pourraient freiner et virer en direction de la tour. Il est 11 h 30 en ce mercredi d'automne à Alès, dans le Gard, et ce « chouf » (guetteur) recruté à Nîmes, d'où il arrive tous les matins en TER, vient de s'installer à son poste de travail[1]. Des complices sont postés non loin, le long du stade, embusqués sur les hauteurs.

1. Un chouf est rémunéré entre 100 et 150 euros la journée. Leurs effectifs sont renouvelés souvent pour minimiser le risque d'être (re)connu par la police.

La pandémie et les menaces de reconfinement ont contraint les clients à se réorganiser et parfois à se déplacer à pied pour chercher leur drogue jusqu'à ce quartier des Cévennes. Quant aux policiers, jamais en nombre nécessaire pour être efficaces, ils hésitent à venir. S'il les voit apparaître, le chouf hurle le cri du guetteur, le temps, pour ses collègues, de déguerpir avec le produit et l'argent. Un jeu d'enfant, tellement les sentinelles sont habituées à cette partie de dupes sans cesse renouvelée, si lucrative qu'elle en vaut toujours la peine : le chiffre d'affaires de la tour dite « de la drogue » est estimé entre 10 et 15 000 euros par jour. Dans ce quartier défavorisé, l'importance de l'économie dite « souterraine » a grandi année après année au point de rivaliser avec l'économie réelle de cette ville de 42 000 habitants en proie à plus de 15 % de chômage et 29 % de taux de pauvreté.

Depuis plus d'une dizaine d'années, un trafic de stupéfiants s'est établi au pied de la « tour de la pharmacie », du nom du seul commerce qui occupe encore le bâtiment. De gros objets formant une chicane ont été placés sur l'allée qui y mène, obligeant tout véhicule à ralentir, ceux des clients comme ceux de la police. Le pharmacien en a assez, mais il résiste : son commerce est très fréquenté. Parfois, pour leurs affaires, les trafiquants font disjoncter les tableaux électriques, et la pharmacie se retrouve plongée dans le noir. Mais ils s'efforcent de ne pas trop perturber la vie du quartier. Leur unique souhait est qu'on les laisse trafiquer tranquilles ! La tour a été vidée de ses habitants : dans le plan de rénovation urbaine, elle a vocation à être détruite, ses habitants ont été relogés, une opération longue et coûteuse, mais surtout, une aubaine pour les trafiquants, qui ont changé les serrures des appartements vides (il avaient l'embarras du choix) pour modifier leurs planques à leur gré. Cette décision des autorités a facilité leurs activités : plus besoin d'exercer une pression sur les habitants pour obtenir l'usage de leur appartement, ou de les payer. De guerre lasse, Logis Cévenols, le bailleur social, a été contraint de dégonder les portes pour empêcher le recel. Las, les quatorze étages de la tour offrent encore toutes sortes de caches…

Aux Cévennes et au quartier voisin des Prés-Saint-Jean, sur son flanc sud, tous deux gangrenés par le chômage et vidés de leur mixité, les barres d'immeubles sont tombées les unes après les autres, laissant les autorités croire que la rénovation de l'espace urbain réglerait l'ensemble des problèmes. Ceux qui y habitent encore savent que ce n'est pas le cas. Ils ont déjà tant souffert : outre la difficulté à trouver un emploi dans une région où les mines de charbon ne sont plus exploitées depuis les années 1980, il a aussi fallu supporter la lente mutation d'un quartier autrefois pimpant, à la qualité du bâti reconnue par tous, vers un ghetto où une minorité dominante maintient le reste de la population dans la peur.

Ici, ce n'est pas la police qui impose les contrôles d'identité, mais les vendeurs de drogue, qui tiennent commerce là où ils l'ont décidé. Dès 10 heures du matin jusqu'à une heure avancée de la nuit, inlassablement, les yeux de leurs guetteurs scannent la présence d'un éventuel intrus, tandis qu'assis sur des chaises pliables, à côté de l'entrée de la pharmacie, les vendeurs attendent le client.

Avant que ce trafic s'installe, les relations avec les dealers étaient si tendues que personne au quartier n'en parlait. En 2017, des riverains excédés ont osé envoyer un courrier à la préfecture. Leurs plaintes à propos de ce qu'ils voyaient se dérouler quotidiennement sous leurs yeux, des incivilités et des dégradations qu'ils subissaient en bas de chez eux ont ouvert les yeux des élus de la ville, tous établis loin du quartier et incapables de mesurer l'ampleur du trafic.

Le temps béni du respect mutuel où un petit ne se risquait pas à déranger des grands, où les concierges, postés à chaque coin d'immeuble, savaient qui faisait quoi, où les gyrophares de la police étaient craints, est révolu. Aujourd'hui, des jeunes du quartier défient les représentants des forces de l'ordre sans que cela surprenne quiconque, brûlant régulièrement des conteneurs, vandalisant le local technique qui abrite le mécanisme de l'ascenseur pour peaufiner leurs circuits électriques pirates, enchaînant des chariots de supermarché les uns aux autres dans l'entrée de la tour pour freiner un éventuel assaut policier, neutralisant une douzaine de caméras vidéo de la Ville après avoir accédé à la trappe contenant leurs branchements, caillassant les pompiers se présentant devant les barres sans que personne ne sache vraiment plus rien à propos de ces jeunes, les concierges ayant été remplacés par des gardiens venus du nord de la France ou d'autres départements, qui n'habitent pas forcément sur place et ne connaissent rien aux familles d'ici mais, surtout, ne veulent point s'en mêler.

Au fil du temps et du succès de leur lucrative entreprise, les trafiquants (dont le leader local, issu d'une famille nombreuse ancrée ici, connu de tous, qui s'est marié en grande pompe dans un château non loin de Montpellier après avoir fait vrombir au quartier, une journée durant, des Lamborghini de location) ont modifié leurs relations avec les habitants. De la domination par la terreur ils ont glissé vers une emprise plus complexe, rémunérant les habitants pour qu'ils n'empruntent pas les escaliers mais les ascenseurs, offrant à certains des paires de baskets à 250 euros, à d'autres des pantalons de survêtement de marque, cajolant en maintes occasions le maximum de familles pour s'assurer de leur soutien passif. Il leur est même arrivé de financer un feu d'artifice pour célébrer la fin du ramadan, d'offrir, l'été, des grillades ou des McDo à tous les gamins, une piscine hors-sol pendant les jours de canicule pour les plus petits, et même de projeter des films de cinéma sur un coin de mur de la tour.

Dans certaines zones de guerre, comme à Bagdad, en Irak, j'avais vu des miliciens chiites rétablir l'ordre économique et social du quartier selon leurs valeurs. Ici, aux « Cévennes », les trafiquants de drogue se sont substitués au vide laissé par l'État.

★
★ ★

« Si on ne prévoit pas de gros effectifs pour les prendre en tenaille quand on lance une opération dans ces quartiers, on y va pour rien », me raconte un policier « de jour », en poste à Alès depuis pas mal d'années. Réquisitionner les effectifs de la ville de Nîmes voisine nécessite environ quarante-cinq minutes d'attente, un temps infini, bien connu des trafiquants, qui fait tout capoter. « Le flag est inespéré, car les trafiquants n'ont jamais rien sur eux, ou quasiment. Ça nous fait prendre trop de risques pour peu de résultats. Soit on a un bol pas possible, ce qui est rare, soit faut attendre une grosse info, ce qui est rare aussi… » Ces simples faits ont amené les médias à seriner qu'en France la police n'entrait plus dans tel ou tel quartier, une affirmation ambiguë : ce n'est pas que les forces de l'ordre craignent de s'y rendre ou ont abandonné l'affaire, mais, c'est tout simplement inefficace. « C'est pas qu'on veut pas, c'est qu'on peut pas. Même quand ils sont peu, on s'ra toujours moins », se désespère ce flic. De plus, les armes ne servent à rien : côté flics, les conditions de leur usage sont devenues si strictes qu'elles ralentissent les forces de l'ordre, ne jouant qu'un rôle dissuasif. Côté trafiquants, elles circulent en nombre. Pour flamber et dissuader les bandes rivales, « ils se filment avec, brandissant le pognon et le produit. Ils montrent que c'est royal pour eux, y peuvent pas s'empêcher ! », constate ce policier d'Alès, excédé par son impuissance. À partir de 2018, les dealers ont affiché leurs horaires de deal et leurs tarifs sur un mur. Ils sont devenus très actifs sur Snapchat sous le nom de « charbon_press ». Tels de bons commerçants soucieux de fidéliser leur clientèle, ils indiquent même : « Bienvenue à la cliantel, bon passage et à bientôt[1] ! » (*Sic*)

Lors d'une descente, celui que les flics veulent trouver est le « charbonneur », l'homme à la sacoche, qui détient un certain stock du produit. C'est toujours ardu, car ce n'est jamais l'homme qui se tient devant les clients. Le « charbo »

1. Cf. https://www.objectifgard.com/2018/11/07/ales-les-trafiquants-de-drogue-affichent-les-tarifs-et-les-horaires-de-vente-sur-le-mur/

est fourni en marchandise par d'autres personnes ayant accès à la « nourrice », la planque où la marchandise a été placée. S'ils y parviennent, ils ont souvent la mauvaise surprise, deux ou trois jours plus tard, de retrouver l'interpellé sur le terrain, comme dans un cauchemar sans cesse répété. Les sanctions sont souvent si légères qu'elles offrent de belles occasions de se moquer des policiers.

Au « supermarché de la drogue », comme est souvent qualifiée la tour des Cévennes, on ne compte plus les descentes de police et les opérations de lutte contre les trafics de stupéfiants. Après chacune d'entre elles, le deal reprend. En septembre 2019, en plus d'une saisie de dix kilos de stupéfiants (cocaïne, résine, herbe de cannabis), une opération d'envergure dans l'un des appartements squattés a permis de retrouver deux pistolets automatiques 9 mm et un fusil à pompe. Depuis, chaque perquisition révèle son lot d'armes lourdes. « Alès commence à ressembler aux quartiers Nord de Marseille, analyse ce même policier effaré. On y retrouve les mêmes problématiques avec des personnes à la fois victimes et auteurs des fusillades. Toutes impliquées à divers degrés dans de multiples trafics. L'ensemble couvert par l'omerta. » Au trafic de produits illicites s'ajoutent les fusillades qui empoisonnent le quotidien d'habitants, parfois malencontreux témoins de ce qu'ils auraient préféré ne pas voir.

Les années passent et se ressemblent. En janvier 2021, lors d'une énième descente à la tour, les policiers ont découvert dans un appartement inoccupé, où les serrures avaient été modifiées, des sachets de bonbons « Skittles » bourrés d'herbe de cannabis. Un 357 Magnum et de la cocaïne s'ajoutaient à la prise[1].

La patrouille du commissariat d'Alès qui a découvert la sacoche contenant la drogue a été violemment prise à partie, ses policiers sont repartis sans avoir interpellé celui qui avait malmené l'agent, comme en témoigne une vidéo tournée et publiée sur les réseaux sociaux[2]. Quelques mois plus tard, en juin 2021, on a tiré au gros calibre devant le collège du quartier voisin des Prés-Saint-Jean.

Dans les cinq dernières années, la brigade anticriminalité (BAC) d'Alès n'a pu récupérer cette fameuse sacoche que quatre ou cinq fois, perturbant le trafic… à peine une journée. Vingt-quatre heures plus tard, le système était de nouveau en place. « À chaque fois qu'on la trouve, ils modifient leurs méthodes, c'est le jeu du chat et de la souris, mais ça ne nous fait pas rigoler du tout, m'avoue un autre policier natif du coin, témoin de l'évolution de la situation sur plus de vingt ans et qui ne préfère pas imaginer les années futures. Notre profession est sur le déclin. On va être obligés de se justifier toujours plus, on perd un temps fou à tout expliquer », regrette-t-il. La perte de respect, aussi, le désarçonne. S'il reçoit un caillou sur le capot de sa voiture, ce policier fait demi-tour pour menacer le chouf de pourrir la vie du point de vente tous les quarts d'heure si ça continue. Envisageable avec un guetteur de 30 ou 40 ans, cette attitude ne l'est pas avec les guetteurs plus jeunes qui ne lui adressent jamais la parole. « Et ce n'est pas

1. Cf. *Objectif Gard*, 13 janvier 2021.

2. Cf. *Le Midi libre*, publié le 29 janvier 2021 à 12 h 35 et mis à jour à 18 h 54.

qu'au quartier qu'on n'est plus respectés, c'est partout... », ajoute-t-il, lucide et désabusé.

En mars 2021, dans le cadre de son « tour de France », alerté par ces incidents à répétition, le ministre de l'Intérieur Gérald Darmanin a fait étape deux heures durant au commissariat d'Alès où il a tenté de répondre aux nombreuses inquiétudes des policiers, principalement relatives au manque d'effectifs. Dans un département « où il y a plus d'actes de délinquance qu'ailleurs, nous avons renforcé les effectifs de police nationale de l'ordre de 30 % », s'est-il contenté d'affirmer.

Comme pour confirmer ses dires, un mois plus tard, une saisie record de soixante-dix kilos de cocaïne et de plus de 3 millions d'euros a lieu à soixante-dix kilomètres, à Beaucaire, grâce aux gendarmes de la section de recherches de Marseille, qui enquêtaient depuis une année sur un trafiquant arrosant l'Hérault jusqu'à Béziers, Montpellier, Lunel, Nîmes et Alès, ainsi que la Région Provence-Alpes-Côte d'Azur, dont Avignon, Aix-en-Provence, Toulon, et même jusqu'à Nice[1].

Interpellé à Bellegarde, dans le Gard, l'homme dirigeait lieutenants, livreurs et mules pour distribuer une cocaïne très pure à sa fidèle clientèle.

*

* *

Au pied de la tour de la pharmacie, trois jeunes hommes dûment masqués accueillent et servent les drogués. Il faut

1. Cf. *Le Midi libre*, publié le 5 avril 2021. Selon le procureur de la République de Marseille, il s'agit de la plus importante saisie de cocaïne dans le Sud ces dernières années.

dire qu'en cette période de pandémie le masque chirurgical est apprécié des voyous en tout genre : grâce à ces quelques centimètres carrés de tissu, cacher son visage aux forces de l'ordre n'est plus illégal et passe même pour un acte de civisme ! En signe de respect, l'un d'entre eux ouvre parfois gentiment la porte de la pharmacie aux clients âgés ou la leur tient, le temps d'entrer.

En retrait sur un parking attenant, j'observe leur manège dans la voiture de Salima, 45 ans, animatrice de l'association Avenir Jeunesse[1], la seule implantée aux Cévennes, qui connaît mieux que personne chaque famille d'origine algérienne ou marocaine. Chaque matin, elle assure une présence sociale, sillonne les rues, se pose avec les jeunes et les fait parler.

Salima a grandi entre ces tours où elle est revenue travailler après son diplôme. Grâce à la rénovation urbaine, le quartier a changé, arbres et fleurs ont été plantés, mais il manque de l'animation et de la cohésion. Des commerces ont disparu, personne ne s'est véritablement démené pour les conserver. Boulangerie, épicerie, tabac ont fermé, il ne reste que la fameuse pharmacie de la tour ; les habitants s'en plaignent, ils ne s'impliquent pas « parce qu'ils ont autre chose à faire et qu'on ne leur a pas appris à se mobiliser », insiste Salima.

Les voitures qui se garent à nos côtés sont des véhicules de fonction estampillées Orange, La Poste ou d'autres uti

1. Depuis plus de trente-trois ans, Avenir Jeunesse accompagne les jeunes de 12 à 25 ans dans les quartiers d'Alès et de La Grand-Combe. L'association propose des actions et des chantiers éducatifs afin de les accompagner vers l'insertion sociale et professionnelle.

litaires d'entreprises locales. Leurs conducteurs se pressent d'aller chercher leur dose. Personne ne se cache. Un homme hagard laisse sa fille d'une dizaine d'années l'attendre pendant qu'il fait sa course. Baguette de pain à la main, qu'il apporte chaque midi à sa maman, précise Salima, un autre vient de faire affaire. Trois gamines de 10-11 ans déambulent serrées l'une contre l'autre au milieu des acheteurs de drogue entre le parking et la tour. Elles ont l'air de s'ennuyer. « Qu'est-ce que vous faites ? » leur lance Salima à travers sa vitre ouverte. « On joue », répond l'une d'elles sans conviction. Les fillettes s'approchent et écoutent avec attention les informations de Salima sur les (maigres) possibilités d'activités pendant cette semaine de vacances. Au volant d'un quad, un adolescent surgit, vrombissant derrière nous. Il fait de grands signes à une autre personne. « Tiens, c'est B., il dealait encore récemment à la tour ; on a réussi à l'arracher de là, mais tu vois le genre de joujou qu'il s'achète maintenant avec ses gains ! Il est en train de faire essayer le quad à son cousin..., commente Salima, intarissable sur chaque personne qui traverse notre champ de vision. Ceux que j'accompagne sont en mode survie, susurre-t-elle comme à elle-même. Avant de les aider à remplir la paperasse qui va leur permettre de recevoir l'APL ou la CAF, faut que je les aide à trouver à manger ! »

Depuis des années, Salima a vu la délinquance empirer, le trafic de drogue exploser et les familles banaliser les comportements de leur progéniture. L'éducatrice regrette qu'on continue à placer les mêmes populations dans un même quartier, et précise que l'emprise de la religion est nourrie par cet entre-soi qu'on appelle aujourd'hui communautarisme, une notion fabriquée, selon elle, par ceux qui ne mettent jamais les pieds au quartier mais ont le pouvoir de décision sur les différentes commissions, notamment celle du logement. « Certains jeunes ont fini par se considérer comme "musulmans" uniquement parce qu'ils sont maghrébins, comme si la religion avait été racialisée », note-t-elle, pestant contre la mentalité du "Si ce n'est toi, c'est donc ton frère", fréquente quand le quartier est regardé de l'extérieur. J'ai vu des filles commencer à se voiler et à pratiquer uniquement par désarroi, parce qu'elles n'avaient rien d'autre ! Elles se réfugient là-dedans, du coup elles peuvent plus aller bosser, c'est un engrenage. Heureusement qu'il reste le collège ! »

Ah, l'école, dernier lieu du quartier à mélanger les populations ! Des enfants de toutes origines ethniques et sociales s'y côtoient quand ils sont petits, nouant des amitiés qui se renforcent (ou explosent) au collège. Mais, au lycée, la curiosité naturelle des uns pour les autres s'efface au profit d'une attitude plus individualiste et moins ouverte.

*

* *

Au sud des « Cévennes », tout proche du centre-ville, le quartier des « Prés-Saint-Jean », l'autre quartier populaire à « mauvaise » réputation[1], dresse ses barres d'immeubles érigées dans les années 1960.

1. Cette cité HLM concentre près de 30 % du parc social alésien, 1 500 logements sur 5 300. Environ 10 % des logements y sont vacants, voire davantage depuis le confinement, selon le bailleur social.

Depuis plus de dix ans, des impasses ont été créées, des lignes droites supprimées, des giratoires modifiés ainsi qu'une pénétrante aménagée au-dessus de la voie de chemin de fer[1]. Des barres d'immeubles ont été supprimées, telles celles du 2 au 12 de la rue Guy-de-Maupassant et celle du 1 au 3 de la rue Molière. Ces travaux de voirie sont censés alléger et désenclaver ce quartier isolé au nord par une voie ferrée, au sud par le Gardon. C'est dans un de ces immeubles HLM, au 35, rue Marcel-Paul[2], que j'ai élu domicile le temps de mon enquête. En bout de quartier, situé au quatrième et dernier étage sans ascenseur d'un bâtiment en bordure de la voie de chemin de fer peu passante et d'autant plus excentré que ses voies d'accès ont été réduites et des murets érigés pour empêcher une circulation trop rapide et des rodéos sauvages, l'appartement vide vient d'être rénové et repeint. À l'interphone de l'entrée où je découvre mon nom, quasi tous les autres patronymes sont à consonance étrangère.

À gauche de l'entrée, une étroite cuisine s'ouvre sur un balcon qui, en cette période de l'année, me servira de garde-manger[3]. En cette matinée de semaine, parmi les éclats de voix de mes voisins, je distingue les pleurs d'un très jeune enfant dont j'apprendrai qu'il loge au premier.

1. Les Cévennes et les Prés-Saint-Jean ont été choisis pour un second plan national de rénovation urbaine parmi onze quartiers de la Région Languedoc-Roussillon et deux cents en France. Environ 20 millions d'euros ont été attribués pour poursuivre les travaux de rénovation engagés depuis 2006 dans le cadre du plan Anru 1.

2. Via le bailleur social Logis Cévenols, que je remercie pour l'intérêt porté à mon projet d'enquête sur le terrain. Le bailleur social m'a trouvé une location de courte durée, un T4 refait à neuf et vide à cette période.

3. Je n'ai pas pris avec moi de réfrigérateur.

À travers la fenêtre de ma cuisine, je garde un œil sur ma voiture. Hormis quelques pétards et le bruit d'une chute d'un objet lourd à un étage inférieur, tout est calme. J'ai placé un matelas à même le sol carrelé de la vaste pièce faisant office de salon : je dormirai ici plutôt que dans une des chambres du fond. Le couloir dessert la salle de bains et les toilettes, étroites mais rénovées, ainsi que deux chambres dont les larges fenêtres aux persiennes de métal s'ouvrent, non sur le crassier[1], mais sur de vénérables cèdres au feuillage fourni.

J'installe ma table de travail dans l'une d'elles. Puisque l'appartement est situé en bout de barre, de ce côté, la vue est dégagée. Je pense à tous mes voisins habitant ici depuis longtemps, qui ont vu le quartier se modifier du point de vue de sa population, mais aussi du bâti. Tout a été « aéré », des barres ont été dynamitées, laissant un vide béant marqué d'un asphalte neuf. Y vit-on mieux, comme l'espèrent ceux qui les ont détruites ? La rénovation urbaine garantit-elle une vie meilleure ?

Un sac-poubelle dans chaque main, traînant le pas dans ses savates en plastique rouge, une femme s'approche des bennes à ordures. Elle a oublié de passer son masque, peut-être considéré inutile pour un aller-retour entre son appartement et les parties communes. Avenue Jean-Baptiste-Dumas, juste en face de chez moi, des femmes ont mis à sécher literie et couvertures côté est, au soleil du matin. Ici, le long du Gardon, « c'est le quartier de ceux

1. Un crassier, ou terril, est l'amoncellement des déchets d'une mine.

qui n'ont pas grand-chose, celui des gens qui n'ont plus rien », commente la passante. Le vent d'octobre pousse les détritus sur les chemins bordant le parc. Des canettes de Coca, de bière et de Red Bull débordent du conteneur à poubelles, certaines sont posées devant les entrées ou sagement rangées à côté des voitures. Plusieurs personnes promènent leur chien. Une jeune fille est assise avec sa copine sur un banc, chacune serrant précieusement son téléphone portable. Des matelas éventrés ont été déposés devant une cage d'escalier. Ils disparaîtront dans la journée. Un barbecue de fortune, délesté de deux roues sur quatre, a été adossé à un banc noirci de fumée. La carcasse d'un gigantesque évier circulaire gît à même le sol. Un blouson a été abandonné à terre, déjà presque couvert de feuilles mortes, à côté du City Stade dont le revêtement synthétique semble vieilli. De l'endroit où se dressait une des barres dynamitées, la vue sur le crassier est imprenable, mais personne ne le regarde.

Sur le terre-plein central, un bosquet de pins touffu dissimule mal l'immense gymnase abondamment éclairé en soirée. En son centre, son chien à ses côtés, un homme se tient accroupi sur ses talons. Au milieu des canettes de Capri-Sun et de Coca-Cola, lui aussi serre dans sa main son talisman portable. Depuis sa rénovation et son classement en zone inondable, visuellement, le quartier paraît plus agréable mais, symboliquement, l'installation d'une imposante agence de Pôle emploi n'a pas fait l'unanimité. Comme si, vivant au quartier, il était logique d'aller y pointer. Comme si aucun autre horizon n'était possible.

À côté du tabac-loto-dépôt de pain, les chaises du Kebab « Le Royal » sont empilées, pandémie oblige. Au cœur du quartier, les petits commerces de la place d'Alembert ont tendance à péricliter, leurs baux commerciaux n'étant pas renouvelés. Démentant l'inscription « pain frais à toute heure », la boulangerie « Aux délices » est cadenassée, la boucherie « Chez Rachid », fermée, la pharmacie à la devanture poussiéreuse n'ouvre qu'à certaines heures de l'après-midi et la pizzeria-rôtisserie-kebab « Le Forum » maintient sa grille de fer baissée. Seul le bar « Le Saint-Jean » paraît ouvert, ainsi qu'une petite boulangerie. Méziane, un fils de mineur kabyle habitant « en ville » (en dehors du quartier), est le propriétaire du bar depuis trente ans. Il a transmis son affaire à son fils et peste contre les politiques « qui nous ont mis là et que ça arrange bien de dire qu'ici c'est le bordel… ».

Alors que je sors de la boulangerie, se produit sous mes yeux un échange furtif : un automobiliste en Twingo noire roule au pas, fenêtre ouverte. L'homme qui a acheté deux baguettes avant moi lui tend un billet bien plié, en échange, il reçoit un pochon de shit. La Twingo redémarre, la transaction n'a duré que quelques secondes.

★
★ ★

Fouad Bouarcid, 39 ans, est un homme à la silhouette élancée et à l'élégance naturelle. D'une famille de neuf enfants, il a grandi aux Cévennes et dirige Raia[1], l'orga-

1. Rencontres et Amitié d'Ici et d'Ailleurs.

nisation sociale la plus réputée des Prés-Saint-Jean depuis trente-cinq ans, dont les murs ont vu passer des milliers de gamins et des centaines d'éducateurs. Fin 2019, le prédécesseur de Fouad[1], un opposant politique au maire, a été embauché à la mairie, chargé de la politique de la Ville, preuve qu'un travail au quartier peut être remarqué. Tout comme Salima aux Cévennes, Fouad déteste qu'on lui parle d'intégration. Lui évoque ses origines quand il en a envie et s'il le décide. À tous ces slogans « de marketing politique » qu'il réprouve, l'animateur engagé préfère la rugosité du terrain et le laboratoire de citoyenneté qu'est Raia. « La construction du jeune ne se fait que sur du négatif, déplore Fouad ; en discothèque, on vous refuse, l'emploi, on vous le refuse, le logement aussi. Ne reste que la débrouille... » L'absence de cadre pour la jeunesse du quartier le préoccupe, l'argument de l'« obligation » de trafiquer pour « mettre la daronne (mère) à l'abri » ne le convainc guère. « L'autorité du maître à l'école, de l'adulte en général, est contestée. Moi, je continue à leur dire que la vraie vérité, c'est d'aller à l'école ou d'aller travailler, pour que leur famille soit fière d'eux ! » Fouad se gratte la tête et poursuit : « La jeunesse d'aujourd'hui veut imposer SA norme, c'est-à-dire l'accès illimité à tout et tout de suite. Nous, ici, à Raia, on se bat contre ça en revenant aux fondamentaux. » Et ça commence par ramasser les bonbonnes de Cream Deluxe jetées sur le pavé après avoir été entièrement siphonnées, une défonce à petit prix, sur laquelle l'association a réalisé un court métrage pour ouvrir

1. En 2014, Brahim Aber avait été candidat malheureux aux municipales et obtenu 4,80 % des voix sur une liste sans étiquette.

les yeux des parents[1]. « C'est dur de trouver un emploi quand t'es des Prés, reconnaît Fouad. Dans ce quartier, on a regroupé une classe sociale homogène qui n'a rien, sauf qu'elle a les mêmes envies que les autres ! Tant qu'on restera à 40 % de chômage, plus du double du reste de la ville, y aura ici des nids à tension sociale », reconnaît-il. À son plus grand désespoir, les enfants et les jeunes du quartier ne tapent plus dans le ballon des heures durant, comme il se souvient de l'avoir fait. « En revanche, ils veulent absolument arborer les T-shirts des clubs de foot et passer du temps sur Fifa ! », déplore Fouad.

Un autre bâtiment accueille les « élèves » de Laytmas, une formatrice qui familiarise à la langue française[2] tous les immigrés, demandeurs d'asile et habitants du quartier. Un matin, Laytmas m'autorise à assister à son cours. En une demi-heure, la salle se remplit jusqu'à manquer de chaises, et je me retrouve face à une trentaine de personnes dont un Afghan arrivé du Helmand et perplexe quand je lui dis connaître sa terre, trois Tchétchènes avec qui je me découvre des connaissances communes, une Albanaise, une Russe d'Ukraine, de très jeunes garçons anglophones du Sierra Leone, d'autres, francophones, du Mali, trois personnes de Mayotte, et quatre mamans du quartier, plus débonnaires et moins intimidées que les autres. Toutes les femmes sont voilées, sauf la Russe et l'Albanaise. Laytmas met chacun à l'aise en rebondissant sur un thème d'actualité, ne néglige

1. https://www.midilibre.fr/2021/01/02/ales-respire-la-vie-alerte-sur-le-gaz-hilarant-ces-film

2. Par l'intermédiaire de l'association La Clède.

aucune réponse, même laconique ou mal exprimée. « On a peur que nos enfants fassent des bêtises », lance une des mères avec vivacité, alors que j'ai placé la discussion sur le thème du quartier comme lieu de vie. « Attention, faut pas mettre tout le monde dans le même sac, mais on dirait qu'on nous isole », assure une autre, établie depuis vingt-cinq ans aux Prés-Saint-Jean. Certaines ne se sont même jamais rendues en centre-ville ! « La vérité, c'est qu'on sait pas vraiment comment vivre libres, tous ensemble », hésite une autre. Sage propos auquel un jeune migrant venu du Sierra Leone renchérit : « On peut pas forcer quelqu'un à aimer quelqu'un d'autre. Mais y devrait y avoir un respect du sacré de l'autre. » L'espace d'un instant, ces mots plongent l'assistance dans un silence en forme d'abîme, que chacun interprète à sa façon, différente si on habite ici ou si on a fui un pays aux conditions de vie dangereuses. Parmi ce public hétéroclite, dans une ambiance à la fois bon enfant et studieuse, ô miracle, Laytmas parvient à faire émerger un dialogue. Tous, ici, veulent apprendre et s'adapter.

Peu avant mon arrivée, dans la cage du 29, rue Lavoisier, un point de deal où des jeunes du quartier avaient installé chaises et canapés a été démantelé. Au moment où le porteur de sacoche, 17 ans, de type européen, allait disparaître à l'intérieur d'un appartement – le fils du propriétaire lui avait donné la clé – il a été interpellé.

Insensible à la vie du quartier, à ses rumeurs, à ses us et coutumes, l'Anru[1] déroule son programme de destruc-

1. L'Anru est un programme d'aménagement et de rénovation urbaine.

tion et de rénovation selon une logique que les habitants ignorent. Quelques barres ont été rénovées rue Lavoisier, celles de la rue Sully-Prudhomme ne le sont pas (encore)[1]. Sur la place de Belgique, une imposante statue de Jean-Baptiste Dumas[2] trône juste devant le lycée JBD. À la fois technologique et généraliste, regroupant des élèves du CAP aux classes préparatoires, l'établissement, un des plus gros de France, accueille plus de deux mille élèves. Pour constituer une classe de trente-cinq élèves, certains professeurs de prépa vont recruter jusque dans l'Académie de Marseille, voire dans le Nord. Mais comme, depuis deux ans, plus personne n'est payé pour ouvrir la porte de l'internat le dimanche soir, beaucoup d'élèves sont contraints à de longs déplacements le lundi matin. Cette réduction des horaires d'ouverture de l'internat préoccupe les enseignants les plus impliqués.

Ce matin, malgré les vacances scolaires, c'est l'effervescence dans une classe du premier étage de l'école élémentaire rue Ampère. Une dizaine de volontaires de 10 à 12 ans sont rassemblés face à leur enseignant pour une semaine de « vacances apprenantes », un concept qui s'adresse aux enfants ne partant pas en vacances, validé par l'Éducation nationale après le premier confinement. La matinée est consacrée aux « compétences », l'après-midi aux activités en extérieur, comme la visite au tribunal, toujours marquante. Devenus adultes, des ex-écoliers ont avoué à Vincent Bury, leur instituteur, avoir senti naître leur intérêt pour le droit

1. C'est prévu pour les dix années à venir.
2. Ministre de Napoléon III, d'origine alésienne. Le lycée a été construit à la fin du XIXe siècle.

ce jour-là ! Quelle source de fierté pour ce valeureux enseignant qui, chaque année, voit s'éroder la confiance des parents vis-à-vis des enseignants. « Les parents ne nous respectent plus, voilà le problème principal », affirme-t-il.

Vincent Bury enseigne aux Prés-Saint-Jean depuis vingt ans. Il a accepté de me recevoir au pied levé, convaincu que les meilleurs échanges sont ceux qui se déroulent naturellement. Je commence par raconter mes expériences sur les terrains de guerre en Irak, en Afghanistan et en Tchétchénie. Très vite, une première question fuse : « Est-ce que vous avez porté le voile ? » Ma réponse affirmative sidère les enfants. J'explique ne pas être musulmane, mais m'être adaptée à une société dont je respecte les us et coutumes.

Kessie, Mohammed, Samoel, Inès, Leïla, Kelyan, Sarah, Émilie et les autres sont des enfants vifs et curieux. Ils comprennent parfaitement à quoi j'ai dû m'adapter, peut-être mieux que certains adultes. La confiance instaurée, avec l'assentiment du maître, je questionne à mon tour ces enfants dont le rêve est de devenir pompier, avocat ou homme d'affaires. Nous commençons par l'abject assassinat de l'enseignant Samuel Paty, survenu le 16 octobre 2021. En ont-ils entendu parler ? Ils hochent tous la tête affirmativement. Certains restent muets et en laissent parler d'autres, mais rapidement, une opinion domine : « L'un et l'autre n'avaient pas à faire ça. » Le maître n'est pas d'accord : il s'agit de la laïcité et l'enseignant était dans son droit en montrant ces images. « Faire comprendre la laïcité, oui c'est important, avance une fille, mais je ne comprends pas que notre religion, elle n'existe pas à l'école… » Stimulés, les enfants deviennent intarissables : « Les deux y sont en tort, renchérit un garçon, mais le monsieur il a montré une mauvaise image de l'islam », poursuit-il. « Les musulmans y respectent les Français, alors c'est aussi aux Français de respecter les musulmans », ajoute un autre. « Moi, ces images, elles me blessent pas, et pourtant je suis musulman », lance du fond de la salle un jeune homme beaucoup plus âgé. Il s'agit d'Emiliano, 21 ans, « chargé d'encadrer les petits avec moi[1] », me glisse l'instituteur. Emiliano habite aux Prés-Saint-Jean et connaît bien tous ces enfants. « On nous accuse toujours dès qu'il se passe quelque chose ! Sur la 15[2], ils parlent beaucoup des erreurs des musulmans, mais on peut pas toujours avoir peur dès qu'on voit un musulman... ! », ajoute une fille, plissant son petit front. « Ils parlent de la laïcité quand ça les arrange ! », lance un autre. « Mais enfin, le prof il a juste fait ce qu'on lui a dit de faire », s'élève tout à coup une autre voix. « Faudrait séparer la religion de notre vie normale », ajoute un autre. « Ben, montrer ces dessins, c'est justement ça la laïcité, ça montre des choses horribles, mais c'est notre liberté ici en France », conclut une autre fille.

Ce qui me frappe n'est pas ce qui a été dit, mais la vivacité de l'échange dans un respect toujours mutuel : lorsque, avec un petit temps de retard, les enfants non musulmans, ici en minorité, osent prendre la parole, ils sont écoutés. Les visions différentes du monde sont déjà en place, mais elles ne dominent pas encore.

Trois ou quatre ans plus tard, vers l'âge de 15 ans, cette saine curiosité des uns envers les autres disparaîtra, tout

1. Via le dispositif « garantie jeune » près la mission locale.
2. La chaîne de télévision du canal 15 correspondant à BFMTV.

volera en éclats. Au lycée, une telle discussion ne se serait pas déroulée sereinement, il y aurait eu des insultes, ou... un lourd silence gêné, ce que me confirme un couple de professeurs en section pro du lycée Jean-Baptiste-Dumas. En classe de première, où le fait religieux est enseigné, leurs élèves annoncent souvent d'emblée qu'il est hors de question de critiquer leur religion. Les professeurs se retrouvent bien seuls à tenter de répondre aux questions, comme, par exemple, l'interdiction du port du voile dans l'espace scolaire alors qu'il est autorisé pour les élèves du Greta[1], deux populations distinctes, mais réunies dans une même enceinte. « On ne peut pas punir sans jamais montrer qu'on fait un pas vers les musulmans, justifie le professeur, embarrassé. En fermant telle ou telle mosquée, je me demande si on ne fabrique pas les futurs islamistes. » Le regardant amoureusement, son épouse acquiesce et ajoute : « Beaucoup de nos jeunes sont en colère... le thème de la religion leur permet de l'exprimer. »

Je souhaite recueillir les sentiments des écoliers de Vincent Bury à propos du quartier dont les récentes métamorphoses ne sont pas vraiment comprises et semblent les préoccuper. « Je préférais avec les autres bâtiments », lance un garçon, « peut-être que ça coûtait moins cher de les détruire que de les améliorer », ajoute-t-il finement. Une fillette regrette qu'il n'y ait pas plus de toboggans ou de balançoires. D'abord hésitante, une troisième voix s'élève pour raconter tout ce

1. Les groupements d'établissements (Greta) sont des structures de l'Éducation nationale qui organisent des formations payantes pour adultes dans de nombreux domaines professionnels.

qui s'est passé pendant le dernier Aïd, les caves qui prennent feu, le « gros trou » sous la fenêtre (un tir de mortier), la police qui « attrape des jeunes sur les toits », les pompiers et la BAC qui se font caillasser, et « le grand avec un flingue qui courait après un autre garçon juste devant moi ». L'instituteur est médusé. Il se doutait que, hors de sa classe, la vie de ces enfants n'était pas facile, mais il ne soupçonnait pas une telle violence.

Des détails criants de vérité, précis et partagés, rendent ces récits crédibles. « Ils vont plus jamais réouvrir nos caves », regrette un garçon l'air chagriné. « Ils nous font peur », avoue une autre. Qui, « ils » ? Une bande de cinq à six jeunes à peine majeurs qui sème la terreur pour pouvoir continuer à trafiquer tranquillement. « Des fois, la police elle a un peu peur de venir quand c'est les Gitans qui sont là par exemple », dévoile le même garçon, visiblement attristé. La police devrait-elle pouvoir venir faire son travail ? « Ouiiiiii ! », répondent les enfants à l'unisson, comme s'il s'agissait d'un jeu. « C'était un règlement de comptes entre deux bandes », ajoute, à peine audible, Emiliano, le jeune encadrant.

*
* *

Emiliano doit me rejoindre au McDonald's. À pied, je remonte toute la rue d'Herstal, j'oblique vers la gauche sur le quai Boissier-de-Sauvages pour déboucher sur le rond-point des Rotondes. Il me confirme que pour les enfants des Prés-Saint-Jean, l'enseigne américaine représente la limite géographique la plus lointaine de leur terrain de jeu. Au-delà de cette frontière, ils ont l'impression que la ville n'est plus la leur. Confusément inclus dans la carte mentale de ces enfants, le McDo constitue une limite invisible au quartier que seuls ses riverains connaissent.

Étrangement chaussé de rangers et tout de noir vêtu, un agent de sécurité d'un certain âge dûment masqué, les mains croisées dans son dos, déambule autour de l'îlot formé par les tables centrales. Il est pareil à un lion en cage circulant en pilote automatique. Deux jeunes garçons qui se tiennent l'un en face de l'autre sur des chaises hautes, se démasquent en rigolant pour manger. Sans doute mineures, deux gamines aux épaules dénudées et à la longue chevelure, trônent, elles aussi, sur ces hauts sièges qui remontent leur jupe et découvrent leurs cuisses. De temps à autre, elles jettent de brefs regards aux deux garçons qui feignent de ne pas leur rendre cette attention. En fait, ils les regardent, mais suffisamment discrètement pour que cela soit visible d'elles seules. Deux mères de famille nourrissent leur marmaille, un trentenaire avale goulûment son triple Cheese.

La maman d'Emiliano est arrivée à Alès depuis l'Albanie, son pays natal, en 1999. Le jeune homme est né l'année suivante, d'un papa alésien, maçon. « Quand j'étais petit, c'était dur, car ni ma mère ni mon père ne pouvaient m'aider pour mes devoirs : mon père est illettré et ma mère étrangère. Maman parle très bien le français, mais elle a plus de mal avec l'écriture. » Musulman par sa mère, Emiliano est un jeune homme pieux, pour qui respecter l'islam correspond à respecter ses racines. Pendant toute sa scolarité au collège, il n'a pas le souvenir que la religion ait pris la moindre place. « On faisait bien moins attention aux différences, cherche dans ses souvenirs le jeune homme en jean et baskets, soigneusement coiffé, rasé de près, un visage qui respire franchise et bonté. J'suis albanais, dans mon couloir d'immeuble, y a que des Maghrébins, y sont comme mes frères », explique-t-il. Kevin, son meilleur copain, est un Gitan converti à l'islam, dont la barre a été détruite en juin 2019.

Né en France, Emiliano est français, même s'il se définit d'abord par son origine albanaise. Le jeune homme obtient son bac en 2017. Cet été-là, il se rend en Albanie dans un quartier retiré de la capitale Tirana, où il voit « la vraie pauvreté ». « Ici, en France, et même au quartier, en comparaison, c'est le luxe », sourit le jeune homme qui apprécie d'avoir eu accès aux activités de Raia, la structure associative des Prés-Saint-Jean où sa mère est employée en tant que femme de ménage. Emiliano y a été tour à tour bénévole, animateur stagiaire sans diplôme et accompagnant lors de voyages[1]. En échange de sa présence régulière et bénévole au club de foot, grâce à l'aide des éducateurs de Raia, il a aussi obtenu un diplôme de maître sauveteur financé par l'association. « On est huit à l'avoir décroché sur quarante ! J'en pleurais », raconte le jeune homme trapu d'une voix légèrement teintée d'accent du Sud, quand l'hymne des supporters de l'OM (sa sonnerie de téléphone) nous interrompt.

Au quartier, poursuit-il, la vie est dure et les tentations nombreuses. « Pour ne pas sombrer », la religion peut se muer en refuge. Alès dispose de quatre mosquées : l'« algérienne » et la « marocaine », chacune édifiée à l'aune de la

1. Notamment, en décembre 2016, à Auschwitz, un voyage qui a marqué les quinze jeunes participants.

puissance numérique de sa communauté, mais aussi, plus récente, la « turque », enfin, la salle de prières salafiste, où il se rend le plus souvent, car elle est la plus proche de son logis. « Pour moi, ce qui compte, c'est l'acte d'aller prier. J'aurais pu tomber sur une mauvaise mosquée, oui, y'en a ! », concède-t-il. Mais Emiliano n'est pas homme à se laisser influencer. Quand les convictions musulmanes des autres jeunes du quartier lui ont fait envie, il a lui-même recherché des renseignements sur la religion de ses ancêtres maternels sur Wikipédia et prononcé sa *chahada*[1] seul dans sa chambre d'adolescent, sa mère faisant office de témoin. Depuis, Emiliano reste discret, ne se vante de rien et pratique dans la simplicité, se contentant parfois de ramasser les bouteilles d'alcool vides pour les jeter dans une poubelle. Quand Pauline, son amoureuse, le présente à ses parents catholiques, cela ne se passe pas bien. « Son père ne m'acceptait pas, je le sentais bien, se remémore le jeune homme, encore blessé. Pour justifier notre rupture, elle m'a dit : "Ben, t'es musulman !" Alors que je lui ai jamais rien imposé, et que même, je faisais la prière à pas d'heure pour honorer mes rendez-vous avec elle... Pendant le ramadan, elle prétendait subir un moment horrible alors qu'elle continuait à manger devant moi ! » Emiliano en est encore tout retourné : « Et moi, je disais à Pauline que l'islam me rendait meilleur. » Mais elle ne voulait rien voir. « Je lui ai même proposé de l'accompagner à son église pour lui faire plaisir, tu te rends compte ? » Las, Pauline n'était pas pratiquante.

1. Profession de foi.

Au quartier, pour s'en sortir, mieux vaut être autonome. Pour une majorité de jeunes, cela signifie prendre part à l'économie parallèle de la drogue, source de revenus faciles, quand les parents ne travaillent pas, se font licencier ou ne retrouvent plus d'emploi. Même s'il sait parfaitement comment l'engrenage fonctionne, Emiliano ne s'est jamais impliqué dans le trafic de drogue : « Quand tu veux en être, c'est simple. Tu vas voir celui qui a du produit. Si t'as pas d'fric, tu lui demandes une avance de quelques centaines d'euros et tu vends pour lui. Pendant le confinement, le prix du gramme de shit a explosé. L'été, il est toujours plus bas et l'hiver il monte, c'est comme ça. Au City Stade des Prés, on voit venir les flics de loin, et puis on peut s'échapper par les rails, c'est pas mal…, précise-t-il. Au lycée, c'est encore plus facile, tu sers tes clients à la récré, et surtout, t'as pas les flics sur le dos ! » Le revendeur minimise ses frais : il s'achète par jour un sandwich à 5 euros et ne possède pas de grosse voiture. « Il suffit d'une doudoune et d'une sacoche ! », résume Emiliano qu'encore aujourd'hui des quidams implorent parfois de leur vendre quelque chose parce que son look et sa sacoche en bandoulière le font passer pour un dealer.

Le jeune homme revient longuement sur le règlement de comptes évoqué par l'un des écoliers le matin même. Non seulement l'épisode est véridique, mais Emiliano y a assisté, ce qu'il n'a même pas encore osé raconter à sa mère. « C'était pendant le premier confinement, j'étais devant le snack, fermé, avec quelques amis. Vers 15 heures, une Clio 4RS blanche a surgi. Elle a pris à fond la rue à contresens devant le tabac. Quatre types en sont sortis, gantés et cagoulés, on voyait que leurs yeux. L'un d'eux s'est mis à courir en direction de M, un type qu'ici on connaît tous. Eux y z'étaient pas du quartier. J'ai entendu un tir, je me suis dit c'est pas bon ça. » À ce moment-là j'ai vu M se pointer juste là où on était, et se cacher devant nous sous une voiture ! Il l'a fait parce qu'il nous connaissait. On était estomaqués. » Tout s'est passé tellement rapidement qu'Emiliano n'a même pas eu le temps ni la présence d'esprit de quitter les lieux. « L'autre type est arrivé, m'a braqué et gueulé : "Il est où ? – J'sais pas", j'lui ai répondu. J'étais pas fier... Ses copains l'ont finalement rejoint en voiture et hurlé qu'il fallait s'arracher. Ils se sont tous cassés. M est tranquillement ressorti de sous la voiture, a épousseté son jogging Adidas, ne nous a même pas adressé un regard, et s'est tiré lui aussi. » Les trois nuits suivantes, Emiliano a du mal à trouver le sommeil, il se sent coupable de tout cacher à sa mère, mais ne veut pas l'inquiéter. « J'veux pas voir ma mère triste, j'peux pas lui gâcher sa vie et la rendre folle de tristesse », répète le jeune homme qui met un point d'honneur à être irréprochable, à l'école et dans sa vie, pour elle.

« Voilà, les conflits entre revendeurs et gérants tournent toujours autour de ça, des histoires d'arnaques pour 10 ou 15 000 euros. Celui qui gérait les stups des Prés et qui nous faisait peur, bon, maintenant il est en prison, mais on sait qu'il va ressortir bientôt... Y nous donnent toujours le mauvais exemple alors qu'y'aurait tellement de choses positives à faire... » Désabusé, Emiliano semble avoir fait le tour des possibilités du quartier. En 2019, le jeune homme obtient son BTS d'assistant manager, mais, après l'envoi de plus de cinquante CV (il n'obtiendra aucune réponse positive et aucun entretien), il échoue à trouver un stage en alternance pour sa licence « métiers de l'entreprenariat ». Il finit par se « rabattre » sur un service civique à l'école primaire de la rue Ampère.

Fasciné par « les personnes en costume », Emiliano a envie de faire du commerce « mais légal, tu vois, un truc qui va m'rendre riche ! Un truc que personne ne fait. Les ordures, par exemple, oui, les déchets. C'est mon truc, j'ai tout analysé, en France on est très mauvais. En Suède, ils recyclent 90 % de leurs déchets, et voici ce que moi j'vais faire. » S'ensuit une description pas encore aboutie de son projet de recyclage. Et puisque, à Alès, personne n'écoute Emiliano, et qu'il n'a pas l'intention de demander un prêt bancaire, persuadé qu'il ne l'obtiendra pas, il s'est tourné vers La Grand-Combe, une commune voisine. « Avec des machines, recycler ça coûte cher. Faut réfléchir à moins cher. C'est ce que j'vais faire », s'enthousiasme le jeune homme, porté par la promesse de l'adjoint au maire de La Grand-Combe de le laisser disposer de bâtiments non utilisés.

*
* *

« Je suis élue au conseil municipal de La Grand-Combe déléguée au centre social. » À cette affirmation, les yeux d'Anissa, 36 ans, employée dans un magasin de vêtements d'Alès, pétillent. Son enthousiasme pour cette nouvelle aventure est patent. « Communautarisme est un mot récent qui veut tout et rien dire à la fois… Fréquenter ceux qui nous ressemblent, c'est humain. C'est aussi peut-être pour se protéger. Mais, dans le cas du quartier, on les a mis ensemble volontairement, on les a ghettoïsés. C'est un échec dont personne ne veut porter la responsabilité, alors on n'avance pas, souligne-t-elle avec emphase. Les élites aussi vivent dans le communautarisme, mais ça, personne ne le dit. Ils appellent ça l'entre-soi, mais, en fait, c'est la même chose ! », se récrie-t-elle avec conviction. Anissa sait qu'en dénonçant le communautarisme on peut aussi l'exacerber.

« La dictature des bien-pensants est insupportable ; dès qu'on sort des clous on est taxé d'intégrisme et de fascisme », répète la jeune femme qui, aux municipales de 2020, a intégré le conseil de cette ancienne ville minière[1] d'un peu plus de 5 000 habitants, à l'économie déprimée (13 % de chômage) et située à quinze minutes d'Alès en voiture quand on remonte le cours du Gardon[2].

Les discriminations racistes ont toujours accompagné la jeune femme, qui en connaît le caractère banal et inévitable. Au fond, Anissa préfère qu'il ne soit plus dissimulé mais assumé. La jeune femme est française, sa mère également. Aujourd'hui, elle pense qu'elle n'a « ni à se justifier,

1. Selon le site de l'office du tourisme de La Grand-Combe, la découverte du charbon sur le territoire de la commune est à l'origine de l'exploitation du bassin houiller des Cévennes. La compagnie des mines de La Grand-Combe est créée en 1836. Au XIXe siècle, l'industrie minière prend son essor avec la conquête des basses vallées et la création de villes nouvelles comme La Grand-Combe, reliée dès 1840 au Rhône par l'une des toutes premières voies ferrées. Jusqu'à la Seconde Guerre mondiale, le niveau des rendements des mines de charbon stagne. Un record de production est atteint en 1958, avec 3 300 000 tonnes pour un effectif de 20 000 ouvriers sur l'ensemble du bassin houiller d'Alès-La Grand-Combe. Le dernier site a fermé en 1978.

2. Selon l'Insee, le revenu médian annuel des habitants de La Grand-Combe était de 14 500 euros en 2018, 30,32 % de moins que dans l'ensemble de la France métropolitaine (21 730 euros).

ni à s'excuser » par rapport aux maux dont sont accusés par amalgame tous les musulmans et « personnes d'origine arabe » de France.

« Mes enfants vont à l'école ici, ils sont l'avenir de ce pays. Dans ma famille, ils représentent la quatrième génération ! Je me refuse à être l'Arabe de service, et toute ma génération s'y refuse ! Pourquoi est-ce que nous, Arabes, sommes encore montrés du doigt après tant de temps alors que les Italiens venus pour travailler à la mine ne le sont plus depuis longtemps ? », questionne-t-elle. À La Grand-Combe, des élus de deux origines, « maghrébine » et « turque », ont créé un « groupe citoyen » au conseil rénové, où Anissa, la benjamine, ne cache pas sa joie d'avoir été « repérée » par Patrick Malavieille, le maire sortant réélu[1]. Anissa est satisfaite d'avoir enfin son mot à dire, parce que « le pouvoir, ça se reçoit pas, ça se prend ! ».

Comme beaucoup, Anissa a cessé de regarder la télévision pour s'informer. Elle a pris cette décision en 2016, après les attentats de Nice, après être restée scotchée jusqu'à l'overdose devant son poste jour et nuit. Elle s'était retrouvée dans la même sidération après les assassinats perpétrés par Mohamed Merah à Toulouse et à Montauban, en 2012, et les attentats de 2015 à Paris. Anissa est déçue de ne pas compter de représentant « digne de ce nom » dans les médias et fustige l'imam Chalghoumi[2], que « personne n'a choisi

1. Patrick Malavieille, 57 ans, est membre du PCF. Il a été élu maire de La Grand-Combe de 1995 à 2001 puis réélu depuis 2008, après sa candidature malheureuse aux municipales d'Alès en 2001. En mars 2020, il a été réélu au premier tour de scrutin, avec 69,65 % des voix.

2. Hassan Chalghoumi est un imam autoproclamé de la mosquée de Drancy, présenté dans les médias comme « modéré ». Accusé de jouer le jeu

et qui fait honte aux musulmans ». Elle est d'accord avec le président quand il précise qu'en France les imams devraient savoir parler et prêcher en français, mais n'a pas envie que l'État détermine le « bon islam ».

Après l'assassinat de Samuel Paty, de nouveau, Anissa s'est sentie écœurée et sous le choc. « On nous demande toujours de prendre position "pour" ou "contre" ces attentats. C'est odieux, je m'y refuse. Si j'allais m'exprimer dans les médias et que je refusais de m'excuser pour ce qu'un autre a commis, tout simplement parce que je ne me sens pas concernée, ce serait un tollé. A-t-on demandé aux Belges de s'excuser pour Dutroux ? » Plongée dans une angoisse et une peine infinies face à ce fossé renforcé entre « eux » et « nous », Anissa baisse la tête. « Les gens ne comprennent pas que les caricatures du Prophète nous touchent, car pour eux, elles n'ont aucune valeur. Soyons clairs : je devrais ne pas me vexer quand *Charlie* caricature, mais me positionner immédiatement quand il y a des actes de ce type ? » L'élue semble désarçonnée par une situation dont elle a du mal à entrevoir l'issue, malgré son engagement : « Je connais plein de gens qui se sentent Grand-Combais avant de se sentir Français… C'est si dur de se sentir Français… » Anissa soupire. À l'écouter, il paraît plus ardu de savoir comment réagir face aux fanatiques de tous bords – y compris ceux qui instrumentalisent l'islam –, plutôt que de concevoir la norme dans laquelle devraient se couler les musulmans de France.

---

du pouvoir français, il est loin de faire l'unanimité parmi les musulmans de France, ne serait-ce qu'à cause de ses difficultés à s'exprimer sur des sujets simples de religion.

Piquée par la curiosité, je suis « montée » à La Grand-Combe où, après sa journée de travail, Anissa doit me rejoindre au Café du marché, tenu depuis une douzaine d'années par son mari Karim. À peine suis-je installée au bar, vide en cette fin d'après-midi, que trois gendarmes surgissent, semant un instant le trouble chez Karim et moi-même. « On va pas empêcher les gens de vivre, déclare l'un d'eux avec un fort accent du Sud, mais bon, monsieur, pensez à faire bien respecter la distanciation..., lui lance-t-il pendant que Karim essuie ses verres. Tenez vos jeunes ! Faites le grand frère », conseille-t-il avant de tourner les talons pour aller donner les mêmes conseils aux cinq autres bars du centre. Lassé des sempiternelles discussions de sa clientèle autour du prix du shit, des arrivages de beuh et des paris sportifs, Karim rêverait de vendre son affaire, mais ce n'est assurément pas le meilleur moment pour la mettre sur le marché.

Entre une femme élégante au dos voûté par l'arthrose, qui fond dans ma direction et tire bruyamment la chaise haute la plus proche de la mienne. « Moi c'est Esperanza, et vous, c'est comment vot' petit nom ? » Agée de plus de 70 ans, Esperanza, qui en paraît une bonne quinzaine de moins, vit seule et ne se souvient plus depuis quand elle fréquente ce bar – Karim non plus. Elle est née au « camp Fougère », l'ex-quartier des mineurs espagnols, italiens, algériens et polonais, non loin du puits de mine Ricard. Longtemps sans eau courante, les baraquements de bois équipés de deux uniques W-C pour cent vingt habitants se sont transformés en une morne cité que la municipalité a l'intention de transformer en écoquartier, engloutissant à jamais son passé.

« La maison du mineur, hausse-t-elle le ton en évoquant le musée de la mine, jamais j'irai, jamais j'la verrai. Mon père en est mort. » Esperanza enfile les demis avec une surprenante rapidité. À sa place, je serais complètement soûle. Pas elle, en tout cas pas de façon visible. La discussion glisse vers l'événement au centre de toutes les conversations, l'acte terroriste contre Samuel Paty. « J'suis pas raciste, mais… celui qui a tué, c'est vraiment du n'importe quoi… c'est de la barbarie… C'est pas des fous, non, pas du tout, leur maladie à eux, c'est l'islam. »

Esperenza poursuit son monologue dont les seuls témoins sont Karim – indifférent parce que habitué – et moi-même. « Quand y a des horreurs commises par des non-musulmans, c'est marrant, hein, on dit toujours qu'ils sont fous..., insiste-t-elle. Mais quand ils sont musulmans, on le dit pas… Non ? Hein ? T'en penses quoi ? » On dirait bien qu'Esperanza ne se départ pas d'une certaine logique, et conserve un certain sens de l'observation malgré l'alcool : « Eh ben, s'ils avaient pas peur de Dieu, les gens, au quartier, t'imagines c'qui s'passerait… » S'apprêtant à finir son énième verre cul sec, Esperanza roule les yeux de façon effarante. Au fond de la salle, une silhouette courbée sur sa table fixe un verre vide. « Si y'a plus de respect, c'est la faute aux parents », grommelle Karim tout en s'éloignant pour accueillir trois clients. Pas besoin d'énoncer leur commande qu'il les sert déjà. À 2,50 euros le verre de whisky Coca, ils peuvent en boire quelques-uns… Reculant d'un pas vers la porte d'entrée tout en restant à l'intérieur, l'un d'eux allume une cigarette, Karim laisse faire. Après quatre verres avalés sans mot dire, tous trois repartent, non sans nous avoir fait admirer quelques cèpes ramassés la veille. Avant d'aller s'entraîner au club de boxe où Karim est bénévole, un autre client, au front haut et à la barbe blanche soigneusement coupée, claque quatre bises à Karim et raconte « l'histoire du musulman qui tolère, sa vie durant, que son voisin non musulman balance des déchets sur son terrain. Sans mot dire, pendant des années, il nettoie. Devenu vieux, il va sonner chez ce voisin et lui dit : tu vois, j'ai tout toléré. Maintenant je vais partir, mais je ne sais pas si mes enfants auront la même attitude que moi... ». Serait-ce un message ?

Il est près de 20 heures, Anissa vient de se garer devant l'entrée du bar. Elle est convaincue que chaque attentat terroriste renforce un peu plus la stigmatisation dont sa communauté est déjà victime. « Tout ce qui se passe nous sépare encore plus. Je ne suis pas un porte-drapeau, mais je défends mes idées, déplore-t-elle, alarmée par l'hystérisation des débats en France. Non, franchement, la main, elle n'est pas tendue. » « Pas tendue, non », répète Esperanza qui suit difficilement la conversation. Un réfugié d'Algérie, dont Karim m'informe qu'il est sur le point de recevoir ses papiers, lance : « Ben, moi, j'aime pas trop la France, je préfère l'Allemagne, c'est plus simple là-bas. Mais j'suis quand même content d'être ici... » Selon Anissa, il s'est déjà débrouillé pour ouvrir un snack via un prête-nom. « Ceux qui ont faim, ils y arrivent. Avec ses papiers, lui, il montera sa propre entreprise et se fera sa place », ajoute Karim.

Un jeune trentenaire se joint à nous et commande de l'eau gazeuse. Il dit être heureux et fier de travailler comme opérateur de fabrication pour 3 000 euros bruts mensuels chez SNR, le fabricant de roulements pour l'industrie automobile d'Alès. « Shy » (son pseudo) est un converti. Il sait que, pour le pays, son salaire est une coquette somme. « Les gens partagent plus rien dans c'monde ! déplore-t-il. On a juste le droit de faire du chiffre et de fermer sa gueule ! Ben non, moi j'dis que le vrai problème c'est que les gens ont pas d'emploi. C'est toujours plus facile de pointer le doigt sur l'islam… », avoue Shy, qui s'est longtemps cherché avant de trouver ce travail, et surtout, la religion musulmane. Anissa hoche la tête. Très en verve, il poursuit : « Par exemple, les gens veulent tous prendre l'avion, mais y refusent d'accueillir ceux qui vivent dans ces pays lointains… Si la terre entière veut v'nir chez nous, c'est p'têt' qu'on n'est pas à plaindre ?… » « Ah ben, ça non ! », se réveille Esperanza, qu'on avait tous oubliée.

*
* *

À la mairie d'Alès, Christophe Rivenq, président de l'agglomération et fidèle premier adjoint du maire[1], semble davantage préoccupé par la nécessité de profiter des confinements pour obtenir des encarts publicitaires dans les médias nationaux (donc parisiens) que par le trafic de stupéfiants qui se déroule aux Cévennes au vu et au su de tous.

Grâce aux prix cassés pendant la pandémie, Rivenq a réussi à faire afficher dans le métro parisien des posters accompagnées du slogan « Alès, la capitale qui ne manque pas d'air ». « Notre ville souffre d'une fausse image, plaide

1. Max Roustan (UMP), 77 ans, a été réélu en 2020 pour la cinquième fois depuis 1995, obtenant 56,80 % des voix dès le premier tour de scrutin avec un taux de participation en chute libre (33,63 %).

l'adjoint. On la croit pauvre, se dépeuplant, à l'habitat dégradé. C'est tout le contraire ! Quand, sous Mitterrand, les mines ont fermé, Alès a payé un lourd tribut, le taux de chômage a flambé. Aujourd'hui, d'ailleurs, il est toujours en hausse, mais il baisse… Mais notre population augmente et savez-vous qu'on a trois cent cinquante Ferrari immatriculées ici ? »

Fier de sa ville, Christophe Rivenq affirme qu'elle est le « septième territoire de France le plus vertueux en matière d'air ». L'édile prépare même une autre campagne publicitaire (« Alès sourit aux audacieux ») via un concours qui offrira au couple gagnant son loyer payé pendant un an ! « Demain, il peut y avoir d'autres crises. La demande numéro un des Français, c'est la santé, affirme-t-il. La France ne peut pas se développer uniquement autour de trois ou quatre métropoles », insiste-il, ayant fermement l'intention de tirer profit de cette nouvelle tendance entraînant de jeunes primoaccédants urbains vers des villes moyennes.

Le président de l'agglomération balaie mes remarques sur le trafic de stupéfiants qui gangrène la ville : « Les clients ne sont pas des gens des Cévennes !… » Il insiste aussi sur la nécessité d'une réponse pénale forte, sous-entendant son absence et l'irresponsabilité de la Ville, impuissante face à l'inefficacité de l'État.

*
* *

Avant de rentrer à mon appartement, je passe faire mes courses au « marché Sanya », de l'autre côté de la passerelle, où la viande est halal et les caissières voilées. Plusieurs interlocuteurs m'ont déjà raconté, envieux, le succès de son propriétaire, un entrepreneur local qui a racheté tous les espaces commerciaux autour du parking attenant, sauf celui de l'association cultuelle El Houda, une salle de prières salafiste[1] très fréquentée[2], surveillée sans nul doute par les Renseignements territoriaux, mais parfaitement tolérée, comme m'avoue un de leurs informateurs.

Converti de longue date, cet Alésien au visage mangé par une casquette est employé à la voirie de la mairie. Je le rencontre accompagné de l'imam de la « mosquée de Sanya » devant le McDo, qui, décidément, est un repaire populaire. Pour des raisons de discrétion, nous nous installons au café d'un hôtel, non loin. L'imam est un homme athlétique de 36 ans, issu d'une famille sénégalaise soufie, arrivé en France en 2005. Il est établi à Montpellier où vivent son épouse et ses trois filles. Tous deux sont salafistes et fiers de l'être : « On ne cache rien. Notre imam prononce ses prêches en français, il donne aussi des cours d'arabe. À cause de l'ignorance des gens, on nous affilie toujours au terrorisme, mais nous on reste critiques envers tout, y compris, et surtout, envers l'islam », commence l'Alésien. « Pas ici, mais du côté de Montpellier, certains de ceux qui s'étaient plaints de mes cours se retrouvent en Syrie... »,

1. Le salafisme est une branche religieuse issue de l'islam sunnite qui prône une pratique rigoriste et littéraliste de la religion musulmane. En arabe, le terme *salaf* désigne les « ancêtres », en l'occurrence les tout premiers compagnons du Prophète. La plupart des salafistes de France appartiennent à la branche quiétiste : pacifistes, ils ne cherchent pas à changer la loi, même s'ils n'en reconnaissent pas la légitimité.

2. La salle est dûment enregistrée depuis 2016, même si beaucoup la pensent encore clandestine.

fanfaronne le jeune imam au physique imposant, d'apparence flegmatique dans son large jean et son *bonnet* blanc de prières brodé sur le crâne. Alès, où il prêche depuis huit années se targue de ne pas avoir perdu un seul de ses jeunes pour aller faire le djihad. « D'ailleurs, là où il y a des prédicateurs Salafi, il n'y a eu aucun départ », affirme avec aplomb son acolyte, une affirmation fausse et péremptoire[1]. Durant notre rencontre, les deux salafistes passent leur temps à critiquer leurs pires ennemis, les Frères musulmans et les « takfiri[2] », qu'ils accusent de vouloir accéder au pouvoir, « alors que nous on veut simplement pratiquer notre religion tranquillement… ».

Mouvement fondamentaliste la plupart du temps quiétiste, fondé sur l'analyse littérale du Coran, le salafisme a au moins le mérite de ne pas se dissimuler. Très proches des jeunes Alésiens musulmans qui fréquentent de moins en moins les mosquées « classiques », ces puristes Alésiens s'affichent préoccupés par l'inefficacité (!) de l'État à contrer ceux qui se radicalisent sur Internet. Ils s'estiment victimes de la mauvaise réputation du takfirisme perçu comme une déviance de l'islam et suscitant des réactions islamophobes, alors qu'ils jurent être les premiers à dénoncer les attentats. « Rien ne peut justifier de tuer un innocent, martèle l'imam. Je n'apprécie pas les caricatures, mais là, il s'agit d'autre chose, insiste-t-il, agacé qu'on somme sans cesse les

1. Sur ce sujet, lire Gilles Kepel (avec Antoine Jardin), *Terreur dans l'Hexagone*, Gallimard, 2015.

2. Le takfirisme est un schisme du salafisme. Les takfiris sont adeptes d'une idéologie ultra-violente. Le terme *takfir* signifie littéralement « accusation d'athéisme » (*kufr*).

imams à “condamner” ce qui, par essence, ne peut qu’être condamnable. Cette infantilisation et cette instrumentalisation politique des événements choquent tous les fidèles, insiste-t-il. En France, nous ne vivons pas dans un pays à majorité musulmane, nous devons en respecter les lois, dont celle de la sacro-sainte liberté d’expression, même si ça devient de plus en plus difficile de vivre sa religion en conformité avec toutes ces lois… », grogne-t-il. Un musulman pieux a de plus en plus de mal à être compris par ceux qui ne le sont pas, souligne-t-il, soucieux de la difficulté croissante à faire se déplacer les musulmans à la mosquée. « Le danger aujourd’hui, c’est ceux qui ne posent plus de questions… parce qu’ils ont déjà été convaincus par d’autres que nous ! Si quelqu’un me pose des questions, je sais que j’ai gagné, affirme l’imam. Je prends le pari que les prochains terroristes ne seront pas des fichés S ! », conclut-il, sûr de lui. L’imam a obtenu son bac littéraire avec mention, soutient l’équipe de France de foot (ainsi que toutes les équipes françaises aux jeux Olympiques) et attend sa naturalisation. En France, c’est la notion de laïcité qui le chiffonne le plus : « Les jeunes d’ici rejettent complètement le discours laïc. Pourquoi ? Parce qu’ils pensent que cette liberté dont on parle exclut l’islam. Leur dire “voilà, tel hadith dit ça” et ajouter que “là-dessus, la laïcité dit ça”, ben, ça ne leur parle pas du tout ; ça ne marchera jamais », insiste-t-il.

J’ai pu constater à maintes reprises pendant cette enquête la difficulté d’expliquer le concept de laïcité, comme si cette notion avait toujours été mal présentée. Pour de nombreux musulmans, la laïcité s’apparente à une contrainte à laquelle ils doivent se plier, et non à un partage. Assurément, l'État français est laïc, mais la société française l'est-elle ? À Alès, comme ailleurs, l'impression que le fait religieux est exclu de la société divise plus qu'il ne rassemble[1].

★
★ ★

Sur la place de l'abbaye, en plein centre, c'est le « coup de feu » à la brasserie du Comptoir des Halles. À la plus grande satisfaction de Vincent, son jeune propriétaire depuis 2017, sourire éclatant sous une large visière de plastique anti-Covid, de sa maman, blonde silhouette longiligne virevoltant de table en table, et de son beau-père, impassible derrière le comptoir du bar, la salle de cinquante couverts est comble.

Se côtoient ici un banquier, un plombier, un policier retraité, un joueur de l'Olympique d'Alès, un autre du Nîmes Olympique, un boucher, un maçon, des professeurs du lycée, une infirmière, un notaire et son clerc, une famille et ses quatre enfants, des collègues de travail, mais aussi beaucoup d'ex-copains d'origine kosovare, syrienne ou maghrébine, du quartier de Vincent qui, chacun, ont réussi en leur domaine. Solenn, la cuisinière normande, a été recrutée sur Facebook ; elle propose des plats simples, une cuisine de produits du marché. La décoration du Comptoir est hétéroclite, chaleureuse,

1. J'ai eu la même impression lors de la discussion tenue au siège du réseau « Mieux Vivre Ensemble » qui réunit, depuis 2013, croyants et non-croyants entre Pierre Pradel, un diacre ordonné il y a cinq ans, et Sahnoune Karrad, aumônier musulman, ex-imam de La Grand-Combe et responsable de la future mosquée des « Cévennes ».

mais surtout, l'énergie et l'enthousiasme du duo formé par la mère et le fils attirent les clients. « Pour proposer un menu à ce prix[1], on doit trimer encore plus d'heures », annonce, sempiternellement souriant, Vincent, 30 ans, un p'tit gars vif et nerveux du quartier de Rochebelle, de l'autre côté du Gardon, réputé pour son trafic d'héroïne. « Aujourd'hui, quand t'as 20 ans et qu't'habites aux Prés, aux Cévennes ou à Rochebelle, c'est quoi tes activités ? Sortir en boîte ? Y'en a plus… et de toute façon t'es admis selon ta gueule. Trouver un job ? Y'en a pas… en plus, souvent, t'as jamais vu tes parents travailler… alors, soit tu restes chez toi devant Netflix, ta PlayStation et sur ton tél, mais faut pouvoir te les payer, soit tu deales, soit, à la limite, tu t'mets dans le sport, si t'es chanceux. L'école ? Personne est motivé pour y aller… », explique Vincent avec franchise.

« Même si ça ne se voit pas », souligne avec humour ce grand blond aux yeux bleus, barbu et moustachu à la mode des trentenaires d'aujourd'hui, Vincent a du sang algérien du côté paternel, mélangé à des origines italiennes et cévenoles. « J'ai pas assez une tête de Maghrébin, pour une fois que quelque chose peut m'servir ! », s'esclaffe-t-il d'un grand mouvement de tête censé replacer la longue mèche cuivrée au-dessus de son front. À l'époque, son grand-père paternel avait créé l'amicale des Algériens de La Grand-Combe. Le jeune homme a grandi isolé dans un appartement parfois sans électricité, mais grâce à l'abnégation et à la détermination de sa mère qui s'est saignée pour le bonheur de son fils unique, il n'a jamais manqué de rien.

1. 14,90 euros pour un menu avec entrée/plat, ou plat/dessert.

Surnommé « Snatch[1] » pour son débit de mitraillette rendu encore plus original par son accent méridional, le jeune homme, ancien excellent élève, aurait aimé s'orienter vers pharma ou devenir stewart, mais, après avoir maladroitement décrété qu'il était « pas assez grand » pour cette profession, sa conseillère d'orientation de l'époque l'avait prosaïquement incité à se tourner vers le technique. « Quand je l'ai revue trois ans plus tard, je mesurais 1,85 mètre. J'en aurais pleuré… », ajoute-t-il, encore blessé. Combien de fois, pour cette enquête, de jeunes adultes m'auront confié avoir subi une mauvaise orientation ! Comme si, très tôt, personne n'avait cru en eux.

Après un BEP et un bac pro pas facilement décrochés, Vincent se dispute avec sa mère et part faire des saisons dans la restauration à l'autre bout de la France comme « HTM » (Homme Toute Main) ou GO au club Med de Méribel, où sa gouaille est remarquée. « Mais vu mon nom (à consonance arabe), impossible de trouver le moindre job fixe… C'est déjà un miracle que j'me sois pas retrouvé en prison comme la plupart des copains de mon âge, hein, Fouad ? souffle Vincent, qui, de son propre aveu, a "fait quelques conneries". Là où j'ai grandi, on respectait plus le mec qui faisait des conneries que celui qui travaillait, voilà le problème. C'est tellement plus facile de faire des conneries… », insiste-t-il. Fouad, son vieil ami et le directeur de Raia, qui m'a amenée au Comptoir, acquiesce. Pour lui non plus, la réussite n'est pas allée de soi.

1. En référence au film *Snatch* de Guy Ritchie, avec Brad Pitt.

Vincent a attendu onze mois avant de réussir à acheter cet ancien bar du marché en liquidation judiciaire, il travaille dur tous les jours et n'en revient toujours pas de posséder son affaire. « Ma reconnaissance tardive, c'est qu'ils viennent tous manger ici maintenant… Tu comprends ? Tous ! Les avocats qui défendent des potes en prison, les juges qui les condamnent, et plein d'autres…, se rengorge-t-il. Plus jamais je referai de conneries. C'est plus dur, mais plus enrichissant… Et maintenant, j'ai envie de filer l'envie aux jeunes. J'donne des coups de main à Raia et au club de foot des Cévennes. Y'en a marre de toujours tout casser et de se diviser ! Ici, quand on allume la télé, c'est sûr qu'on met pas BFM ! », conclut le restaurateur avec un gros clin d'œil avant de s'en retourner vers la cuisine.

-4-

LE DIOIS

Nous, à la campagne, on n'est pas rentables.

Jean-Pierre

Héodès pourrait évoquer une divinité grecque, mais non. Orthographiée avec un « z », Héodez (du vieux breton Heldes) est une sainte bretonne du ve siècle « qui élève, nourrissonne ». Sur l'étroit chemin communal mal pavé séparant deux granges rénovées du village de Miscon, 62 habitants, dans l'arrière-pays diois, au sud du Vercors dans la Drôme, je vais à la rencontre d'Héodès, 32 ans. Grenoble, Valence et Gap sont à une heure trente de distance. Vers le nord s'élèvent les sommets des Alpes, au sud, c'est la Provence.

L'air est frais, mais Héodès propose de discuter à l'extérieur et masquées, car son compagnon se sent « patraque » depuis quelques jours. Le couple soupçonne la Covid, sans doute transmise à Die, lors d'un entraînement de tango argentin. Nous nous asseyons à une table de bois, sous le fil à linge où pendent quelques pyjamas de son fils Saul, 2 ans.

« Ici, dans un lieu préservé, sans écran publicitaire ni supérette, je me sens tout simplement à ma place. Être au calme apporte une vraie sérénité, ça fait du bien… En France, il y a plein de chômeurs, mais dans cette campagne nos vies sont remplies avec des activités bien réelles. »

C'est en 2018 qu'Héodès a décidé de rejoindre Arnaud, son amoureux, berger et bûcheron sur le Glandasse, ce massif montagneux qui domine Miscon. Ce Lyonnais à peine plus âgé qu'elle, féru de montagne et d'escalade, s'est installé sur ces terres sauvages après une année de voyages entre les deux Amériques, et n'éprouve aucune envie de se retrouver en ville. Il a suivi une formation, obtenu ici un emploi saisonnier et acheté une vieille grange qu'il a rénovée, aidé de ses copains, avec de la chaux, du sable, de l'enduit terre-bois et de la lasure naturelle. Héodès, qui venait de passer quatre ans dans un lieu collectif, a eu le coup de foudre pour Arnaud. Tous deux se font confiance.

Les sourcils d'Héodès sont expressifs, sa chevelure ramassée en chignon bas attire l'attention sur ses fines épaules. Elle porte un pull de laine gris sur lequel elle a négligemment posé un châle, comme les vieilles femmes russes de mon souvenir[1], sauf qu'Héodès n'est pas vieille, elle est jeune et belle, et cette évocation m'émeut. La jeune femme est intelligente, ça se voit à sa façon de parler, sa capacité à réfléchir par elle-même, à douter, à contextualiser, à chercher des réponses sans systématiquement se plaindre.

Héodès a quitté le lycée en classe de seconde, quand elle vivait encore en Bretagne avec sa mère : l'école la « détruisait ». Toutes deux partent rejoindre une association humanitaire dans le sud du Sénégal pour un an. À leur retour, la

1. J'ai vécu dix années en Russie où j'ai débuté ma carrière de correspondante à l'étranger et de reporter de guerre en Tchétchénie. Cf. mon premier livre, *Chienne de guerre* (Fayard, 2000 ; Le Livre de Poche, 2001).

mère s'installe dans une yourte en Bretagne ; la fille évolue dans le milieu saisonnier rural : un jour maraîchère bio, le lendemain dans les spectacles. À la vingtaine, Héodès se rend compte à ses dépens à quel point « se valoriser vis-à-vis des autres quand on est sorti des sentiers battus » est ardu. Du coup, elle réfléchit à une formation pour acquérir un métier, exclut d'emblée le CAP qui impliquerait un retour à l'école, penche un moment pour les Compagnons du Devoir, mais leur site internet la déçoit. Fabriquer de ses mains, et plus précisément travailler le cuir l'intéresse. Après quelques jours de stage chez un artisan chausseur, elle déniche une formation financée par Pôle emploi. Elle passera huit mois à Romans-sur-Isère, l'ancienne capitale française de la chaussure.

Depuis 2019, Héodès vend à Miscon des chaussures en cuir entièrement fabriquées de sa main[1]. Nous nous rencontrons entre le premier et le second confinement, mais ces pauses ne la dérangent pas vraiment, son carnet de commandes étant rempli jusqu'en janvier 2021 ! La jeune femme fabrique une paire après l'autre, sans stock, à la commande, et se fait connaître par sa page Facebook uniquement (« je suis une bille en com », admet-elle).

Au loin ronronne la rumeur d'un tracteur ; au-dessus de nos têtes, celle des frous-frous agités d'une paire d'oiseaux, puis les pleurs de Saul émergeant de sa sieste. Quand le bambin surgit dans l'encadrement de la porte, sa mère l'observe un instant et le laisse vaquer, tout en gardant un œil sur lui.

1. http://www.camping.miscon.fr/heodes-fardeau-les-souliers-rouges-fabrication-chaussures/

À Miscon, Héodès semble avoir trouvé sa formule de vie. Elle se sent dans une « grande famille », évite tout stress inutile, laisse son fils vagabonder dans les rues du village sans se soucier de sa sécurité et ne se disperse pas en achats inutiles, même si, de temps à autre, elle retourne en week-end à Lyon avec Arnaud.

« Ici, j'ai été accueillie comme une fille, une nièce. C'est un village de rêve », ajoute celle à qui la mairie a vite proposé un local (l'ancienne mairie) comme atelier[1]. « Je n'en revenais pas de ce gros coup de pouce, poursuit Héodès, me fixant de ses yeux noisette teintés de jaune. Depuis, je n'ai jamais été déçue. » À la suite du départ à la retraite d'un collègue, Arnaud s'établit comme bûcheron-élagueur, puis se fait élire au conseil municipal de Miscon où il devient l'unique représentant des « nouveaux arrivés » parmi les « anciens ».

Héodès se souvient que son compagnon a voté à l'élection présidentielle de 2017, mais pas elle. Pourquoi se rendre aux urnes quand plus rien de ce que font les politiques n'a de sens[2] ? « Peut-être faudrait-il passer par un gouvernement d'extrême droite pour que les gens réalisent le poison de la fermeture et de l'extrémisme ? », ose-t-elle même formuler, débordant de mépris pour ces politiques en qui elle n'a plus confiance et qui la font se sentir impuissante.

Pour s'informer, Héodès allume parfois la radio et constate, déçue, que « France Inter, c'est plus du journalisme, c'est plus du tout une radio du peuple… ». Le couple ne possède pas de télévision, et, de son propre aveu, ne lit

1. Une location de 350 euros annuels.
2. Héodès fait une exception pour le scrutin municipal.

pas beaucoup, en tout cas moins qu'elle ne le souhaiterait. « Les médias, soit ça va complètement dans un sens, soit complètement à l'opposé. C'est leur absence de nuances qui fait peur, avoue la jeune femme, craignant que cette attitude ne suscite de la méfiance envers les migrants et les musulmans. « Je veux pas de ça ! Ce serait la fin de l'accueil, de la compréhension, de l'ouverture ! » Elle se souvient d'avoir été horrifiée par le dispositif « Voisins Vigilants » qu'elle a vu fonctionner pendant ses longs mois de formation à Romans[1].

Pour « oublier un peu tout ça », Héodès est venue se réfugier dans le haut Diois. Sur place, associée à quatre autres familles, le couple a acheté dix poules pondeuses et des poulets à engraisser. La tâche de chacun est répartie selon une organisation hebdomadaire bien précise. Sans être végétarien, le couple se méfie de la viande dont il ignore la provenance. Ainsi, Héodès préfère acheter un cochon par an à Aline Guilhot, la maire de Miscon, par ailleurs éleveuse ovine, dont la néorurale souligne l'« intelligence de femme », l'ouverture d'esprit et le tact dont l'élue doit quotidiennement faire preuve pour que cohabitent fraternellement ancienne et nouvelle populations.

*

* *

On parvient à Miscon depuis Die après avoir traversé Recoubeau-Jansac et Luc-en-Diois, quitté la départemen-

1. J'ai raconté ce dispositif d'autosurveillance par des référents de quartier dans le chapitre concernant Lons-le-Saunier de mon ouvrage, *Dans quelle France on vit*, *op. cit.*, p. 315-318.

tale rectiligne, puis franchement viré à gauche après le « claps », un chaos rocheux provenant de l'éboulement, au XVe siècle, d'un pan du pic de Luc. Les locaux disent qu'« on passe les jumelles ». Sous une lumière limpide, je croise un troupeau de moutons surveillés par un impressionnant chien au pelage blanc entravé à un pneu qu'il déplace à force d'efforts, bondissant d'excitation à mon passage. Sans ce poids, le chien aurait déjà sauté la clôture. En longeant la rivière, mon esprit me transporte en Afghanistan où, pendant des heures interminables, j'avais aussi longé torrents et rivières. Mais que les routes sont plus confortables en France !

Les morceaux dégringolés du pic sont gigantesques et féeriques : en les croisant, on se prend à imaginer ce que fut leur descente sur la Drôme, qu'ils barrèrent un moment pour former, trois cent cinquante ans plus tard, deux lacs asséchés dont les sols plats modèlent aujourd'hui champs et prés. La terre est si calcaire que les pins Douglas n'y poussent pas, remplacés par des pins noirs d'Autriche. La luzerne s'accommode de ce sol particulier, et les parcelles du vignoble du Diois, un des plus hauts de France, escaladent coteaux ensoleillés et caillouteux pour offrir la clairette bue ici en toute occasion.

Comme promis, une jeune femme en gabardine kaki passée sur une fine doudoune sans manches et chaussée de boots de montagne m'attend devant la petite église de pierre au fronton de laquelle l'inscription lumineuse « Bonnes fêtes », éteinte mais visible, reste accrochée toute l'année. Cette apparition blonde et menue est la maire de Miscon,

62 habitants[1], éleveuse de brebis, productrice de fromage de chèvre bio et de noix. Elle me remet les clés du gîte où je vais m'installer, une imposante maison de pierre, à quelques pas de la mairie et de sa fontaine au doux écoulement, qui appartient à sa sœur.

À l'intérieur de l'église, une Vierge à l'Enfant en bois doré, pièce rare dont un archiviste communal avait signalé l'existence, vient d'être repeinte et replacée. « Tout ce qui pouvait être piqué l'ayant déjà été », la porte de l'église reste toujours ouverte, explique, pragmatique, la maire, non pratiquante, et néanmoins gardienne de tous les édifices de sa commune. Son timbre de voix aigu détonne, mais il émane du lent phrasé d'Aline une fermeté inattendue. Dans le cimetière attenant, de vieilles tombes noircies encadrent un édifice plus audacieux, le caveau d'une certaine famille Armand, dont André, né en 1912, est mort « accidentellement à Dimbokro, Côte d'Ivoire », en 1954. Sa pierre tombale est encadrée de deux impressionnantes défenses d'éléphant en ivoire qui témoignent de son passé aventureux. La corne, qu'Aline, désabusée, s'étonne de trouver encore intacte, est patinée par le temps.

D'impressionnants panneaux photovoltaïques ornent le toit de la salle attenante à la mairie. Pour la plus grande satisfaction d'Aline, ils produisent de l'électricité pour la mairie, mais aussi pour EDF[2], cette spécificité fait de Miscon une des communes les plus riches du Diois. « Grâce à ça, en cas de travaux inopinés, on n'a pas le couteau sous la gorge. J'espère que cette installation durera encore

1. Chiffre de 2020. Miscon comptait 27 habitants en 1970.
2. Pour une somme entre 15 et 17 000 euros annuels.

longtemps », glisse la maire prévenue à la moindre micro-coupure, même nocturne. Tous les matins, dans la « salle des machines », Aline accède aux chiffres de la production de la veille. Guère férue de technologie, elle me désigne tout de même fièrement le local technique sous un auvent attenant, protégé par un grillage. Ce matin, Aline salue son archiviste, une ex-bibliothécaire de Jansac, de passage pour une quinzaine de jours, et lui demande de retrouver un des nombreux contrats internet signés par la municipalité avec Orange (ex-France Télécom) : la téléphonie mobile, ou plutôt son absence, occupe l'esprit de l'édile, car Miscon a longtemps été située dans une zone blanche. Sans téléphonie mobile, disposant d'un réseau fixe à très bas débit, le village vivait coupé du monde.

Complexe, ce dossier raconte une France qui, faute de représenter un marché attractif, s'est accommodée de la vétusté de la technologie filaire en cuivre. Pour me raconter les rebondissements de la saga du mobile, Aline s'est entourée de Jean-Marie Bompard[1], son premier adjoint, un ex-informaticien devenu exploitant agricole.

Le central téléphonique de l'opérateur historique desservant le village se trouve à Luc-en-Diois, à huit kilomètres. Dans cette situation, seule une trentaine de « paires[2] » de fils de cuivre ont pu être tirées du multiplexeur[3], un

1. Jean-Marie Bompard a un fils, Manuel Bompard, mathématicien et député européen, qui a dirigé la campagne de Jean-Luc Mélenchon, candidat de La France insoumise à l'élection présidentielle de 2017 et la dirige pour l'élection de 2022.

2. Une paire englobe 5 à 6 lignes.

3. Les lignes multiplexées ne sont pas éligibles à l'ADSL. Si le téléphone est un service universel entrant dans les obligations de fourniture d'accès de

nombre insuffisant pour une population qui explose en été : en période touristique, le téléphone fonctionne à peine, les pannes sont fréquentes et les conversations téléphoniques polluées par la friture. Quasi obsolètes, elles sont à peine capables de transporter de l'internet.

Avant de disparaître totalement à l'horizon 2025, la téléphonie filaire par cuivre (ADSL) cohabite avec la fibre, jusqu'au moment où cette dernière prendra le dessus, ce qui explique les résistances de l'opérateur historique à entretenir ses réseaux vieillissants. Pour ce qui est de la téléphonie mobile, après l'implantation d'un pilone, en 2020, sur le col de Miscon, en lieu et place d'une vieille antenne de télévision, la 4G a finalement été inaugurée[1] ! Mais si la téléphonie mobile fonctionne enfin, le problème d'internet reste entier[2] ! Pour faire face à la puissance des opérateurs, la communauté de communes (dont les télécommunications sont une des compétences) a participé à la création d'Ardèche-Drôme numérique (ADN), un établissement public du conseil départemental de l'Ardèche et de la Drôme avec la Région Auvergne-Rhône-Alpes. Même si, dans une région si difficile à équiper, opter pour un réseau aérien supplémentaire (et non souterrain)

France Télécom, ce n'est pas le cas de l'ADSL. En l'absence d'ADSL, on doit se tourner vers le satellite.

1. Cf. *Le Dauphiné libéré*, 11 octobre 2020, « Les habitants de Miscon sortent enfin de la zone blanche ». Sur le sujet, lire aussi « La vérité sur le décrochage du réseau cuivre », *Challenges*, 15 avril 2021, et « La fracture numérique se réduit, mais persiste », *Le Monde*, 17 avril 2021. Le téléphone a fait son apparition à Miscon en 1924.

2. Miscon n'a pas été retenue pour le déploiement prioritaire de la fibre. Ses lignes en cuivre fonctionnent même en cas de coupure de courant, ce qui n'est pas le cas des box installées via la fibre.

peut sembler dépassé. L'affaire n'a pas été simple : grâce à leurs capacités de négociation, les pouvoirs publics ont péniblement réussi à imposer à l'opérateur historique[1] des normes d'évaluation de la qualité de son service, même si, au fond, les opérateurs, qui n'obéissent qu'au principe de la concurrence, dictent leur loi. Autrement dit, pour parvenir à se désengager, l'État s'est peu à peu déchargé sur des entreprises privées.

Toutes ces années passées avec une connexion faible et peu fiable ont nui au développement des entreprises locales : pour remplir leurs dossiers PAC, les cinq exploitants agricoles (tous en bio) de la commune devaient se déplacer jusqu'à Die. Difficile également de consulter leurs comptes bancaires en ligne ou de procéder à un virement : le temps de recevoir le code de sécurité, la ligne avait déjà sauté ! En cas de coupure de courant, les personnes âgées équipées de téléalarmes s'inquiétaient de ne plus pouvoir appeler personne. Combien de fois Aline leur a-t-elle rendu visite, et organisé des rondes de surveillance entre habitants !

*
* *

Les brebis ayant tout brouté, c'est le moment de les changer de parcelle. Ce matin, j'accompagne Aline, plus à l'aise pour détailler ses activités d'agricultrice que les déboires de son village en matière de téléphonie. Au bas du village,

1. Les contrats de maintenance contiennent des obligations de résultat.

en lisière de forêt, deux chiens patous[1] nous accueillent. Nés au cœur du troupeau, vivant jour et nuit avec lui, ces gros chiens se prennent pour des brebis. Nous sommes début novembre et le mois d'août a été catastrophique : cet été, Aline a perdu six bêtes à cause du loup, le prédateur honni de ces campagnes. Ses collègues en ont perdu quatre. L'agricultrice craint aussi pour ses chèvres, perturbées au moindre stress. Grâce au border collie que nous avons transporté en voiture – il a été éduqué par Aline comme chien de conduite –, mener le troupeau sur une autre parcelle est un jeu d'enfant. À la moindre parole de sa maîtresse, Gips court, virevolte, s'aplatit au sol pour séparer le troupeau ou le faire se mouvoir dans une autre direction. Devançant les ordres de sa maîtresse, ce mâle à trois pattes (il en a perdu une après une maladie) s'acquitte de sa tâche avec abnégation et dynamisme. Toutes les brebis filent doux, les patous aussi.

Même admirablement secondé par l'animal, que ce soit le chien de conduite ou celui de garde, l'humain reste démuni face au loup, surtout si ce dernier est répertorié et protégé[2] par les autorités. C'est le cas à Miscon où une meute constituée de trois adultes et huit petits a été enregistrée par les autorités. Réputé rusé, agile et rapide, le loup s'échappe presque toujours, et ceux qui se sont risqués à le traquer l'ont souvent raté. « Du coup, les loups se gavent », tranche

1. Le patou est un chien de montagne des Pyrénées utilisé pour la protection des troupeaux contre les prédateurs. Ici, il s'agit du loup.

2. En Europe, le loup est protégé par la convention de Berne (1979), signée par Michel Barnier, et transcrite dans le droit français en 1989. En France, l'espèce est protégée sur le territoire national par l'arrêté ministériel du 22 juillet 1993, mis à jour le 23 avril 2007.

Aline, déroutée par cette situation où l'État défend le prédateur tout en finançant la protection des éleveurs[1].

Comme la moitié des communes rurales de France, Miscon n'a pas mené à bien son projet de carte communale, trop onéreux, et se contente d'un Règlement national d'urbanisme (RNU) qui fait tout de même pester madame la maire : « On voudrait construire, ici ou là, en périphérie de village sur des terrains non exploitables, mais on nous oblige toujours à le faire à l'intérieur… Comme si on était en ville et qu'il fallait remplir les trous ! » Pas facile, dans ces conditions, d'accueillir et de faire rester les « nouveaux arrivants », d'autant qu'à Miscon, comme ailleurs, quasiment aucun terrain n'est accessible en propriété, et les locations sont rares[2].

Pourtant, Aline sait mieux que personne que son métier d'agricultrice perdurera grâce à ces jeunes venus d'ailleurs pour reprendre les exploitations. « Y'en a d'chez nous qui les trouvent un peu trop baba cool, mais, à Miscon, tous les nouveaux travaillent ou cherchent du travail ; et ils paient leur loyer, donc y'a rien à dire ! », souligne la maire.

De plus en plus de jeunes urbains, et notamment depuis le début de la pandémie de Covid-19, se sont mis en quête d'une vie plus saine, et aussi, peut-être, d'une certaine solitude, sans abandonner le confort de la vie en ville. L'alchimie

1. Comme tout éleveur en zone concernée, Aline reçoit d'importantes subventions pour protéger son troupeau. Elle préférerait les utiliser autrement.

2. Trois seulement à Miscon.

est délicate, mais à Miscon, Aline semble avoir trouvé la formule. La méfiance des Misconais de souche vis-à-vis des « chevelus et des hippies » n'est ni nouvelle ni récente, mais « les jeunes attirent les jeunes ». « Nos enfants, qui ont parfois le même âge que certains nouveaux arrivants, peuvent avoir l'impression, sans doute à tort, qu'ils travaillent pour rien, alors qu'à ceux-là on offre tout sur un plateau ! », avance-t-elle, soucieuse de la « paix des ménages » dans son village. En apprenant à connaître les néoruraux, Aline les a perçus différemment et milite pour une meilleure compréhension mutuelle.

D'un côté, elle trouve des terrains ou des maisons pour ceux qui en cherchent, aide à l'installation de leurs startups, conseille, console, et tranche quand c'est nécessaire. « On était un village de vieux, c'est pour ça que j'ai ouvert la porte ! », se justifie la maire, dont on peut dire qu'elle a plus ou moins choisi « ses » nouveaux Misconais en fonction de leur activité et de ce qu'elle a perçu de leur capacité à s'adapter.

De l'autre, Aline ne peut s'empêcher d'être solidaire avec ceux qui ont choisi de vivre en ces contrées reculées d'où, inexorablement, s'éloignent perceptions des impôts, gendarmerie et poste. « Ici, c'est nous les Indiens ! », lâche-t-elle, blessée, mais pas vraiment étonnée, par le discours officiel qui préserve les acquis tout en expliquant qu'il faut fermer l'hôpital le plus proche, ce qui contraint les jeunes femmes du pays à aller accoucher à Valence ! Plus que tout, Aline redoute de voir disparaître la tradition agricole dont elle est issue, et se refuse à isoler encore plus son village. « Ici, en l'absence de services sociaux qui existent en ville, n'importe quoi peut provoquer des problèmes, donc je dois faire très gaffe », ajoute celle qui, pleine de bon sens, était arrivée de Toulon voilà trente-cinq ans par amour pour son mari, un Misconais de souche.

L'agricultrice bio n'avait nullement prévu de se présenter à la fonction de maire : en 2014, son mari l'avait envisagé, pour, finalement, abandonner. À l'époque, Aline est élue dans une ambiance houleuse, le village étant divisé par de sombres affaires locales. « Je n'ai jamais pu rabibocher les deux camps », regrette celle qui fut réélue haut la main en 2020.

À Miscon, chaque année, les candidats à l'installation sont plus nombreux, sans toujours se rendre compte de la rudesse du pays en hiver : « Ce n'est pas nous qui sommes durs, c'est le pays », souligne Aline.

*
* *

À deux pas de la mairie, après la traversée du camping municipal, je retrouve Jessica, 39 ans, et Jean-Luc, 35 ans, établis à Miscon depuis deux ans. Le couple loue cette maison dont la baie vitrée du salon ouvre sur une vue bucolique, mais souhaiterait acquérir un terrain constructible. Deux bambins de 4 et 2 ans[1] s'égaient avec des puzzles non loin de la table sur laquelle nous savourons une tisane concoctée par Jessica. Lyonnais d'origine, passés par le haut Doubs, tous deux ont occupé des emplois saisonniers en montagne. Pour que le couple puisse se sta-

1. Pour le plus grand plaisir de la maire, le village comptait quinze enfants en 2020, contre deux en 2017.

biliser au même endroit, Jean-Luc, formé chez Décathlon à Pontarlier, a même été employé comme homme de ménage dans un organisme touristique géré par Jessica. Mais, après quelques années comme travailleurs frontaliers en Suisse, ils sont partis, au volant du camion de Jean-Luc, en quête de montagne et de vie saine, abandonnant une existence qui avait fini par leur apparaître artificielle. Le couple a d'abord fouiné aux alentours de Die, un souvenir de vacances pour chacun, puis s'est aventuré dans les villages avoisinants.

Jessica a eu le coup de foudre pour Miscon, sa luminosité, son air pur et sa quiétude. Tous deux ont quitté un CDI, accepté un pouvoir d'achat et un salaire inférieurs pour s'installer là où ils ont choisi de vivre, mais ils n'iraient cependant pas jusqu'à accepter la précarité. Engagée dans une formation d'herbaliste[1] de trois ans, Jessica a tenu à la poursuivre. Quant à Jean-Luc, il n'a pas été gêné de recommencer au Smic comme vendeur dans un magasin de sport à Die. « Ici, on n'est pas observés à chaque coin de rue », se félicite le jeune homme blond et svelte, au visage respirant la bonté et la franchise, dont le phrasé traînant évoque cette Suisse qu'il a quittée. Polyvalents et peu regardants sur les offres d'emploi, le couple de trentenaires affirme ne jamais avoir rencontré de problème à trouver du travail, un discours volontariste et optimiste plutôt rare. Sur la suggestion d'Aline, informée des détails du CV de sa nouvelle administrée, Jessica s'est mise à gérer le camping de dix-huit places, a conçu son

1. http://www.camping.miscon.fr/jessica-fournier-ateliers-de-plantes-medicinales/

nouveau site internet et contribué à rebaliser les sentiers de randonnées alentour.

Pendant mon séjour, à l'automne 2020, les décisions gouvernementales concernant l'épidémie de coronavirus sont confuses. Dans le Diois, comme ailleurs en France, tout le monde n'est pas convaincu par l'efficacité du port du masque, surtout en extérieur, et encore moins par la vaccination. Un samedi matin, au marché de Die, lors d'une ronde de la gendarmerie, Jessica n'étant pas masquée, des gendarmes l'interpellent. Encouragée par la chaîne de solidarité qui s'est instantanément formée autour d'elle, la jeune femme, pourtant posée et réfléchie, défie la police. Un commerçant a pris sa défense et crie aux forces de l'ordre que tous suivront s'ils l'emmènent.

Jessica n'en revient toujours pas d'avoir osé. « J'exprimais là beaucoup plus qu'un refus de porter le masque, avoue la jeune femme aux fines lunettes. J'ai fait ça pour une prise de conscience que tout va trop loin en France. On est stressés, y a trop de malaise, trop de déprime… La vie, c'est pas seulement se lever, bosser et partir en vacances… On nous enlève toutes nos libertés ! » Sous des apparences sages, Jessica est une rebelle dépitée et en colère. Même si elle a voté à la présidentielle de 2017, elle ne porte pas les politiques en grande estime. Le couple est dégoûté par l'assassinat de Samuel Paty, mais pas si étonné : « La violence est devenue intrinsèque à notre système politique qui n'a plus rien de démocratique » répètent-ils. Aucun parti politique ne trouve grâce à leurs yeux, pas même les écologistes, « qui font semblant d'être différents, mais qui sont pareils », souffle Jean-Luc qui ose même une drôle de comparaison : « La politique, c'est comme les frontaliers : y s'en mettent plein les poches, c'est tout ! À l'Ena on leur apprend à mentir et à tronquer les résultats. En Suisse au moins, le système politique oblige à se rapprocher du compromis. Chez nous, une seule personne dirige toutes les autres. C'est lamentable... » Jessica et Jean-Luc ne sont pas de dangereux extrémistes, ils ne militent nulle part, ne détestent rien tant que les coups d'éclat et chérissent avant tout leur liberté et leur indépendance, acquises à la sueur de leur front. Mais ils formulent aussi de nombreuses critiques, car ils se sentent entravés. « Venir à Miscon nous a fait grandir. Parce que la vie, c'est ici et maintenant. Pas plus tard, insiste Jean-Luc, amoureusement couvé des yeux par Jessica. Certains de nos potes ont préféré leur job à la liberté. Mais le fric pour le fric, c'est pas notre chemin de vie, insiste-t-il. On se retrouve peut-être dans une situation plus fragile, mais on se sent tellement plus libres ! » Je ne pourrais être plus d'accord.

⋆
⋆ ⋆

Au crépuscule, juste au-dessus de la maison de Jessica et Jean-Luc, je croise un troupeau de brebis pressées de rentrer au bercail. Didier Oddon, 50 ans, n'a jamais eu affaire au loup, mais lui aussi le redoute, aussi oblige-t-il ses bêtes à s'abriter tous les soirs dans ce lieu clos. Pour ne pas entacher la réputation touristique de Miscon, l'éleveur ne possède pas de patou[1]. « Nos anciens incendiaient la montagne pour forcer le loup à sortir et le tuer. Aujourd'hui, c'est l'État qui nous l'impose et nous le ramène ! », résume d'une voix posée celui qui a placé des panneaux photovoltaïques sur son toit et n'a pas l'impression de « dégrader la nature » quand il traverse Miscon au volant de son tracteur.

Didier est formel : sans éleveurs, les campagnes françaises ne seraient plus les mêmes, parce qu'on ne peut pas vivre « qu'avec des céréales et que, pour l'entretien de l'espace, ben, y a que l'élevage ! » Il baisse la tête, soudain triste. « Si seulement on avait le droit de tuer le loup dès sa première attaque. Mais non, alors, on se sent impuissant. Le jour où un humain se fera attaquer, tout le monde tombera de haut. »

La ferme Oddon existe depuis le XIXe siècle. Le père de Didier, ancien maire de Miscon[2], élevait des poules pondeuses, Didier élève des brebis, son fils a déjà repris une partie de l'exploitation en vaches laitières. Sans téléphone portable, pendant des années, Didier s'est senti défavorisé par rapport à ses collègues des zones mieux équipées. Aujourd'hui, les difficultés de la ligne fixe le dépriment.

Il préfère ne pas se mêler de ces « guéguerres politiques », mais ne peut s'empêcher de constater qu'à Boulc, le village voisin juste derrière le col, la fibre est déployée, alors qu'ici on se contente d'ondes radio se déplaçant d'un

1. Les patous peuvent parfois avoir une attitude qui fait peur aux humains qu'ils ne connaissent pas, notamment par leurs aboiements.
2. Jean-Claude Oddon a été maire de 1968 à 2014.

pylône à un autre, ce qui lui semble moins facilement réparable qu'un tube au sol. L'agriculteur n'admet pas que les fils électriques aient pu franchir le fameux claps alors que cela paraît exclu pour la fibre, pourtant une autre technique filaire !

Cet agriculteur au physique râblé, qui maintient ses coudes sur la table et ses mains calleuses sagement nouées pendant toute notre conversation, paraît chiffonné : « On a peur que les nouveaux arrivés nous bouffent. Pendant le confinement, certains ont dénoncé ceux qui ne le respectaient pas, mais bon sang, on pourrait pas régler ça à l'amiable, entre nous ? Comment en est-on arrivés là ? » Didier en est certain, cette sale mentalité se répandant comme un poison vient de la ville. Il n'oubliera pas ce jour où un « nouveau » l'a alpagué quand il passait un produit sur le tronc de ses noyers en bordure de route. La discussion n'a pas duré. Didier a fourni les explications demandées, mais n'a pas apprécié qu'on lui réponde : « Ben voyez, j'suis pas obligé de vous croire ! » Cette méfiance entre êtres humains le dépasse.

Il admet pourtant que « ceux qui se permettent de nous dire quoi faire à tout propos » ouvrent parfois les yeux des autochtones sur les changements de mode de consommation. Didier se sent incapable de développer la vente directe de fromage dans sa ferme, mais il se dit que s'il organisait des « stages découverte », comme c'est maintenant à la mode, il les remplirait ! « Quand la viande qu'on mange viendra de Chine, tout le monde pleurera, ajoute-t-il, un brin provocant. Mais aujourd'hui, qui est encore capable de se mettre à la place de l'autre ? »

Retournant chez moi par une nuit de poix, l'espace d'un instant, je me sens désorientée. Ample et sèche, l'odeur profonde de la nuit me replonge un instant dans mon enfance montagnarde. Guidée par la pâle lueur lunaire, je retrouve mes sens.

À tout vouloir étreindre avec la même intensité, nous nous sommes dangereusement éloignés de la nature, la nôtre, et celle de la terre. L'absence de confiance de ce néorural vis-à-vis de Didier Oddon et de ses noyers se décline sur d'autres terrains. Ces dernières années, et notamment pendant cette enquête, j'ai entendu à propos de ma démarche journalistique la même affirmation qui induit les mêmes doutes. Mais alors, à quoi croire encore ?

*
* *

À la station-essence de Luc, je croise un homme muni d'un bidon, il me demande de le ramener à sa voiture en panne après s'être servi à l'automate. Je le dépose à Montlaur-en-Diois devant son véhicule, sur le parking de l'école où patientent deux personnes portant le masque. En repartant vers Recoubeau-Jansac, je croise les gendarmes : ce matin, des parents d'élèves ont refusé de couvrir nez et bouche de leurs enfants. Ils sont donc venus contrôler l'établissement scolaire.

Il y a une vingtaine d'années, eux aussi attirés par la beauté sauvage du Diois, Régis et Sonia, la soixantaine, ont failli acheter une maison à Miscon. Par le biais d'amis du coin, ils avaient trouvé une belle demeure, mais se sont abstenus pour une seule raison : la mauvaise qualité du réseau téléphonique. Directeur commercial dans une entreprise de cartonnerie, il aurait été impossible à Régis de fonctionner en zone blanche. Qu'à cela ne tienne, Sonia, son épouse, réussit à dénicher une maison à Recoubeau, huit kilomètres plus loin, sur le bord de la départementale qui dessert ces hautes vallées.

Pas une minute, le couple ne regrette son choix : « Mon mari n'a pas attendu la pandémie pour télétravailler », résume Sonia, ex-suppléante du conseiller général Bernard Buis[1] et bénévole à la bibliothèque municipale de sa commune d'adoption de 269 habitants. Sonia a voté Jean-Luc Mélenchon au premier tour de l'élection présidentielle de 2017[2]. « Ici, à Recoubeau, les "choums" on les voit moins », lâche Régis en évoquant les néoruraux également surnommés « courcoussous[3] », bobos, crados ou cassos, ce qui en dit long sur leur réputation. Un peu hâtivement cependant, il met dans le même sac tous ceux qui travaillent dans des domaines qu'il ne juge ni porteurs ni sérieux, les bénéficiaires du RSA et ceux qui bossent au noir. « Bref, vous m'avez compris, je veux parler de ceux qui répondent à peine quand on leur dit bonjour et qui ne s'intègrent pas... Nous, on est des gens ouverts, mais on n'arrive pas à se lier à ces gens-là », semble-t-il regretter.

1. Sénateur de la Drôme depuis septembre 2020. Ex-maire de Lesches-en-Diois (1995-2018), ex-conseiller général puis départemental de la Drôme.

2. Résultats du premier tour des présidentielles de 2017 à Recoubeau-Jansac : J.-L. Mélenchon : 28,07 %, E. Macron : 18,72 et Marine Le Pen : 18,13 %. À Miscon, les résultats sont les suivants : F. Fillon : 29,41 %, suivi de J.-L. Mélenchon : 21,57 %. Emmanuel Macron est arrivé en tête du second tour dans les deux villages.

3. Le courcousson (prononcer courcoussou) est un charançon rongeant divers végétaux.

Leurs convictions anti-vaccin, anti-école, anti-masque, anti-tout, « limite anarchistes », l'agacent. Il souligne que, l'année précédente, neuf cas de coqueluche ont été enregistrés à Luc ! De plus, il pense que la plupart sont épaulés par des parents aisés. « Régis a tout simplement peur de l'invasion et de la prise de pouvoir de ces jeunes, qui, à peine arrivés, veulent imposer leur point de vue !... Ils ont des idées, c'est très bien. Ils veulent y aller, tant mieux ! Mais ils se fichent des lois, et c'est regrettable... », tempère Sonia, lucide et pragmatique. « Aux Muscardins, à Luc, c'est dément, grommelle Régis dont le fils a été élu dans l'équipe de la mairie en 2020. Ces personnes ont acheté des terrains, on leur a donné des permis de construire. On nous dit qu'ils sont en association et qu'ils ont des buanderies communes. » Je décide d'y passer en voiture : surnommé « la cour des miracles » par les mauvaises langues, situé en aval de la départementale traversant le bourg, ce quartier de Luc-en-Diois est quasi invisible. En contrebas de la piscine municipale, j'aperçois des groupes s'affairant sur des terrains en chantier plantés de sorbiers orange vif et de cytises jaunes. En ce mois de novembre, l'effervescence sur chaque parcelle étonne. Partout des hommes et des femmes sont au travail : ici un édifice en forme de coquille d'escargot, là une autre maison censée représenter une feuille d'arbre.

Sur internet, quelques sites vantent la possibilité de résider aux Muscardins contre une formation payante de retour à la nature. Les commentaires sont dithyrambiques et les places de stage (plusieurs centaines d'euros pour cinq jours) vite vendues ! « Trop de liberté peut aussi tuer la liberté, philosophe Sonia. À cause de ces gens-là et de leur mentalité, Marine Le Pen risque de passer aux élections de 2022 », redoute-t-elle, persuadée que la ruralité s'est retrouvée au cœur des élections régionales de 2021 parce que le Rassemblement national en a fait, avec celui de la sécurité, un de ses thèmes de campagne favoris, et que cela se reproduira lors du scrutin présidentiel de 2022. Son mari approuve.

En écoutant Sonia et Régis, j'ai l'impression que si l'on remplace « choum » par « Arabe », la zone rurale produit le même rejet que la zone urbaine. « Le clientélisme a fonctionné dans les banlieues avec les Arabes… Ici, avec les choums, qu'est-ce que ça va donner ? » se soucie Régis. À croire que l'être humain s'invente toujours un ennemi, indépendamment de là où il réside.

*

* *

Alors que je viens d'apprendre l'existence du quartier des Muscardins de Luc-en-Diois, à Recoubeau, de manière inattendue, je fais la connaissance de Sophie, 38 ans, qui y vit. Mère d'un garçon de 10 ans et masseuse de métier, elle confirme que ce projet d'habitat groupé, composé de *tiny houses* autoconstruites, toutes dotées de toilettes sèches et de douches solaires, est un « hameau écologique » acheté en 2014 par huit familles, sous forme de lots individuels[1].

1. Et non en SCI, afin, tout de même, de se réserver la possibilité de revendre.

Depuis qu'elle est installée aux Muscardins, Sophie a l'impression de vivre « une aventure poétique exaltante » qu'elle ne dédaignerait pas de transformer en révolte. « J'suis pas assez calée en politique pour vraiment qualifier ce qu'on vit de "despotisme", reconnaît-elle, mais politiquement, en France, y s'passe quelque chose du côté du liberticide... On avance vraiment vers moins de liberté », avoue la jeune femme au bonnet de laine vert pomme qui retient à grand-peine sa lourde chevelure noire bouclée. L'ouvrage *La Stratégie du choc*, de l'autrice américaine altermondialiste Naomi Klein, a nourri sa réflexion et celle des autres propriétaires de ce lieu solidaire. « J'ai de la chance, je suis une privilégiée, poursuit Sophie, ajoutant, soudain mystérieuse, que "le silence des pantoufles est plus dangereux que le bruit des bottes[1]" », un slogan que j'ai aussi vu fleurir sur des ronds-points de Gilets jaunes dans les Cévennes. Sophie estime que les mesures prises par nos gouvernants concernant la pandémie devraient donner l'occasion à la population de « se réveiller », et n'a guère apprécié que pendant la campagne pour les élections municipales de mars 2020, les banderoles accrochées par les habitants des Muscardins aient été interdites par la mairie. On pouvait notamment y lire cet étonnant slogan : « Pour ne pas mourir, il faut cesser de vivre ! »

« Certains veulent prendre le maquis, se ré-ensauvager ! ajoute-t-elle, admirative. Pour moi, la priorité est de sortir de la machine en retournant à une autonomie totale. » C'est aussi le but de David, 60 ans, son compagnon, une

1. Signée Martin Niemöller (1892-1984), un pasteur allemand envoyé en camp de concentration, cette phrase a été twittée le 20 octobre 2020 par Edgar Morin, et likée plus de seize cents fois.

figure bien connue des Recoubeaulois. David vit au bord de la Drôme dans une cabane rustique où je le dérange, assis en cercle à même le sol avec sept autres personnes (dont Sophie) en train de préparer les textes d'un spectacle. Depuis plusieurs années, il vit sur ce « tas de fumier » réputé, l'appellation originale d'un espace dédié à l'expression libre, aux concerts et à d'autres créations mêlant acrobaties et arts de la scène. Les tarifs sont libres, chacun donnant ce qu'il estime être le juste prix. S'écouter, ne jamais se sentir forcé et « avoir les couilles de ne jamais être assujetti » sont ses principes de vie.

Né dans une famille de onze enfants dans un château poitevin, David est d'origine bourgeoise. Garçonnet, il a été marqué par le passage de Gitans croisés au lavoir avec leurs chevaux rutilants. Jeune adulte, il a quitté son terroir en quête de friches abandonnées pour donner libre cours à son élan créateur. Mi-maréchal-ferrant, mi-rebouteux, il découvre le haut Diois par amour pour la mère de son premier fils, qu'il vient rejoindre à cheval. Pour survivre, David donne des cours de voltige et devient cascadeur. « J'ai toujours été le cul entre deux chaises, partagé entre l'art et la terre », déclare cet ancien valet de ferme aux yeux bleu dur étincelants, la barbe poivre et sel soignée, et dont la chevelure flamboyante, même sous la casquette, lui donne des airs de propriétaire de ranch. Sanglé dans une veste cintrée rouge sang à motif pied-de-poule, on le dirait échappé d'une scène de théâtre. « On est des résistants, enfin, un peu, m'apostrophe ce chef de bande charismatique, quasi-gourou, à la grande puissance de séduction, tout en se balançant, mains dans les poches, sur les deux pieds arrière de sa chaise.

Les autochtones se sentent peut-être envahis, mais, en même temps, ils ne dédaignent pas un apport culturel différent. On le leur offre, déclare-t-il, sûr de lui. Culturellement, on est dans la minorité, parce qu'on s'est volontairement positionnés en dehors du système. Tu vois, y a pas eu de Vogue cette année[1]. Pas de Vogue, pas de vague… C'est infernal ça, on peut rien prévoir, on peut plus rien organiser, alors qu'ici c'est un terrain privé ! »

Le flamboyant saltimbanque reste en marge, mais pas au point de se retrouver en porte-à-faux avec les autorités, comme le prouvent ses excellentes relations avec Jean-Pierre Rouit, le maire de Recoubeau-Jansac.

« Arrivé ici, j'ai continué la voltige à cheval, mais aussi, dans un aut' genre, le débardage… Au fond, c'est la transmission qui m'intéresse, souligne David, énigmatique, avant de se lever abruptement pour reprendre sa place dans le cercle. Reviens plus tard si tu peux, là, on est occupés. »

*

* *

Occupé, Jean-Pierre Rouit, 62 ans, maire de Recoubeau-Jansac, l'est assurément depuis plus de trente ans, et l'est aussi, avant tout à régler les problèmes de téléphonie sur sa commune. Monsieur le maire souhaite me montrer le local téléphone attenant à sa mairie, mais il n'en retrouve plus la clé. Tous deux le nez écrasé contre la porte vitrée, on ne voit rien d'autre que de hauts placards gris. Ce local est un nœud de raccordement optique (NRO) qui constitue le

1. Chaque année, David co-organise la Vogue de Recoubeau-Jansac, la fête du village.

premier maillon de la chaîne d'un réseau de fibre optique. Il abrite les infrastructures d'un opérateur.

« Recoubeau-Jansac et ses 280 habitants ont été raccordés à la fibre en 2008. D'ici, ça repart tout alentour par les anciens câbles de cuivre, indique-t-il, passablement agacé par les incidents à répétition sur les lignes fixes. L'arrivée de la fibre a boosté la qualité de nos connexions internet. Dans la rue centrale, c'est ok, mais c'est pas le cas dans les rues adjacentes..., admet le maire. En fait, il n'y a plus assez de techniciens pour gérer. Tout est sous-traité, et nous, sur le terrain, on a du mal à joindre des interlocuteurs même si, pour noyer le poisson, ils nous ont donné des numéros d'"interlocuteurs privilégiés" (IP), des êtres humains qui, au moins, répondent au téléphone, mais servent surtout à nous faire patienter. »

Voilà plus d'un mois que le téléphone fixe de la mère de Jean-Pierre Rouit et celui d'une autre administrée sont en dérangement. Sa mère s'est donc acheté un portable, exactement ce que souhaitent – sans le dire – les acteurs de la téléphonie. « Ils laissent mourir nos lignes fixes en zappant leur entretien et attendent que la fibre avance, payée par nos impôts ! », décrypte l'édile alors que nous nous installons dans sa voiture pour filer vers le col de Cabre, à la limite avec les Hautes-Alpes, au sommet duquel sont installés les quatre opérateurs. Pour ne rater aucun appel, Jean-Pierre s'est acheté un téléphone de manufacture chinoise qui renferme deux cartes SIM, une d'Orange, l'autre de SFR.

Sur plusieurs kilomètres, le spectacle des anciens pylônes en bois est une désolation : beaucoup sont à terre, recouverts de branches, de feuilles ou d'autres déchets de la nature.

Leurs fils sont entremêlés, abandonnés. Au col, le conducteur d'un camion forestier confirme qu'ici ses communications sont hachées et qu'il se retrouve parfois coupé du monde. Ni son application ni son bouton SOS ne fonctionnent !

*

* *

« Nous à la campagne, on n'est pas rentables », répète à l'envi Jean-Pierre Rouit, homme jovial, bon vivant, d'un optimisme à toute épreuve. Depuis 2006[1], l'agence postale de Recoubeau est communale. « T'as pas le choix, sinon ils te ferment ta poste », explique l'édile. Une employée de mairie, qui travaille aussi comme atsem[2] de l'école et responsable de sa cantine, en tient le guichet.

Dans l'unique HLM de la commune vivent quasi exclusivement des résidents de l'Établissement et service d'aide par le travail (Esat[3]) qui a contribué à la renommée de Recoubeau. Ces personnes en situation de handicap[4] travaillent dans des espaces verts, en atelier de menuiserie, de

1. L'APC de Recoubeau-Jansac est une des premières à avoir signé une convention de ce genre avec La Poste.

2. Agent territorial spécialisé des écoles maternelles.

3. Un Esat accueille des personnes handicapées dont les capacités de travail ne permettent, momentanément ou durablement, à temps plein ou à temps partiel, ni de travailler dans une entreprise ordinaire, une entreprise adaptée ou pour le compte d'un centre de distribution de travail à domicile, ni d'exercer une activité professionnelle indépendante. Les dix Esat gérés par la Croix-Rouge en France offrent des possibilités d'activités diverses à caractère professionnel ainsi qu'un soutien médico-social et éducatif. Depuis 1991, des handicapés ont le droit d'habiter en appartement en dehors du château, comme ici dans le HLM de Recoubeau.

4. Au nombre de 87 (dont 74 qui travaillent), sur une population totale de 280 habitants.

peinture, mais aussi dans le secteur aéronautique[1], le médical et l'agroalimentaire, conditionnant pour le paramédical et préparant les repas de la cantine. Campé au sommet d'une colline boisée, son siège-château est propriété de la Croix-Rouge internationale depuis 1961. Les ateliers sont installés dans la partie basse du village, à l'angle des routes conduisant à Châtillon-en-Diois et Valence. « Notre Esat est le barycentre du Diois, et ces handicapés sont des modèles pour nous ! tonne Jean-Pierre Rouit. Transfère-les à Valence, tu verras ce que ça donne. Ils seront terriblement malheureux !, lance-t-il, perdant soudainement sa bonhomie. Quand j'étais plus jeune, les handicapés vivaient cachés au fond des fermes. Ici, ils sont utiles, on les connaît tous. Ils vieillissent parmi nous, on devient leur famille, surtout quand leurs proches ne leur rendent plus visite… » Le vieillissement des résidents de l'Esat est une vraie préoccupation pour le maire qui tanne ses interlocuteurs du département[2] sur ce sujet.

Et si, sous prétexte de la nécessité d'une toiture neuve, « des décideurs, là-haut, tout en haut » – Jean-Pierre Rouit pointe à la fois le ciel et le nord-ouest, en direction de Paris –, abandonnaient Recoubeau et répartissaient ses handicapés sur d'autres sites moins reculés ? La hantise de l'édile est partagée par tous ceux qui se soucient de l'avenir de Recoubeau-Jansac, en premier lieu Régine Roulle, la flamboyante directrice de l'Esat. « Ici, les résidents sont

1. À ce titre, l'Esat de Recoubeau-Jansac est un sous-traitant d'Airbus et de Boeing.

2. En septembre 2020, l'Esat de Recoubeau a accueilli sa première retraitée : cette résidente de 60 ans a obtenu le droit de continuer à résider au Foyer.

autonomes. Ils paient leur loyer et leur électricité, souligne l'ex-éducatrice aux ongles peints en dégradé de bleu. On a refusé de les cantonner à des boulots de merde sur des rondelles et des boulons. On les a mis sur des machines et on revendique la polyvalence pour qu'ils ne restent pas sur leurs acquis[1] ! s'enthousiasme-t-elle. Notre rêve serait d'en mettre trois ou quatre en cuisine et qu'ils se mettent à livrer les repas dans la région avec des voitures sans permis ! », ajoute-t-elle.

Depuis quelques années, en France, la tendance est à l'affirmation de droits identiques entre une personne sans handicap et une personne en situation de handicap. Régine sait que cela pourrait impliquer la fermeture de son établissement. « Il va falloir que les citoyens acceptent les gens handicapés ! », explique-t-elle, soulignant le nombre croissant des handicapés actifs dans les associations sportives et de loisirs, bienvenus quand il s'agit d'aider à la préparation d'une fête ou d'un événement, surtout dans un contexte de pénurie de bénévoles. Mais la directrice reste dubitative quant à l'idée de rapprocher les personnes handicapées de la vie « normale » en niant leurs spécificités sous couvert d'une inclusion pour tous. « Sans nos éducateurs, certains handicapés auraient vite été transférés en hôpital psychiatrique ! », reconnaît-elle avec franchise. Cette situation aboutira, selon elle, à une réduction du nombre d'éducateurs chargés d'encadrer un handicapé. Une baisse générale des coûts d'un Esat ne faciliterait-elle pas l'illusion de l'égalité de la situation d'un handicapé avec celle d'un non-handicapé ?

1. Cf. le film *Je travaille, donc je suis*, produit par la Croix-Rouge française, réalisé par Michèle et Bernard Dal Molin, 2020.

Le plus angoissant se niche dans la réforme intitulée « pour une adéquation des financements aux parcours des personnes handicapées[1] », dont le but est de mettre en place une façon plus économique d'évaluer les moyens alloués aux handicapés. Après avoir participé à une expérimentation, Régine est convaincue que l'État souhaite réduire le nombre d'Esat, et surtout, les faire peu à peu glisser vers un statut de droit commun. D'ailleurs, le secteur médico-social dans son ensemble se transforme en un quasi-marché d'inspiration libérale. Si Régine avait déjà la désagréable impression de passer son temps à justifier toutes ses dépenses, avec cette réforme, elle devra tenir un tableau de ses « performances ». Par exemple, « on me demandera pourquoi je salarie un éducateur pour jouer au foot avec mes handicapés alors qu'ils peuvent aller au club de foot associatif de Die ! », décrypte-t-elle.

Si le château fermait, les handicapés seraient relogés parmi la population, ce qui nécessiterait de construire davantage de logements inclusifs à Recoubeau. De plus, les personnes âgées handicapées coûtent très cher à l'État, grimace Régine qui milite elle aussi pour que le Département accepte que les handicapés vieillissent (et meurent) là où ils ont passé leur vie[2].

1. Cf. la tribune intitulée « L'inclusion fonctionne comme un mantra, sans aucun débat sur l'évolution en cours du secteur médico-social », *Le Monde*, 14 mai 2021. Le processus « Sérafin-ph (Services et établissements : réforme pour une adéquation des financements aux parcours des personnes handicapées) est un diagnostic des "besoins" de la personne handicapée, auxquels on fait correspondre une prescription de services à assurer par des professionnels le plus souvent sous statut d'autoentrepreneurs ».

2. La Drôme, en avance sur ce sujet, a mis en place le travail à mi-temps pour le handicapé vieillissant, pris en charge pour son autre mi-temps. En 2014, un rapport « sur l'avancée en âge des personnes handicapées », présidé

Lucide et impuissante, Régine assiste au désengagement progressif de l'État qu'elle préfère pudiquement nommer un « éloignement ». « Dans le Diois, on est inclusifs parce que la ruralité nous aide », ajoute la directrice, rappelant que les immigrés italiens, les « choums », les « cassos » et autres babas cool ont, chacun en leur temps, été bien acceptés.

À midi trente, quand je redescends du col de Cabre avec Jean-Pierre Rouit, nous croisons trois techniciens s'affairant autour d'un pylône qui dessert la route en direction de Beaumont-en-Diois. À leur vue, le maire, pourtant volubile, cesse de parler, il s'arrête et bondit hors de son véhicule. « C'est si rare de croiser des réparateurs qui ne sont pas des sous-traitants ! », lance-t-il, se présentant à eux pour évoquer les problèmes de sa commune et ses difficultés à joindre un responsable. Les trois techniciens d'Orange confirment qu'ils sont en train de réparer le câble de Beaumont où plusieurs lignes fixes sont en dérangement. Habitués aux récriminations des usagers croisés sur le terrain, les trois hommes opinent du chef. « Vous avez raison, faut se plaindre », avance même l'un d'eux. Convaincus par le maire, ils acceptent d'aller « fouiller » dans le local NRO de Recoubeau-Jansac dont le maire a opportunément retrouvé la clé.

L'après-midi même, toutes les lignes en dérangement fonctionnent.

*

* *

par Patrick Gohet, inspecteur général des affaires sociales (IGAS), a montré le département de la Drôme en exemple.

Sa fine cigarette à la main, une jeune femme longiligne en jean blanc et bottes cavalières se tient dans la courette en pierre de la vieille maison faisant office de mairie, en contrebas de la rue principale de ce village où les pins ont grandi serrés de part et d'autre de la lame rocheuse. « La grande Zaza », comme certains l'appellent affectueusement, est la jeune maire de Beaumont-en-Diois.

Comme Aline Guilhot à Miscon, c'est l'amour d'un homme, son futur mari, qui a amené Isabelle Allemand, une Grenobloise de 40 ans, sur ces terres dioises. Chargée de communication à la communauté de communes, Isabelle Allemand s'est intéressée à Beaumont après y avoir acheté une ferme isolée. Membre du conseil municipal depuis 2008, elle a été élue maire en mars 2020. Ce soir, elle doit présenter au conseil municipal la candidature du village à un éventuel « zonage Natura 2000 ». Face aux fonctionnaires de la DDT[1], Isabelle, qui a pourtant le verbe haut, a souvent la désagréable impression qu'on ne lui fait pas confiance, à l'instar de nombreux autres maires rencontrés. Pis, elle sent que ces fonctionnaires la soupçonnent, ainsi que d'autres habitants de sa commune, de manquer de discernement !

Ici comme ailleurs, un fossé se creuse entre ceux que « Zaza » nomme « les chics types envoyés sur le terrain » par l'État, et les élus représentant la population locale. Dans ces vallées du haut Diois, il aura fallu six longues années pour mettre en place la communauté de communes et les projets de villages. Les bureaux d'études mandatés sur place sont parvenus à grand-peine à mesurer les besoins des villages,

1. Direction départementale du territoire.

composant avec les impénétrables et innombrables normes administratives[1]. Ainsi, pour convaincre les technocrates de la nécessité de construire hors des zones dites urbaines, Isabelle a bataillé pour organiser ses réunions à Beaumont plutôt qu'à Valence, où, théoriquement, elles auraient dû avoir lieu. « On ne leur demande pas d'ouvrir cinquante hectares à la construction ! », clame la maire qui se souvient d'avoir fait tourner et retourner ses « invités » dans tout le hameau jusqu'à ce qu'ils réalisent concrètement le bien-fondé de sa requête. Finalement, elle a rendu constructible un terrain municipal situé ni en hameau, ni en cœur de village et reçu l'autorisation d'y bâtir quatre ou cinq logements dotés d'une buanderie commune, un « habitat léger » dont la maire souhaite tester la popularité. « On a déjà de la demande, on va remplir tout ça en un tour de main », se félicite-t-elle.

À l'instar de Miscon, le village de Beaumont-en-Diois attire de plus en plus. De 40 habitants dans les années 1960, on est passé à 120 aujourd'hui ; la commune s'enorgueillit de 10 enfants en primaire et les confinements à répétition ont amplifié le phénomène. Depuis la Covid-19, des familles entières se sont réfugiées dans leur maison secondaire et, pour la plus grande satisfaction de « Zaza », certains souhaitent désormais rester à l'année.

Tout comme son collègue de Recoubeau, Isabelle passe plusieurs heures par semaine à rédiger des « signalements » concernant les problèmes de téléphonie fixe. À Beaumont,

1. Cf. Gaspard Koenig, *Notre vagabonde liberté. À cheval sur les traces de Montaigne*, éditions de L'Observatoire, 2021, et les revendications de son mouvement « Simple », qui formule des propositions radicales de simplification des normes administratives.

les câbles de cuivre sont vieillissants, les fils téléphoniques entre deux poteaux peuvent rester longtemps à terre, et les coupures de ligne sont fréquentes. Elle aussi est dotée d'un « I. P. » et voit souvent arriver au village des sous-traitants mal équipés. Combien de fois son propre mari a-t-il grimpé lui-même au sommet d'un poteau téléphonique pour le réparer !

Depuis l'ouverture à la concurrence, Orange, l'opérateur historique, n'est plus censé élaguer, cette obligation étant déléguée au riverain. « Quand ça tombe sur un papi qui n'a pas les moyens, Orange est prompt à mettre des amendes, ça ne va pas, ça ! », explique Isabelle, mécontente, qui tient à me montrer la cabine téléphonique du village censée être accessible « PMR[1] ».

Nous avançons jusqu'à l'entrée du village, au milieu d'un troupeau de moutons qui se déplace lentement. Depuis qu'Orange a « adapté » cette cabine, elle est devenue la risée de tous : « On pouvait tout imaginer, sauf ça, explique Isabelle, hilare, faisant mine de prendre le combiné. D'abord il n'y a pas de tonalité, deuxio, c'est censé fonctionner avec des cartes prépayées que personne ne vend dans le Diois, et tertio, on l'appelle plutôt la cabine de douche, car ouverte à tous les temps ! »

Beaumont aussi s'est longtemps retrouvé en zone blanche. Au cœur du village, personne ne captait rien ; seuls les habitants du haut (dont Isabelle) réussissaient de temps en temps à récupérer un faible signal. Du coup, les gîtes peinaient, les livreurs se perdaient (l'adressage postal n'était pas encore

1. Personne à mobilité réduite.

terminé) et les administrés se plaignaient. Pour sortir de cette zone blanche, il a fallu poser un pylône de réception dans une région où les sceptiques vis-à-vis de la Covid, du masque, des compteurs Linky ou des ondes sont légion ! « Mais ceux qui se plaignent sont souvent aussi ceux qui exigent une connexion », se gausse Isabelle, encore excédée à l'évocation de ces postures.

En 2017, la maire organise une consultation populaire sur le sujet, qui obtient une réponse positive. Pour un euro symbolique, son deuxième adjoint cède un terrain sur lequel s'élèvera le fameux poteau, électrifié par la Région[1]. Fin 2020, de satellitaire, la transmission devient hertzienne, donc plus stable. La maire s'en félicite : depuis son portable, elle parvient enfin à envoyer ses messages aux habitants.

La vraie angoisse de « Zaza » concerne la raréfaction de la vocation : « Si être maire revient à exécuter ce qu'on me dit d'en haut, avec un cadre à chaque fois plus contraignant et toujours davantage de normes, c'est pas intéressant. J'en ai marre de prendre des coups pour des décisions qui ne sont pas les miennes, donc, moi j'arrêterai », annonce-t-elle clairement, renfonçant la tête dans le col de son gros pull en laine jaune.

★
★ ★

Que deviendrait la France sans ces admirables vocations au service de tous et de l'État ? On aimerait que des femmes et des hommes, comme ici, à Miscon, Recoubeau-Jansac et

1. Plan de résorption des zones blanches.

Beaumont-en-Diois, continuent à avoir envie d'être élus, car sans eux, le fil ténu soudant ceux qui vivent sur place risque de disparaître.

Victime de son succès, le Diois est un territoire où se heurtent des populations d'origines diverses. Ses autochtones sont le plus souvent mécaniciens, fonctionnaires locaux ou issus de milieux agricoles. Les populations arrivées plus récemment sont en reconversion, se rêvent artisans, voire artistes, proposent un autre rapport au travail et imposent parfois maladroitement leur vision du rapport humain à la nature.

Quand les uns veulent changer les habitudes des autres ou si, pour d'obscures raisons de jalousie (un sentiment terriblement humain à ne jamais négliger[1]), les relations s'enveniment jusqu'à devenir violentes verbalement et/ou physiquement, la cohésion de l'ensemble est menacée.

Regardons ces divisions de face, car elles forment les contours de la nouvelle France.

---

1. En 2014, après quelques années lucratives, le très médiatique « camp Nicolas-Vanier », du nom de son illustre créateur, a été contraint de quitter son village du Vercors, officiellement pour des raisons économiques. En 2019, un groupe de particuliers réunis dans l'Association pour la protection des animaux sauvages (Aspas) a racheté 500 hectares sur le site de Valfanjouse pour créer une réserve en libre évolution, où faune et flore pourront se développer sans aucune intervention humaine. Leur but est de retourner à l'« ensauvagement » naturel, c'est leur quatrième site en France. Cristallisant de fortes tensions entre deux visions de la ruralité, ce projet a suscité l'opposition d'une partie des agriculteurs, éleveurs et chasseurs locaux au point qu'ils ont organisé une manifestation à Crest pour dire « non au réensauvagement » dont j'ai entendu parler jusque dans le haut Diois. Cf. « Ils arrivent avec leur pognon et disent : écartez-vous, c'est nous qui allons sauver la nature », « Dans le Vercors, tensions autour d'une réserve de vie sauvage », *Le Monde*, 8 octobre 2020. Sur ce sujet, lire aussi Baptiste Morizot, *Raviver les braises du vivant* (Actes Sud, 2020).

-5-

SAINT-MAIXENT-L'ÉCOLE

En fait, ça sert à rien de voter par dépit.
Pour vraiment changer les choses,
est-ce qu'il ne vaudrait pas mieux, carrément,
que plus personne ne vote ?

Valentin

À Pallu, village au nord de Saint-Maixent-l'École, dans les Deux-Sèvres, le Magnerolle, l'un des plus beaux ruisseaux à écrevisses à pieds blancs de France, a pris des airs de torrent. Il déborde et nous barre la route. Résignés, le conducteur et le passager du siège arrière modifient l'itinéraire. En remontant le cours de la Sèvre vers La Mothe-Saint-Héray, ces deux pêcheurs passionnés et grands connaisseurs du territoire ont décidé de me montrer ce que Philippe Gautier, un grand gaillard barbu de 67 ans, président des pêches sportives de Saint-Maixent, nomme le « grabuge ».

« On sort à peine de quarante années catastrophiques, s'emporte le pêcheur. Nos rivières ont été curées, puis remises droites à la pelleteuse. Regardez ici, on dirait un canal ! On a arraché leurs haies pour composer de plus grandes parcelles, on les a recalibrées pour les soustraire aux crues et aux effets hydrauliques, mais la réalité, c'est qu'on a tout faux ! » Nous nous immobilisons sur un petit pont et descendons de voiture. Ici, grâce aux actions de « renaturation » impulsées par Philippe Gautier et ses bénévoles, le Pamproux, principal affluent de la Sèvre Niortaise, très impacté par les pompages agricoles, a retrouvé un aspect proche de son état naturel d'origine. L'eau y est limpide et les poissons circulent sans obstacle. « Sur 1 400 mètres de rivière, on a investi 79 000 euros en trois ans. C'est devenu un paradis où l'on voit revivre des populations reliques de truites ancestrales qui offrent quelques centaines de prises en plus aux pêcheurs… bon, les truites se reproduisent, mais leurs alevins ne survivent pas, j'ai plus d'herbier, plus d'invertébrés, plus de libellules, plus d'éphémères ni de porte-bois ni de gammares[1] ni de petites espèces, plus rien, tout est mort ! se désole le président des trois cents pêcheurs locaux[2]. Nous, on est les sentinelles du bord de l'eau, des lanceurs d'alerte, si vous voulez. Mais bientôt y'aura plus personne, se renfrogne Philippe. Avec tout ce qui a été versé dedans, nos rivières ne contiennent plus que 20 % de ce qu'elles devraient contenir ! Ensuite, on se demande pourquoi, à l'autre bout, dans la baie de l'Aiguillon, ils n'arrivent pas à élever moules et huîtres ! », tempête le retraité, amoureux inconditionnel de la nature et plus précisément de la Sèvre Niortaise, ce fleuve côtier qui prend sa source à une vingtaine de kilomètres de Saint-Maixent pour couler vers Niort avant d'irriguer le Marais poitevin et finir dans la baie de l'Aiguillon.

« Tout le monde oublie que le point de départ est la qualité de l'eau, répète Philippe en m'assurant que les services de l'État, avec qui il est en contact étroit, viennent toujours observer ce qu'il fait, s'en félicitent même… sans vraiment

1. Crevettes.
2. Dans les années 1970, on en comptait plus de quinze cents.

se rendre compte de l'étendue du désastre, car mesurer son ampleur remettrait en cause des décennies de politiques nationales et locales, de droite comme de gauche. Tiens, La Villedieu-du-Perron est un village sans station d'épuration. Tout s'écoule dans le Pamproux, donc dans la Sèvre, se désole-t-il. Quand il pleut, les jus nocifs du compost de déchets verts ainsi que ceux de la plate-forme de bois traités de la déchetterie entre Saint-Maixent et La Mothe rejoignent aussi la rivière… Un scandale, alors que tout est piloté par les maires et que nous sommes situés en pleine zone-ressource ! »

Jusqu'en 1987, Philippe Gautier possédait un magasin de pêche dans le vieux centre de Saint-Maixent. Il l'a fermé parce que « la rivière était morte » et que les pêcheurs se faisaient rares. Quand on lui demande le nom des responsables du désastre, sa réponse est claire : ce sont les politiques et les agriculteurs céréaliers des Deux-Sèvres qui ont trop longtemps directement pompé l'eau des rivières pour irriguer leurs cultures, puis, lorsque cela n'a plus été possible, pompé par forage les nappes phréatiques – comme ils y sont autorisés de réglementation en réglementation – sans se poser de questions et ce jusqu'aux années 1989 et 1990, lorsque, par deux fois, le département a frôlé la catastrophe : le manque d'eau potable. Les nappes phréatiques et les tuyaux de la station de traitement étaient secs, mais les rigoles et fossés des champs de céréales coulaient à flots, désignant les coupables.

Le cours supérieur de la Sèvre Niortaise est dédié à l'eau potable, et pourtant son débit – pratiquement toujours inférieur au seuil d'alerte malgré les hivers pluvieux et les inondations – est en péril. « Il est même arrivé, révèle Philippe Gautier, ancien employé du Parc naturel du Marais poitevin[1], que le nord du département soit alimenté en eau potable par les eaux de la Loire ! Et ça, personne ne le sait ! C'est parce que nos politiques ont laissé les irrigants (agriculteurs céréaliers) prendre les manettes de l'eau potable ! Dans notre coin, les présidents des deux syndicats de l'eau sont des céréaliers ! Tout ce que disent les politiques sur ce sujet, c'est du flan, c'est pour pas reconnaître leurs erreurs passées. La réalité, c'est que nous nous sommes peu à peu éloignés de la nature, et que cette dégradation avance beaucoup plus vite que les gains ! » La colère de Philippe est profonde. « Dans les Deux-Sèvres, l'eau potable est chère, mais celui qui la boit ignore les raisons de ce prix. C'est tout simplement parce qu'elle vient de la Sèvre fortement polluée et que le contribuable paie pour sa dépollution ! » Pour remédier à cette rareté de l'eau, il a été décidé que seize « bassines », ou retenues de surface, seraient construites sur plusieurs années[2] le long de la Sèvre Niortaise. Très

1. Déclassée parce que la culture du maïs y avait été autorisé, la zone humide du Parc a été reclassée « Natura 2000 » grâce aux efforts de Ségolène Royal puis de Delphine Batho. En quelques années, le Marais poitevin est passé de 100 000 hectares à 18 000 hectares, sa surface actuelle.

2. Cf. *La Croix*, 12/08/2020 à 09:58 modifié le 12/08/2020 à 14:05, par Guillemette de Préval : « Dans les Deux-Sèvres, il s'agit de bassins creusés artificiellement et étanchés par des bâches. Ils sont alimentés pour une faible part en eau de pluie interceptée par leur surface mais consommée par l'évaporation en été, et surtout en hiver, par voie de pompage des nappes phréatiques (qui ont tendance à vite se recharger dans le bassin Sèvre Niortaise quand l'hiver est pluvieux et dont les débordements sont nécessaires pour conserver l'humidité du Marais poitevin). Ces retenues serviraient à irriguer, de façon contrôlée par mesure des débits de pompage, les cultures pendant l'été. (...) Le projet conditionne l'accès à l'eau pour les 500 agriculteurs des quelque 220 fermes du département à une obligation de s'engager dans une démarche

décrié, le projet a finalement abouti fin 2018 à un protocole d'accord entre agriculteurs, puissances publiques et associations écologistes[1].

Écouter Philippe Gautier, c'est prêter attention à la désolante absence d'initiation à l'environnement, ici, en France, alors que dans les pays anglo-saxons, dès l'enfance, on apprend à respecter la nature ; c'est aussi plonger dans les relations opaques, quasi incestueuses, entre ceux qui nourrissent (les agriculteurs, et plus précisément, dans les Deux-Sèvres, les céréaliers, propriétaires d'exploitations d'une surface supérieure à 2 000 hectares), et ceux qui gèrent, les uns ayant besoin des autres pour produire toujours plus… et se faire réélire. C'est enfin prendre conscience que les céréaliers mènent la danse depuis si longtemps qu'ils « tiennent » les chambres d'agriculture locales sans que personne s'en offusque. Bref, le discours de Philippe Gautier est aussi désespérant qu'instructif…

*
* *

De l'autre côté de la Sèvre, un peu plus au sud, à Saint-Martin-de-Saint-Maixent, Nathalie et Jean-Philippe, la cinquantaine, ont profité de ce que leurs trois enfants ont quitté le domicile parental pour abandonner la région pari-

plus agroécologique : utiliser moins de phytosanitaires, reconstruire les sols, planter des haies, éviter les labours trop profonds, multiplier les rotations de parcelles… »

1. Philippe Gautier, qui a participé aux négociations, se targue d'avoir réussi à faire sauter une retenue sur les dix-neuf initialement prévues.

sienne et venir ouvrir un restaurant sur l'eau à la veille du premier confinement. « Après avoir visité ce terrain avec de l'eau et sans promiscuité de voisinage, tout comme on voulait, on s'est baladés dans le centre de Saint-Maixent, et là on s'est dit, euh, qu'est-ce qu'on fait… ? », raconte Nathalie en déposant sur la table trois assiettes fumantes de riz-brocoli au curry puisque, fermeture de tous les restaurants oblige en raison de la crise sanitaire, on me propose un repas partout où je passe. « Face aux devantures sombres des boutiques fermées, on avait l'impression que les commerçants venaient de fuir, qu'ils avaient tout laissé en plan, comme si la ville avait dû faire face à la peste, raconte-t-elle. Heureusement, dans une boutique de déco du centre, la propriétaire nous a assurés que la clientèle était très fidèle, ça nous a reboostés, on s'est dit : allez on achète ! »

Géographiquement, le choix a été rapide : le sud de la Loire, mais pas trop loin de Paris, pour continuer à rejoindre facilement en train amis et enfants. Méthodiquement fouillés, les alentours de Niort et de Poitiers se sont vite détachés. « Il me faut moins de temps pour rejoindre Paris d'ici que j'en mettais de ma lointaine banlieue ! » s'amuse Nathalie dont le rêve serait de proposer quelques chambres pour offrir « un mini-break à des Parisiens stressés, des gens comme nous ! ».

La vente du domaine actée, Nathalie et Jean-Philippe s'empressent de présenter leur projet à la mairie de Saint-Maixent-l'École, où ils sont accueillis avec joie par l'équipe en place. Ainsi est né Le Grill du Moulin, ouvert en août 2019 par Jean-Philippe, aux fourneaux, ancien partenaire de la chaîne franchisée Class'Croûte, et son épouse Nathalie, en salle.

Ouvert, puis refermé pour travaux, Le Grill rouvre le vendredi 15 mars 2020, le jour même de l'annonce du premier confinement, dont les patrons sont informés par les clients attablés. « J'arrive pas à comprendre la psychologie de ceux qui ont pris cette décision, avoue Jean-Philippe à qui cela n'a pas du tout plu. Je suis une entreprise en création et d'un coup on me dit tu peux pas travailler, tu fermes et t'attends que ça se passe ! » Crispé par ces mauvaises nouvelles, le couple éteint toutes les chaînes de télévision en continu et cogite. Jusqu'à ce matin où Jean-Philippe, qui venait d'achever un cours de cuisine coréenne à Paris et se refuse au désœuvrement, trouve la solution : puisque la cuisine du Grill est impossible à livrer, ils feront des sushis à emporter ! Et qu'importe s'ils n'ont ni riz, ni feuilles d'algues et encore moins l'expérience de ce type de cuisine ! Avec l'aide de leurs enfants, le couple crée une page Facebook, un site internet et un logo (le buste de leur père stylisé, couteau japonais dans la main droite, paire de baguettes dans la gauche !) et obtient un emplacement sur le marché du samedi matin de Saint-Maixent. Nathalie l'avoue : « On a démarré grâce à Amazon ! », à qui elle commande le riz et les feuilles d'algues. Hypermotivé, Jean-Philippe livre lui-même ses plats. Rapidement, les commandes affluent. Sur la page Facebook du restaurant, une Japonaise, anthropologue de formation, installée à quinze kilomètres, propose ses services. « J'ai honte de le dire, mais le confinement nous a fait nous développer et engager quelqu'un ! » glisse Nathalie.

Un an plus tard, le couple a repris Le Grill mais continue les sushis, ayant même acquis une boutique face à la mairie de Saint-Maixent, tenue par Maliko ! « Tout le pays était bloqué, mais nous on voulait faire passer le message à nos enfants qu'il est toujours possible d'être réactif et de ne pas subir, insiste Jean-Philippe qui ne regrette pas une seconde d'avoir abandonné son ancienne vie. Ici, au moins, les gens vous prêtent attention et vous disent bonjour. » Nathalie, qui tourbillonnait dans une vie très parisienne, a d'abord été perturbée par le départ de sa fille du domicile conjugal, mais aujourd'hui, elle ne regrette rien. « En vivant à Paris, on est persuadé que la France entière va très mal, mais, en dehors de la bulle parisienne, faut dire la vérité, tout va bien ! », s'amuse-t-elle aujourd'hui à répéter aux copines restées dans la grande ville. « Si c'est chic de faire la gueule et qu'on a pu adhérer à ça un moment, ajoute Jean-Philippe, qui s'est remis en cause en passant de la direction de ses cent quarante restaurants franchisés au lavage du sol de son nouvel établissement, eh bien, je préfère être plouc, mais ne pas faire la gueule ! J'ai pas peur de dire que Paris est une ville imbuvable ! »

Le couple se dit bluffé par les capacités de réaction de l'État français concernant la gestion des conséquences de l'épidémie. « On n'a vraiment pas le droit de se plaindre », insiste Jean-Philippe, écolo dans l'âme, mais choqué qu'Éric Piolle, le maire de Grenoble, lors d'une interview télévisée[1] le matin même, n'ait pas dit « monsieur Macron » en parlant

1. Cf. « Bourdin Direct » sur BFMTV, le 29 mars 2021.

du président, mais « Macron » tout court ! « Comment cet homme peut-il prétendre à un destin national s'il ne montre pas le moindre respect pour cette fonction ? »

Savourant leur quiétude au bord de la Sèvre dont les remous et changements de niveaux font l'objet de leur attention constante, Nathalie et Jean-Philippe se sont reconnectés à la nature, mais aussi à la « vraie valeur des choses ».

*
* *

D'autres Parisiens ont élu domicile sur la Sèvre, qui, décidément, attire. Avant d'emménager dans leur maison rénovée, un ancien séchoir de tannerie du XIVe siècle sur la presqu'île de Saint-Maixent, Valentin, 31 ans et Alix, 34 ans, résident à Azay-le-Brûlé dans un ancien corps de ferme auquel ils ont ajouté un mobile home.

Certains éclats du pull pailleté d'Alix scintillent au gré de ses mouvements quand elle épluche les pommes de terre et carottes dont nous nous régalerons au dîner. S'emparant d'un poireau, cigarette roulée au bec et feutre noir bien ajusté, Valentin lui aussi se met à trancher et à couper. Devant leur porte trône un camion de pompiers rutilant, déniché sur le site du Bon Coin, et aménagé par Valentin pour voyager en toute autonomie. Installé depuis quelques mois, le jeune couple gère le tiers-lieu « quartiers libres », en plein centre de Saint-Maixent, subventionné par la communauté de communes. Le terme de « tiers-lieu[1] » désigne l'ensemble des espaces physiques qui, n'étant ni la maison ni

1. https://www.la-croix.com/France/Politique/Le-gouvernement-mise-tiers-lieux-recreer-lien-social-2020-02-03-1201075914

le travail, permettent à des personnes de se rencontrer et de pratiquer des activités en commun : associations culturelles, garages solidaires, jardins partagés ou toute autre forme de création[1]. Depuis trois ans, leur nombre explose[2].

« Il s'agit de *coworking* pour entrepreneurs, résume Valentin et, en tant que designer, j'adore l'idée de travailler pour une institution publique. Même si on sera sûrement critiqués, parce que la politique finira bien par s'en mêler… »

En répondant en été 2020 à l'appel d'offres public de la communauté de communes, le couple voulait contribuer à une nouvelle forme de développement démocratique. En février 2021[3], le tiers-lieu, installé dans l'ancienne salle de bal du mess des officiers de Saint-Maixent, compte quatre adhérents sur les seize places disponibles.

Alix et Valentin se sont rencontrés dans un atelier partage parisien et rêvaient d'en recréer un. Pour le prix d'un abonnement à un club de gym, le Techshop Atelier de 2 000 mètres carrés de Leroy-Merlin à Ivry-sur-Seine a accueilli sept jours sur sept tous les adeptes du Faire-soi-Même (« *makers* »), bricoleurs, étudiants, designers, offrant l'accès à des machines semi-industrielles. Dans cette mini-usine collaborative où tout était à disposition pour innover, prototyper et réaliser ses projets, on pouvait essayer des ateliers spécialisés dans le textile, le métal, le bois, l'électronique, le plastique, l'impression 3D ou l'informatique.

1. https://www.maddyness.com/2021/01/06/tiers-lieux-business-model/

2. Selon le rapport de l'association France Tiers-Lieux, publié le 27 août 2021, il est passé de 1 800 en 2018 à 2 500 en 2021 et devrait atteindre 3 000 fin 2022. Cf. Jules Thomas, « Les Tiers-Lieux, laboratoires du monde d'après, *Le Monde*, 28 août 2021 ».

3. Pour un montant de 150 euros mensuels.

Depuis le début de l'année, au tiers-lieu de Saint-Maixent, Alix et Valentin proposent débats et conférences pour faire connaître le territoire et discuter de « collapsologie » ou de « co-anxiété », des thèmes qui les préoccupent[1]. « Dans ce lieu-ressource, cet espace de travail partagé doté de différents outils pour recevoir des clients, on travaille en dehors de chez soi et on crée une communauté professionnelle, » précise Alix, qui, à dessein, n'emploie pas le mot « collègue », vieilli. « C'est une communauté de passionnés qu'on retrouve entre la maison et le bureau », affine Valentin. Si chacun nuance sa définition du « tiers-lieu », l'engouement répond à la lassitude de l'entre-soi parisien. « Concrètement, on a été embauchés pour apporter des compétences qui n'existaient pas ici, et surtout, pour les partager ! », résume la jeune femme avec le sourire.

Alix s'est lancée dans la culture en aquaponie sous serre, un système où culture de plantes et élevage de poissons sont associés. Pendant qu'elle cuisine, Valentin me montre l'aquarium où évoluent les poissons et grâce auxquels pousseront mâche, roquette et fraises « maison ». Une imprimante 3D à découpe laser trône dans l'atelier. De mère anglo-américaine, un père DJ, Alix a grandi dans le Perche où sa famille paternelle gère une brasserie dont elle a dessiné une étiquette de bouteille. Valentin est parisien. Dans

1. Tous deux me citent les travaux de Pablo Servigne, ingénieur agronome et docteur en biologie, qui a conçu le concept de « collapsologie » et une « philosophie de l'entraide » en étudiant les fourmis. Cf. Pablo Servigne et Raphaël Stevens, *Comment tout peut s'effondrer, petit manuel de collapsologie à l'usage des générations présentes* (Points Seuil, 2021).

ces Fab-Lab[1], véritables pépinières de talents, tous deux aiment « concevoir, produire, réparer » mais aussi former. Ils appartiennent à cette nouvelle génération qui refuse le tout-industriel et l'obsolescence programmée.

« Changer notre manière de vivre, c'est d'abord accepter le concept de suffisance. Ça veut dire que j'arrête de travailler sur la start-up nation et que je trouve un truc à retaper ! Par exemple, ma maison, ici, devient prétexte à rencontrer un territoire ! », explique Valentin, convaincu des bienfaits de l'économie circulaire et écologique.

Ainsi s'explique l'implication personnelle et professionnelle d'Alix et Valentin à Saint-Maixent, deux « *makers* » heureux de transmettre. « On travaille seuls, par nous-mêmes, on crée notre propre emploi », insiste Valentin, expliquant que dans leur maison, le couple sera chauffé par un poêle de masse qu'ils auront eux-mêmes fabriqué. Valentin réfléchit aussi à une éolienne et cherche à utiliser les ressources de la rivière. « Le but dans la vie c'est de ne pas s'ennuyer ; parfois, il faut le redécouvrir », insiste-t-il.

Valentin ne se glorifie pas que la France soit la cinquième puissance mondiale. Il a honte de l'histoire de France et ne s'en cache pas. « On est issus d'une histoire vraiment sale, comme la colonisation en Afrique, ou la Révolution, qui est en fait une révolution de bourgeois pour se goinfrer encore plus ! »

1. Les « Makerspaces », tout comme les « Fab-Lab » (de l'anglais *fabrication laboratory* ou « laboratoire de fabrication »), sont au départ des ateliers numériques partagés aux États-Unis. Les Tech Shop de Leroy Merlin s'adressent aussi bien aux entrepreneurs et aux designers confirmés qu'aux étudiants ou aux simples bricoleurs du dimanche, fans de DIY, *Do It Yourself* et encouragent l'entraide entre passionnés.

Il reconnaît en revanche la richesse culinaire de la France et la place qu'y tient l'artisanat « et son savoir-faire inégalé ».

En évoquant l'élection présidentielle à venir, il avoue avoir eu le désir d'y participer pour « représenter au maximum le peuple français », puis avoir changé d'avis : « En fait, ça sert à rien de voter par dépit. Pour vraiment changer les choses, est-ce qu'il ne vaudrait pas mieux, carrément, que plus personne ne vote ? » lance-t-il, très sérieux, faisant tout de même remarquer qu'il continue de déposer son bulletin dans l'urne aux élections locales.

Le jeune Parisien exilé représente cette génération pour qui l'action personnelle compte davantage que le vote lui-même, considéré comme la délégation de son pouvoir à quelqu'un d'autre, donc faillible. Il ne se déplacera pas pour l'élection présidentielle, parce que le vote blanc n'est pas pris en compte, mais aussi pour exprimer par l'abstention son désaccord avec les règles. « Pourtant, les débats politiques me passionnent ! » insiste-t-il avant de rallumer son clope et raviver le poêle à bois.

*
* *

Karine, 50 ans, est cancalaise. À Saint-Maixent, la mer lui manque, et aussi sa mère, restée en Bretagne. Depuis six ans, cette ex-assistante maternelle vit dans une vieille maison de caractère agrémentée d'un jardinet rue du Faubourg-Charrault, en plein centre de Saint-Maixent. Elle l'a achetée à crédit aidée par ses parents, et non par la banque, fière également de n'avoir rien demandé à son mari après leur divorce.

Après un mariage malheureux, raison de son implantation dans les Deux-Sèvres, Karine savoure son indépendance totale, quoique tardive. Elle souhaiterait réorienter sa vie grâce à l'écologie : « Mon père, ancien mécanicien de la Marine nationale, faisait son potager. Petits, on allait chercher le poisson au cul du bateau, c'était l'entraide au quartier. J'ai eu envie de reconstituer ça ici ! », explique-t-elle, lunettes sur le haut du crâne, tirant sans cesse des deux mains vers le bas son ample jupe à pois, comme pour la lisser.

« La vie t'apporte ce que tu dégages », précise Karine, qui n'a consenti à déménager de Rennes à Saint-Maixent que pour que ses deux enfants puissent se rendre à pied au lycée. Redoutant la chaleur, elle ne serait pas descendue plus au sud.

Au début de sa vie professionnelle, Karine a travaillé deux décennies dans les assurances… pour plaire à sa mère, ce dont elle s'est rendu compte bien plus tard. « J'ai toujours fait ce qu'on attendait de moi, avoue la cinquantenaire en chaussons à pois colorés, alors que nous nous sommes rapprochées du poêle qui ronronne. J'ai pas été éduquée à me remettre en question ni à réfléchir, et j'suis pas très bonne pour l'introspection… J'ai vu ma mère passer sa vie à attendre, j'veux pas faire pareil. » Tasses de café brûlantes à la main, nous nous faisons face dans ce salon décoré de marionnettes du Népal et de margouillats[1] collés aux poutres blanches, lointains souvenirs d'une enfance djiboutienne, quand son père y était stationné.

1. Différents types de salamandres et lézards gris d'Afrique.

« C'est comme si j'avais vraiment grandi à l'âge de 40 ans, quoi », autoanalyse-t-elle.

Sur un site de rencontres Karine a fait la connaissance d'un homme féru du Moyen Âge. Quand elle lui fait visiter sa cave, tous deux découvrent que l'espace est infesté par la mérule, un champignon parasite du bois. C'est une mauvaise et une bonne nouvelle : pour la sécurité des fondations de sa maison, Karine doit se débarrasser de ce champignon, mais surtout, elle réalise qu'il est possible de faire pousser des champignons dans son sous-sol. Son compagnon suivant, un ancien commercial d'une maison d'édition parisienne devenu permaculteur, la soutient dans ce projet et l'entraîne dans des réseaux de passionnés du sujet. « Il était aussi membre de l'association contre l'installation des bassines », se souvient Karine qui, à cette évocation, se lève et déambule à pas feutrés. Un soir, au Journal régional de France 3, Karine tombe sur un sujet à propos des pleurotes, ces champignons comestibles cultivables chez soi. Elle s'imagine déjà en produire dans sa cave voûtée de 40 mètres carrés et faire ses premiers pas en vente directe.

Pressée et déterminée, Karine identifie quatre lieux où sa future marchandise pourrait être distribuée : l'AMAP[1], dont

1. Une AMAP est une Association pour le maintien d'une agriculture paysanne qui crée un partenariat entre un groupe de consommateurs et une ou plusieurs fermes locales dans le but de développer une agriculture respectueuse de l'environnement, durable et de proximité. Elles distribuent des « paniers » composés des produits frais de la ferme (fruits, légumes, œufs, fromage). Leur concept est né dans les années 1960 au Japon et se développe en France, permettant aux consommateurs de s'engager à l'avance pour acheter ces paniers.

elle est elle-même cliente, un ami maraîcher bio qui réside à trente kilomètres, un restaurant à Azay-le-Brûlé, un autre ami producteur local. Pourtant, après une formation d'une semaine financée par son compte personnel de formation, elle déchante : « Pour la livraison bimensuelle des ballots ensemencés pesant chacun quinze kilos, je vais avoir un souci d'accessibilité à ma cave. Du coup, les formateurs me conseillent de trouver un autre lieu. »

Pour pénétrer dans la cave de Karine, il faut en effet ouvrir une trappe et péniblement dérouler un escalier pliant. Même en construisant un escalier classique, « décharger et stocker physiquement quatre-vingts sacs tous les mois, en remonter la production tous les jours, ça va pas l'faire… », maugrée-t-elle.

Malgré ses déboires personnels et professionnels, Karine n'abandonne pas son projet. Sitôt rentrée de formation, elle démarche le maire qui lui fait visiter les caves du cloître des moines, à moins de cinq cents mètres de chez elle. Cependant, l'accès à ces deux cents mètres carrés de surface n'est envisageable que dans deux à trois ans. « Cet endroit me conviendrait parfaitement ! Dans le centre-ville, beaucoup de caves sont inutilisées et je ne sais pas moi, peut-être que le champignon pourrait devenir un produit phare du coin et que ces caves pourraient figurer sur un parcours touristique, puisque la mairie cherche à en créer un ! C'est pas mal parti, mais il me faudra trouver un financement… et comme je triple la surface de culture, les montants d'installation augmentent aussi », expose-t-elle, enthousiaste.

Avant de voter écolo, à chaque premier tour de présidentielle, Karine a longtemps voté pour Arlette Laguillier dont les convictions « chevillées au corps » l'épatent. Mais aujourd'hui, elle ne croit plus en la révolution : « Ça marchera jamais parce qu'on est dirigés par des lobbies. Ma révolution à moi n'est pas politique, je la fais toute seule à mon niveau personnel en modifiant mon mode de vie », lance celle qui se refuse à admettre que manger bio est cher, s'est remise à cuisiner et à faire du troc. Aujourd'hui, Karine est d'ailleurs habillée « en Delphine », son amie assistante sociale à l'hôpital psychiatrique du coin, dont elle porte la jupe, le collant et le pull à col V.

*

* *

On sait depuis la pandémie de coronavirus qu'il vaut mieux ne pas plaisanter avec certains sujets de santé publique. Cette tendance a commencé quand les sujets écologiques ont fait irruption dans la vie publique, tant au niveau mondial qu'au niveau local, où de plus en plus de maires admettent la catastrophe.

C'est le cas à Saint-Maixent, cette « ville à la campagne » coincée entre Poitiers et Niort. Gérée pendant trente et un ans par un professeur d'université encarté à l'UMP[1], depuis mars 2020, malgré un faible taux de participation, la ville a élu au premier tour un Saint-Maixentais de 29 ans affilié depuis le scrutin au parti Génération Écologie de Delphine Batho, députée des Deux-Sèvres[2].

1. Léopold Moreau a été maire de Saint-Maixent-l'École de 1989 à 2020.
2. 48 %.

« Je connais Stéphane Baudry depuis qu'il a 10 ans. Mais qu'est-ce qu'il peut faire ? Déjà que personne n'arrive vraiment à expliquer correctement les processus écologiques en cours... Au moins, on va dire, Stéphane voit ce qui se passe et ça le touche ! », souligne Philippe Gautier le pêcheur, qui entend mener des actions-pilotes avec la municipalité pour que les habitants se réapproprient leur environnement. Tâche ardue, car gérer une municipalité ne suffit pas à influer sur le cours des choses. Stéphane Baudry est aussi premier vice-président de la communauté de communes du haut Val-de-Sèvre, une fonction qui lui donne davantage de pouvoir et une plus grande marge de manœuvre, d'autant que certains maires des communes environnantes, comme Nanteuil ou Exireuil, sont mus par les mêmes préoccupations écologiques. « Mon prédécesseur a été maire plus longtemps que j'ai moi-même vécu ! s'amuse le jeune élu. Dans son bureau, il n'y avait ni internet, ni ordinateur. Les services de la mairie faisaient tout ! » Plus qu'une différence de génération, en changeant de maire, Saint-Maixent a changé de méthode.

En jean et gabardine bleu marine, au volant de sa Peugeot 307, le maire m'emmène faire le tour de sa « cité historique et militaire » comme on peut lire au rond-point de l'entrée de Saint-Maixent, non loin du Leclerc, du McDo et de toutes sortes d'autres commerces aspirés vers le haut, vers le nord.

En cette matinée de février, la montée du cours de la Sèvre et les inondations potentielles préoccupent l'édile. « Notre ville possède 80 000 mètres carrés de bâtiments désaffectés. C'est à la fois notre trésor historique et ça représente un poids financier, car il faut trouver comment transformer ces lieux, pour la plupart classés, en pôles multi-activités » soupire-t-il. Saint-Maixent doit sa désignation[1] à sa vocation militaire consacrée, depuis la fin du XIXe siècle, avec la seule école de formation des cadres sous-officiers de l'armée de terre de l'Hexagone[2]. « Mon inquiétude, c'est que tout ce bâti retourne aux mains de la Ville, lâche-t-il, alors que, roulant au pas dans le centre, nous nous retrouvons sans cesse nez à nez avec des édifices liés au passé militaire. Tous ces bâtiments vont tomber dans mon escarcelle, mais sans aucun moyen financier ou budgets qui vont avec ! En plus, ce sont des sites classés[3] donc impossibles à déconstruire... », répète le maire, inquiet.

Stéphane Baudry est un ancien professeur d'histoire-géographie en collège et lycée. Il a parfaitement conscience que ce patrimoine parfois très dégradé représente un fort potentiel touristique. Autrefois bâtiment d'instruction, le quartier Marchand, qui abrite le musée du Sous-Officier, pourrait devenir le point de départ d'un circuit touristique. « Mais il y a vraiment trop de bâti ex-militaire sans projets derrière... Loin de moi l'idée de dévaluer ces immeubles, mais il faudrait s'adapter au monde d'aujourd'hui et à ses coûts ! », souligne l'élu, laissant pointer un certain agacement.

1. Appellation publiée au *Journal officiel* le 26 juillet 1926.
2. Depuis 1963, cette école s'appelle l'ENSOA, École nationale des sous-officiers d'active. À vocation interarmes, elle forme chaque année quelque 3 000 futurs cadres sous-officiers de l'armée de terre.
3. Une partie est gérée par les Architectes Bâtiments de France (ABF).

Aux beaux jours, Saint-Maixent produit des « ilôts de chaleur » qu'il faudrait rafraîchir en « aérant » l'espace public, en faisant pénétrer davantage la nature dans la cité. Le maire sait aussi qu'il est fort désagréable de déambuler à pied dans sa ville quasiment sans trottoirs, où les voitures frôlent les piétons et où les poussettes manquent de place. Le jeune maire a décidé de remettre des jeux pour enfants dans les parties communes extérieures de certains quartiers populaires d'où ils avaient été ôtés pour d'obscures raisons. « Je souhaite nous extirper de ce complexe d'infériorité dû à notre identité rurale, déclare Stéphane Baudry qui a vite saisi les enjeux d'une "ville-centre", petite en superficie, mais à haute densité de population. Les querelles d'égo, cette ancienne façon de faire de la politique était très égoïste, lâche-t-il. L'élu notable "sachant" doit s'effacer, ça peut plus exister ça ! », souligne-t-il, encore estomaqué par cet atavique fonctionnement. Baudry sait que, même s'il reste un rouage essentiel, le maire a été relégué au rang de « chef d'orchestre ». « Nos concitoyens s'impliquent quand ce n'est pas fictif, c'est-à-dire quand la parole n'est pas sans cesse confisquée par une minorité », insiste-t-il.

Très engagé dans le milieu associatif, Stéphane Baudry fourmille d'idées, à l'instar de ce sentier des remparts qui pourrait servir à conter l'histoire médiévale locale, mais encore faudrait-il pour cela que les infrastructures hôtelières soient à la hauteur…

En 2021, on ne trouve que deux hôtels à Saint-Maixent. Le premier est fermé pour cause de confinement ; l'autre, où j'ai élu domicile, donne sur l'artère principale et n'est pas particulièrement accueillant. Lors de mes coups de fil de réservation, déjà, le taulier paraissait peu amène. Désireux de réduire au maximum les contacts avec ses clients, il prête en revanche une attention particulière au moindre coût : minuteurs de lumière, distributeurs de savon dans la salle de bains, café en Thermos insipide et tranches de jambon industriel au petit déjeuner. Seul le pain est délicieux, acheté au boulanger du coin. Éviter les rapports humains peut sembler une solution à ceux qui donnent la priorité à l'efficacité, mais c'est une erreur, car l'image d'une ville reste souvent liée à l'amabilité de son hôtelier.

Dans ma voiture, j'avale à la va-vite une quiche achetée à l'une des rares boulangeries ouvertes le lundi. La situation sanitaire n'est pas propice au reportage : nulle part où se poser, nul endroit où boire un café. Le soir, en plein couvre-feu, quand je traverse la place du Marché déserte, je me sens presque hors la loi. Toutes les activités sont quasi arrêtées, même si, quand on allume la télévision, les journalistes y répètent que le télétravail est devenu la norme, ce qui fait bien rire mes interlocuteurs, car le télétravail est difficile à imaginer à l'abattoir de porcs Cooperl Arc-Atlantique, à l'usine de bâches et de petite métallurgie Libner ou à la fabrique de fromage !

Saint-Maixent ne doit son bref arrêt TGV sur la ligne Paris-La Rochelle qu'à son école militaire et son nom n'est mentionné dans les médias qu'une fois l'an, à l'occasion du défilé télévisé du 14 Juillet. Trouée par une unique avenue où les visiteurs passent sans s'arrêter, la ville a des allures de « belle endormie ». Comment amener ces voitures à dévier de l'artère centrale pour s'attarder, même brièvement, dans cette France où pour ouvrir les volets en bois de sa fenêtre, il faut faire l'effort de s'y pencher et d'allonger ses bras ? Cette France dont les portails des maisons obligent à ressortir de son véhicule après les avoir franchis pour les refermer ; cette France des merceries et bonneteries, aux vitrines desquelles sont encore exposés des « ouvrages de dames » à faire soi-même ; cette France des maisons à colombages sises « rue de la Balle » ou « rue du Palais », qui n'ont plus rien de royal et où quelques tourterelles s'égaient malgré la pluie ; cette France au bâti si pérenne qu'il est devenu un poids ; cette France conservée à bout de bras, qui coûte trop cher, mais que, tout de même, on souhaite préserver.

*
* *

« Je n'ai jamais voulu intégrer une équipe municipale, parce que je pense que le monde associatif est beaucoup plus efficace ! Les politiques donnent l'impression qu'ils sont tous corrompus, on peut se demander si ce milieu est sain… alors qu'une association, c'est le terroir, c'est ce qu'il y a de plus vrai ! »

Assis face à moi devant un plateau-repas dans le bureau exigu du Sport Athlétique Saint-Maixent (SASM), le club de rugby local, l'homme qui tient ces propos est un ancien militaire. De sa vie passée à servir la nation sans se poser de questions, Patrick, 57 ans, conserve des cheveux coupés ras et un certain franc-parler.

Au fil du temps, constate-t-il, la source des bénévoles s'est tarie. Dans son club de rugby, il s'estime heureux d'en conserver une trentaine. « Quelle est leur reconnaissance dans une société de consommation comme la nôtre ? Qu'est-ce que l'État fait pour les bénévoles ? Il faudrait les valoriser. C'est grâce à eux qu'on fidélise nos jeunes, voilà le secret ! », répète ce passionné qui, année après année, promeut ce sport aux valeurs qui lui tiennent à cœur, de la maternelle jusqu'en classe de cinquième.

Fils d'agriculteurs sans ferme, Patrick est né ici, a grandi ici, s'est engagé à l'armée, a fait carrière jusqu'au grade d'adjudant-chef pour revenir à Saint-Maixent passer sa retraite. Il s'attriste que sa ville ressemble aujourd'hui à une cité-dortoir uniquement animée par son tissu associatif, dont ce club qu'il codirige et qui accueille de nombreux enfants de militaires[1]. Patrick regrette également qu'avec le temps les quelques usines locales, telle la chaîne de montage de chaussures où s'étaient rencontrés ses parents, aient fermé. Ne subsistent que la fabrique de fromage à Soignon, celle d'œufs à Pampron, l'usine de bâches et le fameux abattoir, où, dit-on, une communauté roumaine implantée occupe les postes que snobent les Français. « Il n'y a pas si longtemps, souligne-t-il, Saint-Maixent s'enorgueillissait de trois sites militaires qui ont été regroupés sur une seule base. Ces lieux classés sont des cadeaux empoisonnés pour la ville. Seulement, par respect pour nos anciens, a-t-on le droit de les démolir ? »

L'aura des militaires préoccupe Patrick : si elle a été ravivée après les plus sombres heures des attentats terroristes

1. Depuis sa création, en 1928.

de 2015, « maintenant, on n'a plus le droit de sortir en tenue » et cette restriction le rend perplexe. Depuis toujours, à Saint-Maixent et dans toute la France, on repère les militaires à leur uniforme, leurs cheveux courts et leur barda vert. « Il me semble que les Français ont besoin de voir leurs militaires en tenue pour être rassurés, pour savoir qu'ils existent. Malheureusement, notre armée n'est mise en avant que quand elle perd des hommes », regrette-t-il.

En situation de crise, la présence « visible » des militaires est à double tranchant : ils sont le dernier recours, mais « personne ne veut vraiment les voir ni même parler d'eux », a remarqué Patrick.

À Saint-Maixent, sur les routes ou dans les champs alentour, la population est habituée à leurs manœuvres. « Ils ont quand même soustrait deux cents hectares à la culture intensive pour jouer à la guéguerre… », m'avait glissé le pêcheur Philippe Gautier. Du coup, sur ces terrains militaires, on retrouve la pureté écologique de la campagne d'antan.

*
* *

Tel celui d'Avon, près du Pamproux, devenu une vraie réserve en biodiversité, ce que souligne le général Franck Chatelus qui dirige l'ENSOA depuis décembre 2020. « Grâce au crapaud sonneur à ventre jaune[1], témoin d'une vie saine dans ces bocages bordés de haies en milieu humide, nous nous impliquons localement dans la protection de la nature ! Concrètement, ça veut dire que nous entretenons

1. Une espèce amphibienne rare et menacée.

nos ornières afin qu'elles se remplissent d'eau de pluie, pour la plus grande joie de ce petit sonneur », souligne le gradé, qui s'amuse de ce que les militaires soient devenus des alliés de tous les défenseurs de la nature, comme ici le site « Natura 2000 » associé à l'opération Fréquence Grenouille[1].

Les vastes baies de son bureau offrent une vue dégagée sur la ville. À 59 ans, le général[2] paraît jeune, et, sans son uniforme, jamais je n'aurais eu conscience que se tient face à moi le plus haut dirigeant de cette vénérable institution. Souriant et détendu, il évoque les rapports entre la ville et son École : « Nos 2 500 à 3 000 stagiaires annuels ne sont que de passage. Ils arrivent, repartent, sont sans cesse remplacés. En permission, nos hommes rentrent chez eux aux quatre coins de la France », avance-t-il pour expliquer le peu de liens durables tissés entre les Saint-Maixentais et l'École, même si quatre cent trente-trois de leurs enfants sont scolarisés dans des établissements locaux, que le club militaire sportif est ouvert aux civils par cooptation et que l'École reste le premier employeur de la commune.

Le général est convaincu que l'armée séduit toujours autant qu'à l'époque où les appelés constituaient son corps principal. Mais il est aussi dubitatif : « Les militaires seraient-ils perturbés par la possibilité de ne plus porter leur uniforme ? » Exprimé autrement, ressentiraient-ils depuis les attentats comme un déni de leur statut ? C'est un cercle

1. https://www.francebleu.fr/infos/environnement/deux-sevres-l-operation-frequence-grenouille-lancee-au-camp-d-avon-par-genevieve-darrieussecq-1614622827

2. Qui achèvera son mandat en 2022.

vicieux : les militaires en service redoutent d'être attaqués parce qu'ils sont visibles, mais s'ils ne revêtent plus leur uniforme, quelle est la garantie qu'ils ne seront pas pris pour cible ? Sans uniforme, le militaire « n'est-il pas privé d'une certaine reconnaissance ? » questionne à voix haute le général.

Patrick, l'ex-militaire rugbyman, est en proie aux mêmes doutes. « Point de vue politique, j'ai l'impression qu'on est dans le grand n'importe quoi… Le chef sur son scooter… Ben, comment tu peux commander après ça[1] ? » Du coup, lui aussi se questionne sur les capacités de nos dirigeants, même si Patrick vote à tous les scrutins. De santé fragile en raison d'un cancer décelé tôt par sa doctoresse, il s'est fait vacciner contre la Covid sans hésiter.

« C'est une femme humble et compétente, à l'écoute… Pourtant, c'est pas du tout attractif d'être médecin ici. »

★

★ ★

Julie Dematteo, 37 ans, la doctoresse de Patrick, réside à Poitiers, à une trentaine de minutes en voiture si l'on emprunte l'autoroute, un peu plus par les départementales. Pour exercer à Saint-Maixent, la jeune femme estime qu'il est plus simple de ne pas vivre sur place. En s'éloignant de sa patientèle, elle peut la soigner.

Comme partout en France, Saint-Maixent-l'École manque de médecins généralistes : neuf seulement pour les 18 500 habitants de l'agglomération. Quatre départs à

1. Allusion au président François Hollande qui était allé retrouver sa maîtresse en scooter, non loin du palais de l'Élysée.

la retraite sont imminents et mille personnes environ ne parviennent pas à se soigner. La municipalité hésite entre créer une maison de santé ou un centre de santé[1]. Pour trancher, il faudrait être sûr de pouvoir attirer des médecins sur ce territoire où 14 % de la population est âgée de plus de 75 ans. Dans ce domaine, chaque municipalité épie ce qui se fait à côté : ici, on a ouvert un cabinet, là une maison de santé avec des salariés.

Sa thèse de médecine achevée, Julie s'est installée dans ce cabinet de quatre généralistes à la demande de ses collègues qui lui ont proposé de s'associer. « J'suis un peu un médecin à l'ancienne, je crois que j'suis pas tombée à la bonne époque. Pour moi, le patient, ce n'est pas que des organes, c'est de l'humain, plusieurs générations, des histoires de famille ! J'aime que mes patients repartent d'ici avec le sourire », souligne la généraliste. Sans doute, par timidité, même avec moi, elle reste derrière son bureau qui fait office de barrière virtuelle, et replie parfois une jambe sous ses fesses tout en parlant. La semaine où Julie s'occupe de ses enfants, partagés en garde alternée avec son ancienne compagne, elle ne peut se permettre le moindre retard. Si c'est son tour de les déposer à l'école, Julie arrive au cabinet un peu plus tard.

Le moral des patients ne s'améliore pas, constate-t-elle. De plus en plus de femmes en situation de fragilité psychologique et sociale se plaignent de maux multiples. Et les

1. Dans un centre de santé, le bâtiment est financé par la ville qui le construit, le loue ou l'acquiert, et les médecins sont salariés, la pratique reste libérale.

médecins spécialistes alentour[1] ne reçoivent pour des rendez-vous qu'après neuf à douze mois d'attente ! Combien de fois Julie a-t-elle dû téléphoner elle-même à tel ou tel collègue pour un dossier !

Comme Julie, Jean-François Palluel, le fondateur du cabinet, renâcle à utiliser les téléconsultations, qui « ajoutent de la distance ». Toujours prêt à soigner, expliquer, rassurer, le Dr Palluel reste toujours très tard, parfois contraint de prendre des rendez-vous jusqu'à minuit ! De garde, il travaille plus de soixante heures par semaine (dans le passé, il lui est arrivé d'en faire quatre-vingt-dix !). « On va où avec notre système en France ? Dans le mur, et on y est presque », assène-t-il avec gravité quand je l'interviewe en fin de journée, son costume bleu foncé à peine froissé, sa fine cravate encore seyante. « Tout ce pour quoi j'ai travaillé pendant trente années est en train de s'effondrer dans l'incompréhension totale des politiques, déplore le médecin. Les politiques ne se rendent pas du tout compte qu'ils sont assis sur une bombe nucléaire : il n'y a plus de médecins en France, et ce choc sera pire que les Gilets jaunes ! », prévient-il, pas amusé du tout.

D'autant qu'il a récemment reçu une lettre du Conseil de l'ordre lui demandant des comptes sur la plainte d'une patiente qui n'avait pas réussi à obtenir de rendez-vous. « Cette dame a raison, je n'ai pas choisi ce métier pour dire non aux gens, et si je laisse sciemment quelques créneaux libres sur Doctolib, c'est pour assurer la prise de rendez-vous des urgences ! affirme-t-il, me tendant une copie de la lettre

1. Il n'y a aucun médecin spécialiste à Saint-Maixent, hormis des dentistes et des sages-femmes, mais on accouche à Niort.

d'explications rédigée à l'attention du président du Conseil de l'ordre des Deux-Sèvres. Dans son courrier, Mme X note avec justesse la difficulté à obtenir des soins médicaux, mais aussi dentaires. Je rappelle que nous, "médecins généralistes" installés à la campagne, gérons aujourd'hui la plupart des urgences dentaires, abcès, douleurs et même parfois extractions… Je pourrais rajouter les délais épouvantables chez les kinés ou les orthophonistes submergés d'appels et de rendez-vous. (…) Je pense sincèrement ne jamais avoir trahi le serment d'Hippocrate depuis bientôt trente ans, et avoir donné le meilleur de ce qui pouvait être du domaine du possible souvent jour et nuit. (…) L'accès aux soins est un droit, mais encore faut-il des médecins pour en assurer l'exercice », conclut-il tristement.

Dans trois ans, Saint-Maixent n'abritera plus que quatre médecins, alors que la ville en a compté jusqu'à douze et que les pathologies ne cessent d'augmenter. Vers 20 heures, après avoir vu une cinquantaine de patients, Jean-François Palluel a encore la force de s'interroger sur les moyens de réformer : « Que proposent les municipalités ? Ici, nous sommes une maison médicale privée avec quatre médecins. Mais si on ouvre des maisons de santé, où trouvera-t-on leurs salariés ? Ce système de salariat ne fonctionnera qu'en maintenant une dose de libéral. »

Palluel n'en démord pas, il répète que l'avenir appartient à ceux qui seront capables de s'entendre et se refuse à devenir un « orientateur », comme on appelle ces jeunes médecins dont le travail n'a rien plus en commun avec la notion de service inhérente au devoir médical. « Petit à petit, on nous a oubliés… On est en train de perdre cette humanité qui nous faisait faire ce métier, on est usés... On nous oblige à tout caractériser, randomiser, faire correspondre aux textes... », poursuit-il. À son avis, Doctolib[1] est une fausse bonne idée, qui a eu pour conséquence principale de priver chaque médecin de la maîtrise de son agenda. Ainsi, la perte en autonomie a été sacrifiée sur l'autel de la pseudo-efficacité.

Marc Normand, 50 ans, le troisième médecin du cabinet, ne partage pas tout à fait cet avis. Ou plutôt, il a changé d'avis avec le temps. Pour lui, les jeunes médecins ont raison d'être prêts à gagner moins pour des horaires moins contraignants. « Les gens hyperstressés consultent, il y a une nosophobie ambiante, déclare-t-il, convaincu que la médecine libérale vit ses dernières années. Quand j'ai commencé, la médecine générale salariale existait seulement dans les hôpitaux. À partir de 2005, elle est montée en puissance. Ici, en Nouvelle-Aquitaine on est démédicalisés, même en Creuse, y'a plus de médecins ! Ceux que je connais s'installent vers Bordeaux, et d'ailleurs, moi aussi, j'aimerais partir... pour une maison de santé par exemple ! », où ses horaires de travail s'étaleraient de 8 heures à 18 heures, où il serait déchargé des tâches de secrétariat, d'informatique et de commandes et où il disposerait de cinq semaines de congés par an. « Bientôt, le médecin de famille n'existera plus ! Recevoir le patient dans un lieu fermé, c'est fini ; on travaillera comme aux urgences, dans des box. Nos jeunes refusent ce côté "médecin traitant", ils n'ont pas du tout envie de créer un lien ! », conclut-il.

1. L'explosion de l'usage de cette plate-forme a été démultipliée avec la pandémie de Covid-19.

En ville comme à la campagne, les patients consultent à tout bout de champ. « Attention, sans médecin, on n'est plus du tout certain de garder la santé... », insiste Jean-François Palluel, fier et honoré que les encarts de journaux annonçant les décès mentionnent encore parfois : « Merci au médecin traitant ».

★
★ ★

Il pleut sans discontinuer depuis hier soir. La Sèvre bouillonne, déborde, sa couleur jaunâtre s'infiltre dans les prés, sur l'asphalte, la gadoue gagne du terrain, mais à l'école primaire et maternelle Pérochon, cette montée des eaux ne fait peur à personne. Depuis trois ans, un vendredi par mois[1], Séverine, 48 ans, une institutrice venue de Normandie, installée à Saint-Maixent pour suivre son mari ingénieur agronome, fait « la classe au jardin » aux moyennes et grandes sections de maternelle. Je l'accompagne ce matin. D'abord, on passe un temps fou à équiper les enfants, excités de sortir, mais lents à ôter leurs chaussures et à enfiler leurs bottes rangées dans leurs casiers. Tous sont censés avoir laissé à l'école une tenue de rechange. Seule une certaine Leïla n'en a pas. Qu'à cela ne tienne, Séverine récupère les chaussures d'un enfant absent et la gamine cesse de pleurnicher. Le temps de me prêter des bottes, une doudoune, et on décolle.

Même si nous n'avons qu'une centaine de mètres à parcourir, dévaler le terrain de l'école par-derrière, ouvrir le

1. Sauf inondation réelle.

portillon et descendre à la rivière reste une expédition. Deux garçons se chamaillent pour aller chercher « la brouette de la maîtresse » remplie de seaux, pelles, sièges pliants pour adultes et autres ustensiles. D'eux-mêmes, les gamins se placent deux par deux et se tiennent la main. Uniquement guidés par la voix de stentor de leur maîtresse à qui ils obéissent instantanément, les enfants s'éparpillent autour de nous. Séverine le sait et joue de sa voix aux intonations tantôt fermes, tantôt douces.

« Pour la plupart, ce sont des gamins des quartiers défavorisés, explique la jeune femme à l'impressionnante chevelure frisée encadrant son visage éclairé par de grands yeux bleu-gris. Ils sont perturbés dans leur vie personnelle en dehors de l'école, ils vivent sur leurs écrans et dans les problèmes de leurs parents, qui, souvent, ne travaillent pas. Je vois tout de suite qui est invité à quel anniversaire, les petits Noirs ne le sont pas souvent... Parfois, on se rend compte que certains ont faim, alors on convoque la maman. Les enfants nous racontent leur vie à la maison avec leurs mots. La plupart ne parlent pas, ils crient. Ils tapent pour s'exprimer... Quand je rends l'enfant au portail, je perçois toute les tensions familiales... Leurs parents les traitent comme des mini-adultes, du coup, il leur manque tout l'imaginaire de l'enfance... Et tout ça ressurgit au jardin ! »

Séverine sait que, toute sa carrière, elle sera témoin de « tous les maux de la société sans rien pouvoir faire », mais pour rien au monde elle ne changerait d'école. « Quand tu te rends compte que tu ne peux vraiment pas résoudre leur mal-être, ça fait mal, ajoute-t-elle, mais tu tiens, car tu te sens utile… Ici, on a de moins en moins d'enfants issus des classes CSP+ et de plus en plus de problèmes, mais pas avec les gamins étrangers, tu vois, plutôt avec les petits Français… ça se paupérise beaucoup. »

Au fond du terrain, des toilettes sèches ont été construites par la municipalité pour éviter que les enfants se retiennent pendant trois heures. « On ne met personne en danger ! Et on ne se met pas soi-même en danger non plus ! », s'époumone Séverine alors que, déjà, la brouette, est prise d'assaut, les enfants se passent les seaux, les « boîtes à observation » à leur nom, bientôt remplies de vers ou d'autres trésors, et qu'ils gambadent, extatiques.

La maîtresse et son atsem savent qu'en fin de matinée ils seront pleins de bouillasse, mais si heureux, et que ce temps passé dehors est aussi utile que de rester en classe. « Un ornithologue est venu parler des différentes espèces d'oiseaux ; un apiculteur leur a montré comment on extrayait le miel[1]. Au printemps, on a fait des plantations qu'on suit. La personnalité profonde de ces futurs adultes se dégage quand je les observe ici, en pleine nature… », souligne Séverine, elle-même fille d'un éboueur et d'une femme de ménage, qui a dû batailler ferme pour faire accepter cette matinée hors normes aux parents.

Une immense bâche est déployée sur laquelle, instantanément, les enfants forment une ronde autour de leur maîtresse. Aucun n'hésite à s'affaler par terre. Séverine a revêtu son poncho de pluie et s'est assise en tailleur, un enfant sur chaque cuisse. Une fillette un peu plus grande se

1. Chaque école de Saint-Maixent est dotée d'une ruche.

colle contre son épaule. Séverine la laisse faire et demande, d'une voix tonitruante :

– Qu'est-ce qui se passe là, avec notre rivière ?

Des mains s'élèvent, les réponses fusent :

– C'est la Sèvre Niortaise !

– Elle coule !

– Il pleut... alors elle déborde !

– Elle est trop remplie !

– Mais ça nous fait pas peur ! C'est normal ! Elle fait ça tout le temps !

– Avez-vous peur des petites bêtes de la nature ? reprend la maîtresse.

– Noooon ! répondent les enfants en chœur, et ils se relèvent pour repartir, tel un vol d'étourneaux qui, soudain, modifie sa trajectoire parce que l'un d'entre eux a repéré quelque chose à l'autre bout du terrain.

Séverine est une maîtresse d'école modèle, de celles qui émeuvent les parents, marquent les enfants et font honneur à notre sacro-sainte République qui manque parfois cruellement d'incarnation. C'est grâce à des institutrices comme elle et ses collègues que nos écoles tiennent, qu'elles jouent encore un rôle crucial, surtout quand, parfois, elles « sortent » tel ou tel enfant du quartier. Séverine a gardé le souvenir d'une jeune fille en surpoids issue d'un milieu défavorisé, devenue employée de banque. Personne n'avait cru en elle dans sa famille, mais, encouragée par son institutrice, elle avait poussé jusqu'au bac. Souvent, cette détermination ne tient qu'à un regard, un mot, une attitude, qui font basculer d'un côté ou de l'autre.

En sortant de l'école, je croise la députée Delphine Batho venue rendre visite à une classe qui participe au Parlement des enfants. Elle est accompagnée d'un journaliste local qui s'étonne de ma présence. Le lendemain, dans *Le Courrier de l'Ouest,* un court papier insiste sur cette coïncidence, comme s'il était difficile de croire que j'avais pu venir à Saint-Maixent pour une autre raison qu'y « couvrir » les activités d'une élue de l'État.

★

★ ★

En roulant vers Poitiers où je dois rendre ma voiture, je prête attention au paysage et repense aux pêcheurs choqués par l'absence d'arbres. Je repère un noyer par-ci, un autre par-là – si rares dans ce doux paysage vallonné.

Englué dans ses (trop) multiples activités devenues machinales, l'être humain ne prête quasiment plus attention au paysage. Où s'engloutissent ces instants non vécus pleinement ? On ne prend le temps de regarder vraiment autour de soi qu'en voyage, loin de nos chez-soi. Tout comme on ne prend le temps de lire de « vrais » textes sur papier que dans cet ailleurs des vacances, comme si ces gestes banals étaient devenus un effort.

En regardant davantage les lieux où l'on vit, peut-être les habiterait-on différemment. En pleine conscience, on en prendrait une mesure autre, et peut-être se retrouverait-on dans l'état de colère de mes interlocuteurs pêcheurs, convaincus par l'ardente nécessité du changement.

-6-

FÉGRÉAC

On n'a pas besoin de plus de bêtes,
pas besoin de plus d'argent non plus, non,
il nous faut juste plus de temps… pour nous !

Manu

« On a retrouvé ses chaussons pointant vers l'étang en plein milieu du chemin comme si elle avait voulu donner une indication pour qu'on ne la cherche pas trop longtemps, vous comprenez ? » Lorsque Catherine Laillé évoque le suicide de sa mère, enceinte de son quatrième enfant lors du drame, ses yeux gris-bleu soigneusement maquillés ne s'embuent pas, ils vous fixent avec douceur et franchise.

À cette époque pas si lointaine (à fin des années 1960, Catherine avait 11 ans), les garçons du bourg déchiraient souvent son cartable d'écolière venue de la ferme, inlassablement recousu par cette mère, épouse d'agriculteur, morte trop tôt[1]. Fillette, Catherine trayait les vaches des parents et les emmenait pâturer. Les terres et la maison parentale dépourvue de salle de bains et de poste de télévision étaient la propriété d'une famille d'aristocrates locaux. Le samedi, les parents de Catherine l'autorisaient parfois à se rendre au cinéma avec

1. Cf. https://www.terre-net.fr/actualite-agricole/economie-social/article/un-agriculteur-se-suicide-chaque-jour-selon-la-msa-202-152192.html. Et Béatrice Gurrey, « Mort aux champs », *Le Monde*, 2 février 2019.

ses copines mais la sacro-sainte traite l'obligeait à se dépêcher de rentrer à mobylette pour 17 heures. Du coup, elle ratait quasiment toujours les dernières minutes du film et regrette de n'avoir jamais vu la fin de *Autant en emporte le vent.*

À 59 ans, Catherine dirige une exploitation de quatre-vingt-dix truies en label rouge à Fégréac, en Loire-Atlantique. Pudique, l'agricultrice ne s'appesantit pas sur l'impressionnante liste des autres suicides dans sa famille : sa grand-mère paternelle, une des grand-tantes, un frère de sa mère, une cousine, la fille de son frère, âgée de 30 ans.

« Ma mère confectionnait tous nos vêtements. Elle ne souhaitait pas être agricultrice, elle aurait voulu être couturière. En épousant un agriculteur, elle n'a pas eu le choix. » Catherine pose sa tasse, me regarde et ajoute : « Moi non plus. »

Nous sommes attablées de bon matin dans la salle à manger de la maison familiale lambrissée comme un chalet haut-savoyard au hameau de Beaulieu, près de Fégréac, dans ce coin de Loire-Atlantique qui borde la Bretagne. Devant nous, une corbeille de viennoiseries encore chaudes, un bol de café fumant, du pain et du beurre salé. Apeurée par le brouillard sombre de décembre, me fiant à un halo de lumière qui rayonnait faiblement d'une fenêtre de cuisine, j'avais d'abord toqué à la maison voisine dérangeant une vieille dame en train de préparer son petit déjeuner, sa radio à tue tête : la belle-mère de Catherine.

Il y a quarante ans, en se mariant, Catherine, la fille de fermiers « non propriétaires », a déménagé d'une vingtaine de kilomètres vers le nord, jusqu'à ce lieu-dit où l'élevage de vaches de ses beaux-parents abritait déjà quelques porcs régulièrement décimés par des épidémies. Après la « maladie bleue », Catherine a l'idée de relancer l'exploitation en label rouge : a davantage d'espace à vivre, des bêtes nourries avec des céréales riches en oméga 3 et du soja de la ferme, sans OGM. Pour mener cette transformation, Catherine a suivi une formation de deux cents heures, proposée par la chambre de commerce. « Je veux être cheffe d'exploitation. C'est soit ça, soit je repars à l'extérieur... », avait-elle osé déclarer un soir à la table du dîner à son époux, alors organisé en GAEC[1] avec son frère. Courageuse attitude dans un contexte où de nombreuses femmes de la génération de Catherine n'ont pas bénéficié d'un authentique statut d'agricultrice[2] leur vie durant ! Claude n'était pas vraiment d'accord, mais si sa jeune épouse refusait tout net de continuer à être sa salariée, alors il se plierait à son désir.

Orienter l'exploitation familiale vers la qualité du label l'a sauvée du désastre. « Mon mari voulait doubler les volumes, il ne pensait qu'au chiffre d'affaires. Moi, j'ai toujours eu envie d'une agriculture familiale et responsable, je ressentais profondément le besoin de baisser la production », se remémore cette mère de trois filles dont aucune n'a évolué dans l'agriculture. À partir des années 1980, le cours

1. Le Groupement agricole d'exploitation en commun (GAEC) est une société civile agricole permettant à des agriculteurs associés de travailler ensemble dans des conditions comparables à celles existant dans les exploitations à caractère familial.

2. Le statut d'agriculteur n'est apparu qu'à partir de 1961. Avant, se remémore Catherine, sur les fiches de l'école où l'on demandait la profession des parents, elle inscrivait : « sans profession ».

des céréales baisse, compensé par des aides de l'État et de l'Europe. Nombreux alors sont les agriculteurs qui décident de « faire du volume ». Les exploitations enflent, elles sont de moins en moins à taille « familiale ». En 1992, Catherine écrit à Louis Mermaz, ministre de l'Agriculture, alors qu'il refuse de recevoir les agriculteurs mécontents de la réforme de la PAC. Sa lettre, qui marque les débuts de la jeune femme dans le militantisme, est publiée dans le magazine *France agricole*. À la suite de cet engagement, on lui propose de devenir secrétaire générale du syndicat « Coordination rurale 44[1] ». « Mon mari est le seul à ne pas m'avoir félicitée ! », se souvient Catherine. Finalement, après avoir eu du mal à l'accepter, elle sait qu'il admire son courage et ses capacités à ne pas s'en laisser conter dans ce milieu très masculin.

Lorsque je rencontre Catherine Laillé, elle est en train de vendre son exploitation, l'occasion de dresser un bilan professionnel, voire personnel. Son riche récit épouse celui des aléas agricoles des quatre dernières décennies : fastes des années 1970 à 1980, quand le prix du lait et de la viande étaient encore hauts et que les agriculteurs pouvaient se permettre d'investir (« mon père s'était acheté un tracteur Ford sans emprunt », se remémore-t-elle), moins fastes, voire

1. Catherine Laillé en a été présidente de 1999 à décembre 2020, date à laquelle elle a été remplacée par Loïc Crespin, un éleveur bovin de 55 ans. Pendant trente ans, le département de Loire-Atlantique est un bastion de la Confédération paysanne, repris par la FNSEA en 2007. Historiquement, ce département a toujours été une terre d'affrontements entre les deux syndicats pour la chambre d'Agriculture. La Coordination rurale est restée entre les deux.

déprimantes, les années suivantes, à cause du manque de revenus et de la spirale des dettes, deux fléaux pouvant mener au suicide.

Avant de sortir, Claude s'affaire dans la cuisine attenante. Il a le tact de nous laisser discuter seules. « En ce moment[1], la Chine a abattu 40 % de son cheptel ; elle a besoin d'importer, donc le cours du porc est haut, explique Catherine avec un contentement non dissimulé. Grâce à ça, on va rembourser plus vite nos dettes. Du coup, on termine sur une excellente année ! », se félicite la cheffe d'entreprise qui se tient encore au courant de tout, même si cela ne la concerne quasiment plus.

Catherine souhaite transmettre l'exploitation avant que ses bâtiments n'aient trop vieilli. Elle aimerait lancer des jeunes et a déjà exclu ses propres filles, qui, si elles ont beaucoup aidé à la ferme petites et continuent à « défendre » les agriculteurs, ont fini par s'éloigner de ce milieu : l'aînée est juriste en droit rural, la seconde est assistante de gestion commerciale et la plus jeune est devenue paysagiste après avoir travaillé dix ans comme infirmière. « Toutes les trois ont une vie professionnelle différente de la nôtre et toutes les trois vivent mieux que nous ! », affirme fièrement cette mère qui, lorsqu'elles étaient gamines, n'a pas cessé de les encourager à poursuivre leurs études et à faire du sport, tout ce dont elle-même avait été privée.

La vie quotidienne sur l'exploitation n'a pas été toujours heureuse. « Si j'avais pas eu le syndicat, je crois même que j'serais plus de ce monde..., confie Catherine. Rester tous

1. La conversation a lieu en décembre 2019.

les jours sur la ferme, impossible pour moi. J'aurais fini comme ma mère… » Pendant toutes ces années, pour ne pas trop s'attarder sur son sort, Catherine ne reste jamais inactive. Préoccupée par le statut des femmes agricultrices[1], elle se déplace fréquemment dans des écoles pour s'adresser à celles qui ont choisi ce métier et ne cesse d'encourager les jeunes agricultrices promptes à créer du lien et faire vivre les associations locales. « Pour une femme, c'est pas les hectares qui comptent, c'est la bonne gestion ! D'ailleurs, mon mari me surnomme la ministre des Finances ! Les femmes sont foncièrement plus réalistes, mais surtout, elles veulent vivre de leur métier ! », clame-t-elle.

Durant mon séjour à Fégréac, le projet de réforme des retraites fait la une de l'actualité. Fin 2019, après une carrière agricole, les montants moyens des pensions de retraite atteignent 780 euros pour un homme et 580 pour une femme[2]. Or, sur un point, le gouvernement est formel : il ne sera plus possible de recevoir moins de 1 000 euros mensuels[3].

Nous sommes interrompues par la factrice qui passe pour les calendriers. Visiblement familière de la maisonnée, elle refuse chaise et café mais, apprenant ma qualité de journaliste, elle tient à préciser, radieuse, qu'à 57 ans elle est « plus

1. Pendant de longues années, Catherine touchait à peine 1 200 euros, un peu moins que son époux (1 800 euros). En modifiant les statuts de l'exploitation, son salaire est monté jusqu'à 2 200 euros.

2. Cf. Christophe Violette, « Retraites des agriculteurs : la réforme qui divise », *Ouest-France*, 11 décembre 2019.

3. Pour en bénéficier il faut avoir payé une cotisation calculée sur la base d'un revenu de 600 fois le Smic horaire sur l'année, c'est-à-dire un peu plus de 6 000 euros en 2019 pour une carrière complète.

que soulagée » de prendre sa retraite. « Vivement que j'me barre avant qu'ils inventent d'autres contraintes… L'humain est parti ailleurs, et moi j'suis rendue à bout… », glisse la factrice avant de continuer sa tournée[1]. Le week-end suivant, je la croiserai au cinéma de Redon avec son fils adolescent qu'elle emmène voir *Les Misérables*. Se remémorant notre échange, la factrice nuance son propos : « Bien sûr, j'aurais pas pu partir si ma maison n'avait pas été payée… »

Le premier bâtiment de la ferme de Beaulieu a été construit par Claude et son père en 1977. Trois autres ont suivi, dont la fabrique d'aliments pour les bêtes sur l'emplacement des anciennes écuries. Jouxtant les silos, des sacs d'azote sont encore empilés. Dans les porcheries quasi vides il ne reste que quelques truies et leurs porcelets. En y pénétrant on est happé par la touffeur (due au taux élevé d'humidité) et frappé par la lumière rouge, deux conditions indispensables au développement sain des porcs. Allongées sur le flanc, comme échouées, quelques truies allaitent leurs grappes de nouveau-nés semblables à des chatons nus et roses qui montent les uns sur les autres pour atteindre la meilleure tétine. En fond sonore, des grognements de diverses intensités.

Dès qu'ils nous voient, apeurés, la trentaine de porcelets se projettent à toute allure vers le fond de leur stalle. Hors d'atteinte, figé et soudainement muet, le groupe nous contemple. Certains penchent la tête, oreilles à demi pliées.

1. Selon le dispositif Temps partiel aménagé senior (TPAS) destiné aux fonctionnaires et salariés en CDI, jusqu'à l'âge de 62 ans, La Poste lui versera 70 % de son salaire.

Devant eux, un ballon boueux avec lequel ils adorent jouer, précise Catherine. Le groupe se rue soudain vers nous, dans l'autre sens, leurs sabots provoquant un fracas métallique d'enfer sur le revêtement d'acier.

Catherine m'explique s'être très vite rendu compte qu'elle pouvait aboutir à des rendements équivalents avec moins de produits phytosanitaires, alors que, depuis des décennies, les conseillers des chambres agricoles poussent à la consommation. Peu à peu, l'agricultrice s'est affranchie de tous ces « conseils » commerciaux et a gagné en liberté. « Nous, agricultrices, on est des mères de famille, on ne peut pas... en fait, on ne veut pas donner n'importe quoi à manger à nos enfants ! », tempête-t-elle, agacée que le virage de la bonne alimentation, des circuits courts et du manger local n'ait pas été pris depuis plus longtemps et de façon plus claire.

Riche de tout ce qu'elle a apporté à l'exploitation, Catherine éprouve le besoin de tourner la page et de se libérer de tout ce qu'elle percevait comme une contrainte. « Beaucoup de jeunes agricultrices restent uniquement avec leurs maris parce qu'elles savent que si elles partent, ça va péricliter, précise-t-elle. Moi, j'ai fait comprendre à mon époux que si les décisions et les actes n'allaient pas dans le bon sens, cette fois, je partirais. » Il y a quelques années, le couple a acheté une longère classée « site remarquable », non loin. Le rêve de Catherine serait de la rénover pour l'habiter. Claude, lui, pense à l'abattre pour construire du neuf et répète que le couple n'a pas les moyens de la rénover.

Né sur cette ferme, qui est aussi celle de ses parents et de ses grands-parents, le rapport aux lieux de Claude n'est pas identique à celui de son épouse. Il est plus hésitant.

D'autant que se pose la question de l'« après » : où le couple va-t-il vivre ? Que fera-t-il ? Ce sont souvent des questions pesées et soupesées par la femme, alors que l'homme n'a pas vraiment envie de se les poser, encore moins d'y répondre clairement.

Catherine est parvenue à se projeter dans sa retraite, mais pas Claude, ou pas de la même façon. « Moi, j'ai pas fait les études que je voulais, j'ai pas eu le métier que je voulais, alors je veux la retraite que je veux ! affirme-t-elle clairement. Mon mari ne partage pas mes sentiments », regrette-t-elle, affectée par le fait que « beaucoup de gens ont du mal à exprimer ce qu'ils pensent profondément… ça provoque des émotions, ça reste une faiblesse », insiste-t-elle.

Au gré de mes reportages, j'ai souvent ressenti une forte empathie envers le courage et la force des femmes qui osent exprimer leur désarroi avec franchise. Après la cinquantaine, certaines ont l'impression d'être passées à côté de leur vie et décident d'agir pour se sentir davantage en phase avec elles-mêmes.

Claude réapparaît dans la salle à manger et s'assied à nos côtés quelques minutes. « Moi je veux faire ce que je veux chez moi… », bougonne-t-il en évoquant le problème récurrent des haies qui l'oppose à Yvon Mahé, le maire de Fégréac depuis 1995[1], mais aussi à son épouse, fermement opposée à ces coupes. Dans cette commune rurale de 2 500 habitants, certains, comme Claude, coupent leurs haies sans réfléchir, d'autres les protègent. Cette division crée des « camps » irréconciliables.

1. En mars 2020, Yvon Mahé ne s'est pas représenté aux élections municipales. La liste formée par ses successeurs a échoué.

En mai 2021, Catherine a transmis la quasi-totalité de l'exploitation à une jeune agricultrice d'Indre-et-Loire qui engraissera les porcs de l'exploitation de son époux non loin. Les dix hectares restants ont été vendus à une autre jeune fille qui élèvera des poulets fermiers. Soulagée, Catherine répète gaiement avoir, dans sa vie, obtenu deux victoires « de haute lutte » : l'acceptation de son statut de cheffe d'exploitation et la vente du domaine agricole, qui offrira au couple vingt à vingt-cinq années de « bonne vie supplémentaire ».

★
★ ★

Réalisé par un fils d'agriculteurs et projeté au cinéma pendant mon séjour à Fégréac, le film *Au nom de la terre* d'Édouard Bergeon a été vu par (presque) tous mes interlocuteurs[1]. Guillaume Canet y interprète un jeune agriculteur rentré de l'étranger pour reprendre la ferme de ses parents, qui sombre lentement après avo ir fait de mauvais choix.

Même des paysans réputés ne jamais se déplacer au cinéma sont allés le voir[2] et chacun s'y est retrouvé, « moi, dans tous les rôles ! », m'a avoué Catherine. Tous ont pleuré. Grâce à ce film, ces paysans montrés du doigt, traités de pollueurs et victimes d'un « agribashing » permanent ont enfin eu l'impression qu'était tendrement raconté leur immense désarroi.

1. Sauf Didier Pirot, agriculteur bio, et son épouse Brigitte, cf. *infra*.

2. Le film a été un succès commercial inattendu et phénoménal, avec plus de 2 millions d'entrées, majoritairement en zone rurale. À Paris, ce fut un échec.

À l'image de Marcel, 45 ans, un agriculteur poussé à quitter sa terre après quelques très mauvaises années. Lui non plus n'avait pas voulu être agriculteur. Il avait satisfait ses parents en reprenant leur exploitation et s'était laissé happer. « Un jour, Marcel me téléphone en se plaignant que le Crédit agricole ne veut plus rien lui prêter, raconte Catherine Laillé. Sa banquière venait de lui annoncer qu'il se trouvait quasi en faillite, il était sous le choc. » Sans attendre, Catherine organise une réunion avec sa banque, son comptable et des représentants de la CUMA[1] dont elle fait aussi partie. Mais le plan de redressement est proposé trop tard, « sa banquière ne connaissait rien au monde agricole. Tous ces gens n'avaient aucune humanité, ils l'ont écrasé ! » se souvient Catherine.

Marcel n'a pas été facile à joindre, mais rapide à convaincre. Il a accepté de me recevoir chez lui, entre deux voyages internationaux, car l'ex-agriculteur est devenu chauffeur routier. En me garant devant sa maison, je songe à toutes ces vies gâchées. À la bonne franquette, nous nous asseyons à la table de la cuisine près de l'entrée, sur l'emplacement même de la ligne de démarcation pendant la Seconde Guerre mondiale[2]. En rentrant de l'école, ses deux filles adolescentes viennent me faire la bise comme si j'étais une amie de longue date.

1. Coopérative d'utilisation de matériel agricole, un mode d'organisation existant depuis 1945 en France qui permet aux agriculteurs adhérents de mettre en commun du matériel agricole exigeant un investissement important et parfois un ou plusieurs salariés.

2. La Bretagne a été libérée en 1944, mais la « poche de Saint-Nazaire » est restée occupée par les Allemands jusqu'au 11 mai 1945, jour de leur reddition, à Bouvron. Fégréac se situe à l'extrême nord de cette poche.

Marcel est un géant bourru aux airs malicieux qui s'exprime en un flot ininterrompu. Ça sort, ça déborde, on sent que cet échec l'a secoué. Devant son verre d'eau, l'ex-agriculteur narre le début des années 1970, quand les vaches allaitantes de ses parents produisaient jusqu'à 180 000 litres de lait par an. En récupérant le flambeau, il subit coup sur coup la baisse des cours, l'épidémie de la vache folle et d'autres maladies qui se multiplient sur les troupeaux. Du coup, il vend ses bovins et se spécialise dans les taurillons. « Avec le recul, c'était une erreur », glisse-t-il aujourd'hui, jovial, même quand il évoque les nuits sans sommeil et sa honte à ne plus parvenir à nourrir sa famille qui subsiste alors grâce au salaire de son épouse Patricia, secrétaire. Président de la CUMA, Marcel réussit à donner le change, puis, de plus en plus endetté, sombre dans l'alcool. Dans la commune, tous assistent à sa déchéance. Collègues et voisins viennent parfois l'assister pour un vêlage, le foin, l'ensilage ou les semis, cette solidarité ancestrale lui a permis de durer un peu plus longtemps, mais ne suffit plus. Impuissants et désespérés, ses parents, tous deux âgés de plus de 80 ans, assistent à la plongée de leur fils. Marcel est au bord du suicide.

Il sera sauvé par l'« aide au répit » de sa mutualité agricole[1], une aubaine qui lui permet de s'inscrire à une formation

1. L' « aide au répit » est une mesure instaurée en octobre 2016 sous le gouvernement de Manuel Vals dans le cadre du Pacte gouvernemental de solidarité. Elle s'adresse aux exploitants agricoles en situation d'épuisement professionnel. En 2012, des cellules pluridisciplinaires de prévention du suicide avaient été conçues et le service d'écoute téléphonique Agri-écoute deux ans plus tard. En mars 2018, le dispositif Agri-écoute a été renforcé et professionnalisé. Malgré cela, en 2019, un agriculteur continue à se suicider tous les jours en France.

pour devenir chauffeur routier. Un copain d'enfance devenu entrepreneur l'embauche. Désormais simple salarié, l'ex-agriculteur est aux anges et ne regrette qu'une chose : ne pas avoir quitté ce milieu plus tôt ! « On s'dit bonjour chaque matin avec tous les autres chauffeurs… J'ai retrouvé le sourire ! J'me sens libéré… Sur c'plan-là, j'suis bien d'accord avec Macron, lance-t-il en un rare commentaire politique, on est quand même un peu dans un cocon en France… Faudrait s'en rendre compte ! »

Patricia reste adossée au plan de travail de la cuisine et nuance de temps à autre les propos de son mari, comme souvent dans un couple qui se connaît bien. D'un abord frêle, paraissant tout juste remise de ces années noires, elle confirme que le couple a été fortifié par cette expérience. Marcel assume vaillamment : « C'est un échec, je le dis. »

Ses soixante hectares de terres sont déjà convoités par plusieurs acquéreurs, notamment une exploitation voisine, celle de la famille Bouvier, à qui Marcel projette de vendre le tout.

*
* *

Dans le froid halo de la lune de décembre, je distingue mal l'endroit le plus commode pour me garer. Vers l'est, une lueur ténue précède la levée du jour. En pénétrant dans le bâtiment, je ne trouve pas immédiatement Lionel, 48 ans, l'un des trois frères Bouvier[1] affairé à vérifier ses deux robots

1. Organisé en GAEC avec ses deux autres frères, Martial et Karl.

de traite. Mes yeux non encore habitués peinent à distinguer quiconque au sein de l'immense troupeau.

Sur cette exploitation de trois cents hectares, trois cents vaches laitières produisent un lait qui sera transformé en emmental par le géant français Lactalis[1]. Ici, de belles vaches noires à robe blanche se déplacent à leur guise sur un cheminement précis, franchissent des pédiluves, poussent d'elles-mêmes les barrières pour atteindre l'endroit où un robot les trait, puis continuent vers leurs mangeoires où elles n'ont qu'à tendre leur cou pour atteindre les céréales. L'air glacial du dehors est réchauffé par leurs naseaux fumants et la chaleur du purin. Certaines lèvent ou tournent la tête à mon passage. Leur regard est doux et apaisant.

Lionel désigne avec fierté l'inscription « Lely Astronaut », la marque de ce poste de traite fabriqué en Hollande. « Tout est pensé pour que la vache soit beaucoup moins stressée. Il peut en accueillir cent vingt simultanément ! Traire à la main, on sait plus faire, on n'est pas habitués ! avoue l'agriculteur, se déridant à peine. Ici on a cent cinquante places pour cent vingt vaches qui produisent 1,5 million de litres par an[2]. » Tout en parlant, Lionel évolue avec aisance et rapidité entre ces barrières de métal à hauteur de vache, les ouvre, les ferme, fait pivoter les sas. « Tiens celle-là faut qu'j'la sépare », grommelle-t-il à propos d'une bête. Il lui arrive aussi de se placer derrière un animal pour

1. Le siège de la multinationale française de l'industrie agroalimentaire Lactalis, premier acteur mondial des produits laitiers, se trouve à Laval, en Mayenne, une ville à laquelle j'ai dédié un chapitre de mon livre *Dans quelle France on vit, op. cit.*

2. En 2021, l'exploitation, qui s'est agrandie (cf. *infra*) possède une dizaine de vaches supplémentaires et produit 1,6 million de litres de lait par an.

le faire avancer. Je le talonne pour entendre ses commentaires. « Y a des matelas en mousse en dessous de la paille de chaque logette, vous pouvez essayer ! », lance-t-il alors que j'essaie de jauger l'espace occupé par chaque vache en position allongée. Lionel n'est pas à l'aise avec les accusations proférées par les associations spécialisées dans la chasse aux abattoirs ou aux mauvais agriculteurs. Visiblement agacé et préoccupé, il explique que les agriculteurs se sentent ciblés, mal aimés, qu'ils se méfient des médias et des journalistes. « Tout c'qu'on peut entendre sur la maltraitance… Ça nous rend malades. Regardez mes animaux, y en a pas un qui est maigre ! Je défie quiconque de trouver qu'y sont pas bien ici, ajoute-t-il, fier de son cheptel. On nettoie le matin et l'après-midi pour que ça reste sain au niveau du logement », murmure-t-il en poussant une vache dans le « petit troupeau » réunissant celles qui ne sont pas encore passées à la traite. Un impressionnant robot de nettoyage du lisier se met en route sans que les vaches y accordent la moindre attention.

L'exploitation Bouvier est entièrement automatisée. La circulation des bêtes est fluide, les animaux paraissent tranquilles, mais l'humain doit être présent pour contrôler et corriger. Ce matin, comme tous les jours, trois personnes sont indispensables sur place : Lionel, un de ses frères et un employé.

Empoignant une fourche pour replacer correctement le fourrage, Lionel poursuit : « Toutes ces organisations ont l'impression de prendre part au sauvetage du monde en ciblant l'élevage… Bon, ok, L214 nous a fait ouvrir les yeux sur des pratiques qui devraient pas exister, mais enfin, les éleveurs sont pas tous comme ça ! » L'agriculteur ne décolère pas. « On a le pouvoir sur les animaux, mais on a aussi le devoir de les respecter, faut rester dignes ! », assure-t-il tout en fourrageant dans les stalles d'un geste précis. Il jette aussi quelques coups d'œil à l'écran de la machine.

Ne connaissant pas le timbre de ma voix, certaines bêtes reculent légèrement à mon approche. « Curieuse de nature, la vache prête attention à qui elle a en face d'elle », précise Lionel. Puis il se retourne vers moi un instant : « Vous, les citadins, vous êtes quasiment devenus hors-sol ! », exprimant tout haut ce que beaucoup pensent sur la fracture entre ville et campagne. Je ne réponds jamais quand je suis prise à partie, et laisse mon interlocuteur poursuivre. « Nous, on n'a pas le temps de se vautrer devant la télévision ! Notre vie, elle est remplie par notre travail, pas par le vide… » En salopette grise et bonnet rouge, Martial, 55 ans, le frère aîné, vaque non loin. Responsable de la nourriture des troupeaux, ce matin il s'occupe des veaux, installés à part.

Quand nous ressortons du hangar, il fait grand jour, les lieux ont recouvré leur forme, ils semblent plus vastes et moins mystérieux. À 9 heures pile, toute la famille et les employés se retrouvent dans la vaste cuisine d'Anne, la mère, où crépite un feu de cheminée[1]. Deux cafetières, des baguettes de pain frais, du beurre et des gâteaux sont disposés sur la longue table de bois. Chacun s'attable et se sert.

1. Au cours de la conversation, Anne Bouvier, reconnue très tard « conjointe d'exploitation », m'informe toucher 500 euros de retraite. Elle est en faveur de la réforme des retraites.

La famille Bouvier a vu grandir sept enfants, quatre garçons et trois filles, aujourd'hui tous plus ou moins liés au monde agricole. « Faut-il travailler pour vivre ou l'inverse ? C'est la grande question que j'me pose », questionne Martial devant son bol fumant. Grâce à la taille de leur exploitation et à leur organisation à parts égales en GAEC, où chaque membre perçoit le même salaire[1] pour le même pouvoir, un cycle de travail de trois semaines a été instauré. Chacun travaille deux semaines en continu, du vendredi soir jusqu'au samedi matin le premier week-end, donne un coup de main le samedi du week-end suivant et se repose toute la troisième semaine. Pour que le travail « se fasse tout seul » le dimanche, il faut anticiper dès le vendredi, s'accordent-ils tous à dire. La décision d'investir dans la robotisation a été prise de concert, même si Lionel, le cadet, était plus réticent au départ. Selon les Bouvier, l'automatisation maximise la production individuelle de chacun, améliore le confort du travail et, surtout, offre davantage de temps libre. Chaque membre du GAEC tient à cette savante organisation, une infime modification de production portant à conséquence sur l'organisation de tous.

La quinzaine d'hectares de terres autour des bâtiments est éparpillée avec un grand nombre de routes à traverser, alors que celles du voisin Marcel sont presque d'un seul tenant, c'est pourquoi les Bouvier désirent les racheter. Non pour agrandir, disent-ils, mais pour donner une cohérence à leur exploitation. Le consommateur exigeant de plus en plus de lait bio produit par des vaches qui ont passé du temps

1. Environ 2 000 euros mensuels.

aux champs, la famille réfléchit à la possibilité de combiner la traite automatisée avec du pâturage, de nouvelles terres seraient les bienvenues[1]. Les Bouvier utilisent d'ailleurs déjà un des hangars de Marcel. Thomas, 25 ans, le fils de Karl, est ingénieur agronome. « Jamais je n'aurais osé me lancer tout seul, affirme-t-il. En tant qu'agriculteur, pour réussir à obtenir du temps libre, il faut augmenter ses surfaces et son volume, franchement, c'est pas évident[2] », conclut-il.

Toute la famille Bouvier cotise à la FNSEA et ne fait pas partie de la CUMA locale, possédant son matériel. À leurs yeux, la Confédération paysanne est « une secte » acharnée contre tout agrandissement d'exploitation. « Certains gros exploitants bios se sont fait jeter par ce syndicat, en revanche ils ont été très bien accueillis à la FNSEA, ouverte à toutes les cultures, même au bio ! Sur 100 % de Français, combien font vraiment le métier qu'ils aiment ? », se récrie Martial, perturbé, lui aussi, par la mauvaise image de l'agriculteur non bio. Si leurs père et grand-père utilisaient les pesticides sans renâcler, comme c'était l'usage en cette période productiviste, eux ont recours aux engrais « avec parcimonie ». Ils assument leur usage méticuleux et « raisonné » du glyphosate, qu'ils disent dicté par « le bon sens » et assurent dépenser moins de carburant, ne labourant

1. Le 26 avril 2021, lors d'une conversation téléphonique avec Martial Bouvier, l'agriculteur précise qu'avec l'entrée dans l'exploitation, au printemps 2020, de Thomas, son neveu, la priorité va davantage vers la saturation des robots de traite plutôt que faire pâturer les vaches, ce qui nécessiterait l'installation d'un troisième robot.

2. Le rythme de travail de chaque membre se déroule maintenant sur quatre semaines. Martial, père de quatre enfants, considère qu'il s'agit d'une « transmission douce » entre générations au sein d'une même famille.

plus depuis vingt ans. « En gros, on laisse les vers faire le travail », précise Martial.

Les frères Bouvier redoutent la fin de la politique des « dents creuses[1] », ces terrains vides, éventuellement constructibles, situés entre deux maisons ; ils sont dubitatifs quant aux pouvoirs réels du maire et craignent que leur commune n'accueille trop de nouveaux habitants. « Vers quoi le gouvernement veut emmener les gens ? », se demande Karl, le cadet. Tous trois ont vu le film *Au nom de la terre*. « Pour exister encore demain, faut vraiment être à la page, commente Karl, insistant sur la nécessité de savoir résister aux pressions. Dans le film, le fils va trop vite, il s'auto-isole et ça finit en drame... Comme on est plusieurs, nous ici, au moins, on se raisonne. Les uns tempèrent les autres. Faut pas s'engouffrer dans n'importe quoi... »

La famille Bouvier s'efforce de développer une vision de long terme en se tournant vers une « agriculture écologiquement intensive ». Le choix des mots est important : à force d'être critiqués, les agriculteurs expliquent tout ce qu'ils font, à l'image, disent-ils, de « ceux qui sont en vente directe » et qui, à leurs yeux, s'en sortent beaucoup mieux, ne serait-ce qu'en termes d'image. Ils pourraient aussi robotiser l'alimentation des vaches, mais la famille ne veut pas s'engager dans cette voie pour conserver la possibilité de les faire pâturer. Quant à la conversion en bio, tant que la laiterie Lactalis, leur unique client, ne la demande pas,

1. Dans un bourg ou un village, c'est un espace non construit entouré de parcelles bâties.

ou n'apporte pas la garantie de payer ce lait plus cher[1], ils resteront en production classique. Un choix à double tranchant : d'un côté, la laiterie leur assure un débouché permanent, de l'autre, elle les limite.

Rigueur, débats familiaux et réflexion stratégique permanente expliquent le succès de l'exploitation Bouvier. Pour cette famille soudée et ancrée dans la réalité, la « règle de base », insiste Martial, est le respect de trois valeurs fondamentales : travail, famille et argent. Dans cet ordre précis.

★
★ ★

Si Marcel a été sauvé du suicide en quittant le métier, d'autres le poursuivent avec passion. Comme Didier Pirot, 58 ans, septième enfant d'une famille d'éleveurs de porc intensif. Didier est éleveur bio, syndiqué à la Confédération paysanne[2], convaincu que les agriculteurs sont les premiers défenseurs de la nature. Pendant sept années, il a acheté du fourrage aux Bouvier, preuve qu'entre agriculteurs, même si on se dénigre et on se jalouse, on s'entraide aussi.

Arrivé sur ces terres en reconversion professionnelle il y a plus de quinze ans, cet ancien commercial à l'apparence saine et robuste a récupéré une petite surface avec peu de bâtiments. Didier élève ses vaches sur cent quarante-trois hectares de bocage pour la plupart loués aux descendants du vicomte Jean du Dresnay, l'un des promoteurs du premier remembrement rural local, maire de Fégréac dans les

1. En décembre 2019, le litre de lait non bio s'élevait à 35 centimes d'euros.

2. Depuis 2007, lors de son installation.

années 1920[1] et resté dans les mémoires locales comme « Monsieur Jean ».

Au bout d'un chemin de terre bordé de haies naturelles apparaît une maison en sapin Douglas dont les baies vitrées ouvrent généreusement sur une treille de glycine et kiwis orientée plein sud. Didier m'offre un succulent café et nous engageons la conversation. Fils de « cultivateur » et se revendiquant lui-même « éleveur » (et non « paysan »), Didier est en pleine réflexion pour transmettre sa ferme. Parce qu'il n'a jamais utilisé d'intrants[2], il souhaite un repreneur en bio. Tout en vapotant, l'éleveur évoque la course aux hectares qu'induit la PAC : plus le nombre d'hectares est élevé, plus les terres sont cultivées intensément, plus la prime est élevée. Depuis que sa volonté de vendre est connue, de nombreux agriculteurs, voisins ou non, sont passés le voir. « Tout est une question de mesure, insiste cet homme posé. Attention ! dans le bio ça peut aller mal aussi. C'est souvent des erreurs d'investissement au départ… Moi, je me satisfais de mon salaire de 1 000 euros par mois. Et j'ai jamais acheté de couvre-botte pour pas salir mon tracteur parce que j'aime la boue ! insiste-il, amusé. La vérité, c'est qu'si on enlève la PAC, tout le monde crève ! »

1. Le vicomte Jean du Dresnay est né le 18 juin 1900 à Vienne. Il a passé une partie de sa jeunesse à Tokyo où son père était diplomate. Père de six enfants, il est élu maire de Fégréac en 1928. En 1931, il devient conseiller général du canton de Saint-Nicolas-de-Redon, puis, en1970, est élu à la tête du conseil général de Loire-Atlantique. Il meurt en 1976.

2. Les « intrants » sont les différents produits rajoutés aux terres et aux cultures pour améliorer leur rendement. Ils ne proviennent ni des exploitations agricoles ni de leur proximité.

Brigitte, son épouse, nous a rejoints, elle épluche des carottes pour le déjeuner auquel j'ai gentiment été conviée. Le couple défend l'agriculture paysanne et, comme Catherine Laillé, dénonce l'imposture des « conseillers techniques » en tout genre, en fait de simples commerciaux. « On en crève de cette novlangue ! », explose Didier. Nous rions de son constat, aisément déclinable dans le domaine politique, ou celui des médias où le « politiquement correct » s'est imposé.

L'un des plus gros éleveurs de Fégréac dont la ferme parentale a longtemps produit des vaches allaitantes est en pleine conversion vers le bio et son choix inattendu nourrit les commentaires[1]. À la campagne, où chacun se connaît, tout le monde sait si les camions d'aliments pénétrant dans tel ou tel silo sont effectivement bios ou pas. La « conversion » de cet éleveur paraît opportuniste ; beaucoup affirment qu'encore récemment il aurait jeté des produits chimiques dans ses haies pour éviter d'y passer la débroussailleuse ! « Beaucoup ne se vantent pas de faire du bio, mais profitent du système », lâche Didier tout en détaillant certaines « vachardises » en vogue, comme celle de passer du glyphosate en bordure d'un voisin bio, conscient que cela polluera son sol.

Didier, lui, est convaincu qu'il est possible de vivre décemment d'un système agricole non intensif. Dans quelques jours, le couple recevra un ex-bibliothécaire de la région parisienne qui réfléchit à une éventuelle reconversion. Le couple ne met aucune pression à leurs trois enfants pour qu'ils reprennent

1. Cet agriculteur n'a pas donné suite à mes demandes pour le rencontrer.

l'exploitation[1]. « On est un peu des électrons libres », précise Brigitte. À l'automne 2019, tous deux avaient préféré se rendre à une manifestation contre la réforme des retraites à Redon plutôt que sur des ronds-points de Gilets jaunes, un mouvement avec lequel ils ne se sentent pas en phase, même si leur détresse les touche. Le couple s'est davantage impliqué pour Notre-Dame-des-Landes. « Sur leurs ronds-points, les Gilets jaunes ont exigé de la mairie des toilettes chimiques. Les zadistes, eux, construisent eux-mêmes leurs toilettes sèches ! », remarque Didier, que l'ambiance de rébellion générale dans l'Hexagone n'a pas l'air d'angoisser. « Au contraire, on aimerait bien qu'ça pète ! lance, provocatrice, Brigitte depuis son évier. C'est quand les gens vacillent qu'on se retrouve au plus près de ce qu'ils sont vraiment… », ajoute cette ancienne cadre de Pôle emploi à Rennes.

Didier me fait faire le tour du propriétaire en voiture. « À droite, ce sont des parcelles que je loue en fermage à Marie-Gabrielle du Dresnay. Tiens, regarde, l'herbe est vert tendre, mes bêtes sont passées y a pas longtemps… » Parmi sa cinquantaine de charolaises, Didier désigne celles qu'il emmènera bientôt à son abattoir de prédilection à cent vingt kilomètres, en Ille-et-Vilaine[2], et me montre les parcelles de ses voisins, en bio comme lui, « une sacrée chance de les avoir à côté ». Nous traversons un bois de

1. Le 30 avril 2021, lors d'un échange téléphonique, Didier Pirot m'informe avoir trouvé un repreneur : âgé de 24 ans, cet éleveur bio s'installera au plus tard en mars 2022 en vaches nantaises pour travailler avec son père, éleveur sur la commune du Plessis, à cinq kilomètres.

2. Membre du groupement d'éleveurs BVB (Bretagne Viande Bio), Didier ne va pas à l'abattoir le plus proche dont le fonctionnement ne correspond pas à ses valeurs.

hêtres, propriété des du Dresnay, où la chasse est gardée. Didier ne cultivant pas le maïs, les sangliers ne s'approchent pas de ses parcelles où foisonnent faisans, chevreuils, lièvres et perdrix. On contourne une bâtisse de pierre aux beaux volumes située face à un étang, le domaine du « Dré Neuc » où la famille du Dresnay passe quelques semaines par an.

Dans le bâtiment de Didier, non loin, les vaches se meuvent à leur gré en stabulation libre. « La puissance de ton tracteur, le nombre de tes têtes dans le troupeau, toutes ces formes de pouvoir sont très masculines », analyse l'éleveur. Ceux qui visitent son exploitation font souvent remarquer à Didier qu'il n'est pas « aux normes », mais cette obsession de fonctionnaire laisse de marbre à cet adepte du bon sens paysan. « En 2018, sur notre département, y a eu une seule reprise d'exploitation pour deux départs, note-t-il. S'endetter de 500 000 euros sur vingt-cinq ans, faut vraiment être fou, quel industriel ferait ça ? Nous, en agriculture, on a de gros investissements pour finalement assez peu de profits, voilà l'un de nos problèmes… », concède-t-il, heureux de ne pas s'être fait piéger.

Bien que divisés, la plupart des agriculteurs de Fégréac se retrouvent au sein de leur CUMA[1] présidé par Didier depuis septembre 2020. Le matériel est entreposé dans un hangar qui appartenait à Marcel, aujourd'hui aux Bouvier. Tous les lundis matin, Didier réunit ses membres pour mettre au point le planning et discuter de thèmes aussi variés

1. Elle regroupe vingt adhérents, tous éleveurs, dont cinq en bio, et possède pour 250 000 euros de matériel en commun. On y trouve, entre autres, trois tracteurs, un engin de manutention téléscopique, quatre plateaux à fourrage, deux épandeurs à fumier, quatre remorques à ensilage, un déchaumeur et un roundballeur.

que l'antispécisme, les écolos, ou le projet de NDDL[1]. Il y a quelques années, chaque adhérent notait sur un registre commun ses heures d'utilisation de tel ou tel appareil, aujourd'hui, la confiance ne règne plus et des compteurs ont été installés. Via la CUMA, il n'est pas difficile de deviner la situation financière de son collègue/concurrent, « on sait celui qui dispose de trésorerie parce qu'il vient de rentrer sa PAC… et celui qui en a moins », souligne Didier. Hormis son utilité pratique, la coopérative reste une véritable école du compromis ainsi qu'une jauge de l'état d'esprit des agriculteurs. Didier, qui a soutenu les zadistes de NDDL, savait son point de vue minoritaire. La veille d'une manifestation à NDDL, il avait réuni la CUMA pour demander à ses collègues de l'autoriser à s'y rendre avec un tracteur de la coopérative. Sa demande a été refusée.

À l'approche de l'élection présidentielle, le milieu agricole est plus divisé que jamais. Aucun candidat ne semble faire l'unanimité. Le « vote agricole » traditionnellement ancré à droite aurait-il disparu ? À l'évocation, pour le second tour de 2022, d'un nouveau duel Emmanuel Macron-Marine Le Pen[2], Didier s'agace : « On nous a déjà fait l'coup pour Chirac ! » Si c'est le cas, il votera blanc.

*
* *

1. La zone à défendre (ZAD) de Notre-Dame-des-Landes (NDDL) était un projet défendu par les fervents opposants au nouvel aéroport du Grand Ouest, abandonné en janvier 2018.
2. En 2017, Emmanuel Macron avait obtenu 66,17 % des voix et Marine Le Pen, 33,83 %.

Sur mon GPS, c'est parfois le royaume des « routes sans nom ». Satisfaite de constater que tout n'a pas été normé et dûment enregistré et qu'on peut encore avoir du mal à trouver un chemin non répertorié, je me fie à ce qui apparaît au travers de mon pare-brise et non au truchement de mon écran. En une centaine d'années, hormis les éoliennes, le paysage n'a pas beaucoup changé : des calvaires en brique ornés de croix en fer forgé rouillées trônent encore aux croisements, les maisons de pierre, parfois peintes en blanc, sont de plain-pied et les marais restent gorgés d'eau, ce qui, à cette période de l'année, donne l'impression de patauger en permanence. J'aime cette idée que, par leur labeur, les agriculteurs continuent de façonner le paysage.

Les ruisseaux irriguant la commune sont innombrables, d'où le classement de certains terrains en « zones humides[1] » où la terre est laissée en pâture. Dans le seul but d'éviter ce reclassement, certains agriculteurs ont fait drainer leurs sols. Conserver et entretenir ces zones rapporte également des primes[2] parce que ces terrains sont considérés comme bios.

De l'autre coté de l'Isac, près de Guenroët, au bord du canal de Nantes, à Brest[3], Emmanuelle Josse, 36 ans, et Morgane Le Pogamp, 33 ans, élèvent en bio soixante-dix chèvres. Elles s'occupent des mises bas, produisent des fro-

1. Toutes les communes de France ont été obligées de répertorier leurs zones humides dans leur Plan local d'urbanisme (PLU).

2. Gérées par le département.

3. Inauguré en 1842. Depuis le 1er janvier 2008, cette partie du canal appartient au département de la Loire-Atlantique (et non à la Région).

mages au lait cru pendant les dix mois de lactation et vendent directement au consommateur, mais aussi au marché.

Les deux jeunes femmes se sont rencontrées sur une ferme de Belle-Île-en-Mer où elles avaient successivement travaillé. Souhaitant louer, la propriétaire avait organisé leur rencontre. Pendant deux saisons, les filles se sont exercées tout en cherchant où s'installer sur le continent. « Personne ne lâche de terres », souffle la brune Manu alors que nous sommes installées, frigorifiées, dans leur petit bureau. Un accès d'autant plus difficile que l'autonomie du troupeau de chèvres nécessite des terres groupées. En 2017, après de longues recherches, les jeunes filles s'établissent en Loire-Atlantique où la pression foncière est moindre. L'exploitation d'un producteur laitier à la veille de la retraite leur paraît fiable. « Il a beaucoup fait pour nous et encore aujourd'hui on peut lui demander conseil », se félicitent-elles. Grâce à leur apport, les filles s'endettent sur quinze ans seulement et découvrent les joies de la construction d'un nouveau bâtiment : « T'es une femme, t'y connais rien, les entreprises du coin sous-traitent à des Roumains ou à d'autres... Bref, on a eu plein de problèmes », se remémore Manu.

Après des études d'agro et une fac de sciences, Morgane, établie avec son compagnon et leur fille de 18 mois dans une maison non loin, ressent le besoin de s'occuper « concrètement ». Elle s'oriente au départ vers l'élevage bovin, mais constate qu'« en tant que fille, ça bloque un peu ». Emmanuelle, fille d'éleveur, vit pour la cinquième année consécutive en mobil-home, mais n'a pas perdu espoir d'acheter un terrain. Les deux jeunes femmes se rémunèrent au Smic et savourent leur sacro-sainte liberté : « On n'a pas d'épée de Damoclès sur nos têtes, ça passe grave ! », se félicite Manu, ravie de « ne pas subir ». Les filles parviennent à se libérer un week-end sur deux, même si Manu aimerait pouvoir davantage « prendre soin d'elle », se remettre à voyager, « moins courir et avoir au moins le temps de lire un livre ! ». La vente des fromages a été déléguée à leur unique salariée. « Notre choix, c'est le refus du toujours plus : on n'a pas besoin de plus de bêtes, pas besoin de plus d'argent non plus, non, il nous faut juste plus de temps... pour nous ! » sourit Manu tout en reconnaissant l'importance des aides de l'Europe et de la Région. Une page Facebook a été créée pour la chèvrerie, qu'elles oublient souvent d'actualiser, mais grâce à laquelle, à leur plus grande surprise, les deux éleveuses reçoivent un nombre élevé de demandes de stage.

« En fait, c'est la chèvre qui nous plaît ! pouffe Morgane en plongeant son nez, où une fine pierre est incrustée sur la narine gauche, dans le col de son pull bleu. On a juste envie d'être comme tout l'monde, de rien foutre quand on est chez nous, après le travail... Mais bon, on compte pas nos heures, on essaie des tas de trucs, c'est ça qui est bien. On est autonomes. »

Plus à l'aise à l'ouvrage que face à une interlocutrice les bombardant de questions, les deux agricultrices sont des taiseuses. Vivre à Paris ou dans une autre grande ville de France ne les fait pas rêver : elles préfèrent leur « bulle » à la campagne où point n'est besoin de se confronter « avec ceux qui vont mal ».

Manu insiste sur la « schizophrénie de la société, au niveau sanitaire surtout[1] », Morgane rappelle la confiance mutuelle de l'une pour l'autre. Les banques ont souhaité que leurs familles respectives se portent caution, mais soutenues par leur esprit d'indépendance, Morgane et Manu ont préféré hypothéquer. Pour autant, toutes deux ne s'imaginent pas agricultrices toute leur vie. « Peut-être que ça va me soûler dans x temps, lance Manu sans réfléchir, mais ça sera quand même très dur de revenir au salariat… » Morgane, elle, insiste sur le « manque d'air » : « Je me sens vraiment jalouse de ceux qui réussissent à prendre des vacances… » Toujours cet ardent besoin de liberté. Toutes deux plaident pour une agriculture à taille humaine, et même si elles admettent parfois céder à la tentation de l'entre-soi, l'attitude « victimaire » des partisans des démonstrations de force, prompts à « sortir leurs tracteurs » pour aller manifester, les fait rigoler. Les fêtes de jeunes agriculteurs émargeant à la FNSEA et rivalisant aux « concours de labour », très peu pour elles !

« Macron n'a été élu que par 30 % de la population en fin de compte… » insiste Manu, plutôt indifférente à la politique, qui estime nos représentants « corrompus et mafieux ». La jeune femme vote parce que c'est un droit acquis de haute lutte, mais toutes deux estiment pénible que le débat soit souvent réduit à un face-à-face entre Macron et Le Pen.

*

* *

1. Ses propos sont prémonitoires, car notre rencontre se déroule en décembre 2019, juste avant le début de la pandémie mondiale de Covid-19.

Au petit matin, entre le canal de Nantes à Brest et l'Isac qui se jette dans la Vilaine quatre kilomètres en aval, tout déborde. Le sol spongieux est un vaste sable mouvant. De gras ragondins plongent à mon passage ; d'autres, figés à contre-courant, m'observent jusqu'à ce que nous soyons dérangés par un laborieux envol de cormorans s'extirpant des roseaux. Sans le vrombissement diffus de la circulation sur la départementale 773 qui relie Redon à Saint-Nazaire, ce serait le paradis. Sous mes fenêtres, le canal n'accueille plus de péniches lourdement chargées, mais des bateaux de plaisanciers. À en croire les commentaires rédigés à la main sur le livre d'or de ce gîte communal, à Pont-Miny, cette étape du chemin de Compostelle reste fréquentée. J'aime lire ces écritures appliquées qui veulent toutes faire partager leur bonheur.

Sur le site du Bellion non loin, la vue sur les marais de la Vilaine est imprenable. Du belvédère, une ancienne carrière transformée en lieu culturel, se dégagent les collines du Morbihan. En gravissant une structure circulaire en bois conçue et construite par un artiste russe aidé de dizaines de bénévoles[1] se dévoile un autre belvédère, signé du même artiste, au sommet du château de Rieux, de l'autre côté de la Vilaine.

Située à une petite heure de voiture de Rennes ou de Nantes, Fégréac, commune rurale de près de 2 500 habi-

1. Nicolas Polissky est un ancien artiste peintre qui a représenté la Russie lors de la 11e Biennale internationale d'architecture de Venise en 2008. Pour en savoir plus sur ce site insolite, cf. http://www.lacarrierefegreac.org/polissky/

tants[1], en a gagné cinq cents en vingt ans. Dix-neuf exploitations agricoles[2] sont en activité dont une majorité d'élevage laitier. À l'approche de Noël, quelques maisons arborent d'improbables décorations électriques.

Dans ce pays de tradition « lait et cochon », aux fortes valeurs familiales et chrétiennes, subsiste un antique système de distribution de l'eau par groupements associatifs. Si Véolia fournit en eau potable le centre-bourg de la commune, un certain nombre de foyers[3] restent reliés à ce système privé[4] datant du début des années 1960 qui a remplacé les puits[5]. Pour de nombreux Fégréacais, posséder son réseau reste une fierté, mais l'obligation d'analyser l'eau régulièrement est une charge, et trouver les bénévoles pour gérer les groupements est de plus en plus ardu.

Plus que tout, ici on tient à sa mobilité. La baisse imposée de la limitation de vitesse à 80 km/h[6] a profondément irrité. On chérit aussi sa propriété : en 1953, quand les agriculteurs étaient beaucoup plus nombreux et qu'ils manquaient encore plus cruellement de terres, des violences liées au premier remembrement[7] avaient éclaté.

1. Dont 30 % seulement paie l'impôt sur le revenu. La superficie de la commune est de 4 418 hectares dont 900 de marais classés « Natura 2000 », donc protégés.

2. En 2021, on compte 27 agriculteurs et 6 agricultrices.

3. Fin 2019, il s'agit de 45 maisons sur 90 pour une consommation d'environ 20 000 mètres cubes annuels sur 13 km de réseau dont l'abonnement s'élève à 15 euros. Le mètre cube coûte 50 cents.

4. On compte quatorze groupements différents sur la commune de Fégréac.

5. Après délimitation des sites par un abbé sourcier muni de son pendule et de sa baguette de noisetier, les plans ont été conçus par un plombier de la commune.

6. Le 1er juillet 2018.

7. Dans une brochure de *La Documentation française illustrée,* éditée par le Secrétariat général du gouvernement, n° 68, août 1952, le remembrement

Elles sont restées dans tous les esprits. « Champs et villages en état de siège[1] » pouvait-on lire quasi quotidiennement à la une des journaux d'époque titrant à répétition sur « le scandale de Fégréac ». Une série d'articles avait même insisté sur l'injustice de ces changements perçus comme une « expropriation » : au mépris des paysans pauvres, une poignée de « profiteurs » aurait bénéficié de ces modifications, fâchant des familles entières pour les décennies à venir.

« C'est la culture Astérix », ironise Yvon Mahé, le maire, évoquant cette période. À cause de rancœurs tenaces, il lui a beaucoup été reproché d'avoir fait raser une ancienne salle paroissiale (devenue municipale) pour construire « sa » médiathèque, considérée comme trop grande. Ici, la colère gronde dès que l'on touche au religieux, mais le maire n'en démord pas : « Plus on est cultivé, plus on reste ouvert ! » Il a aussi construit une nouvelle salle polyvalente, considérée comme trop petite en comparaison avec celle des mairies avoisinantes, et transformé le vieux stade municipal en terrain multisports au gazon synthétique immédiatement taxé de « cancérigène ». Enfin, la nouvelle place du village devant la médiathèque est considérée par certains comme « artificielle ».

agricole est défini comme « une opération qui a pour but l'amélioration de l'exploitation agricole d'un territoire : il substitue à une division parcellaire défectueuse existante une nouvelle division parcellaire caractérisée par la création de parcelles moins nombreuses, plus grandes, adaptées en tout cas à l'usage de la traction mécanique, pourvue d'accès faciles et d'un système convenable d'écoulement des eaux superficielles ». La dernière reconstitution des domaines agricoles a eu lieu en 1992 par arrêté préfectoral.

1. Cf. le quotidien *Ouest-Matin* de l'automne 1952.

Paisible, la commune abrite vingt-cinq employés municipaux, une soixantaine d'emplois à l'Ehpad[1], trente-quatre dans différentes sociétés[2], soixante-quinze artisans, dix emplois santé, trente-trois agriculteurs et vingt-huit commerçants. De moins en moins tournée vers Saint-Nazaire et ses chantiers de l'Atlantique, une partie de la population travaille au Leclerc de Saint-Nicolas-de-Redon (cent quatre-vingts emplois) ; d'autres poussent tous les matins jusqu'à la fabrique Yves Rocher à Rieux (cinq cents personnes), de l'autre côté de la rivière.

Une épicerie Vival[3], où Brigitte, l'épouse de Didier Pirot, travaille parfois en remplacement le week-end, fait office de boulangerie et dépôt de pressing. À l'entrée de l'officine de La Poste est tendue une banderole « défense du service public », en lettres rouges sur fond jaune. Deux pétitions circulent pour empêcher sa fermeture. Deux écoles (l'une privée, l'autre publique) ainsi qu'une maternelle éduquent les enfants du bourg[4], nourris ensemble par la cantine municipale qui a instauré une Charte[5] pour prévenir les incivilités vis-à-vis du personnel.

Âgée de 70 ans, l'unique doctoresse va mettre la clé sous la porte. La population s'angoisse : sera-t-elle remplacée ? Dans la foulée, beaucoup redoutent le départ de la pharmacienne, du boucher et du café des Sports. Après quelques

1. L'Ehpad « des trois rivières » est dirigé par Véronique Douzamy, 43 ans, une ancienne aide-soignante.
2. Dont 32 chez Océane de Restauration.
3. Propriété du groupe Casino.
4. Fin décembre 2019, on compte 90 enfants à l'école Saint-Charles et 150 à l'école de la Madeleine.
5. Signée par tous les parents.

années passées à Nantes, Karine a racheté et rénové l'unique salon de coiffure du bourg ; elle a même embauché une employée. Un restaurant-traiteur où je déjeunerai à deux ou trois reprises est en plein développement. Dans sa salle centrale, un écran plat diffuse en continu et sans son les images de BFMTV. Attirés par le menu à 13 euros, les clients sont ouvriers, techniciens ou représentants de commerce. Je remarque un couple âgé et une dizaine de jeunes debout, au bar, pinte de bière en main. Sylvain Thierry, 43 ans, son propriétaire, dont l'épouse sert en salle, sait qu'il n'a aucune concurrence à dix kilomètres à la ronde. « À part les vacances, on bosse comme des malades. Je gagne plus d'argent que certains en ville ! », se vante-t-il. L'entrepreneur propose aussi ses services de traiteur avec location de vaisselle car « les gens ne veulent plus rien laver ». Faute d'une salle assez grande à Fégréac, et soucieux de développer son chiffre d'affaires, le restaurateur s'agace que certaines associations partent faire la fête dans les bourgs avoisinants. Le commerçant ne se donne pas plus de dix années supplémentaires dans le métier. « Surtout, j'espère que j'y serai plus à son âge, lance-t-il, bravache, tendant le menton vers l'échoppe d'en face. Mon voisin il a vraiment de la chance que j'fasse pas bar ! Parce que nous, ici, on a du monde ! », conclut-il, méprisant.

Il n'en fallait pas plus pour que je traverse la rue et pénètre dans ce café des Sports ouvert depuis les années 1950, où l'ambiance est tout autre, sans télé ni infos. « Moi, j'écoute que d'la musique depuis trente-cinq ans… » confie Jeff, un homme doux et tranquille censé avoir laissé l'affaire à sa femme, mais qui se retrouve tout de même seul derrière son bar en plein creux de l'après-midi. Pour que les clients ne soient pas tentés de quitter le bourg, Jeff vend aussi du pain le lundi et les journaux le mercredi. Le cafetier se souvient avec nostalgie du « bon vieux temps », quand la route vers La Baule traversait le centre de Fégréac et que son baby-foot, ses deux flippers et son billard ne désemplissaient pas. Aujourd'hui, les clients restent chez eux devant leurs écrans de télé ou de smartphone et le taulier ne parvient à réunir ses « fidèles » que le dimanche après la messe célébrée bimensuellement par manque de prêtre[1].

Un tracteur passe. « Le commerce s'est dématérialisé, mais j'crois bien qu'la sociabilité aussi ! analyse Jeff, qui va même plus loin : Un jour, y aura p'têt' plus de maire ! Pour gérer les affaires du village, ça sera comme pour la banque, on devra rester derrière notre écran parce qu'on n'aura même plus d'interlocuteur en chair et en os… ! »

*

* *

Arrivée à Fégréac depuis Rennes en voiture par une forte tempête, j'avais consenti à suivre aveuglément la voix métallique du GPS, me faisant doubler par des véhicules qui lessivaient mon pare-brise à grand renfort de giclées. Devant moi, des feuilles mortes se soulevaient en tourbillons, formant des vagues irrégulières et déroutantes. Par intermittence, je voyais poindre vers le sud une lueur océanique : celle de l'Atlantique. Et soudain, la mairie du bourg, un

1. Le prêtre qui officie à Fégréac a sous sa responsabilité onze clochers. Il peut être remplacé par des diacres.

altier bâtiment de pierre avait surgi au sommet d'une butte. Elle me rappelait celle du village de mon enfance[1].

Sur son parking m'attendait un homme en blouson de cuir noir à la fière chevelure blanche, portant un jean ceinturé et une chemise bleu délavé. « Vous avez mangé ? », voulait-il avant tout savoir. À ma réponse négative, Yvon Mahé, 71 ans, le maire de Fégréac depuis 1995, dit simplement : « Suivez-moi, ça sera quand même mieux de vous installer au gîte après un bon repas, je vous emmène chez moi. » Attablés dans le salon de sa longère, ce premier soir, nous nous régalâmes d'un succulent poulet cuisiné avec des trompettes-de-la-mort que l'édile avait lui-même ramassées. Pendant le dîner, j'appris qu'il était originaire de Mûr-de-Bretagne dans les Côtes-d'Armor (anciennement Côtes-du-Nord) où, fillette, deux décennies durant, j'avais passé tous mes étés dans le moulin à vent de mes grands-parents paternels.

À 14 ans, quand le père agriculteur d'Yvon Mahé se pendit, sa jeune mère, catholique « mais soixante-huitarde », prit la décision de rejoindre son frère plus au sud, pour gagner sa vie à l'usine de Saint-Nicolas-de-Redon.

Avant de se lancer dans la politique locale, Yvon Mahé a travaillé « aux PTT », puis comme professeur d'histoire-géographie en collège. S'il n'avait pas été élu, il aurait sans doute continué l'enseignement. « Ceux qui ont voté pour moi avaient 20 ans à ma première élection, ils en ont 45

1. À Fégréac, la mairie a fait office de mairie-école jusqu'en 1991. Dans mon village d'enfance, Ésery (Haute-Savoie), la mairie servait également d'école, où les deux maîtresses, Mme Tripard et Mme Meillasson, que je n'ai pas oubliées, faisaient chacune la classe à trois niveaux dans le même espace.

aujourd'hui, ça suffit ! ironise-t-il, exposant lucidement ses raisons pour ne pas se représenter. Je ne suis pas psy, mais, en vingt-cinq ans de mairie, je sais qu'il faut écouter les gens et leur apporter des solutions. » Une tâche de moins en moins facile.

À Fégréac, depuis longtemps, les stores en PVC ont remplacé les volets de bois des maisons. Dès le crépuscule, tous sont baissés, comme si la commune était vide. Vers 22 h 45, en me ramenant à mon véhicule, Yvon Mahé remarque une lumière dans la salle des sports. Possédant la clé de tous les locaux du bourg, il ne peut s'empêcher d'aller éteindre.

Durant ses quatre mandats, Yvon Mahé en a beaucoup vu : une automobiliste sous le choc d'avoir heurté un chevreuil, un conducteur apeuré d'être rentré dans un troupeau de vaches, de très nombreux accidents de la route, ou, bien pire, un agriculteur qui s'est fait éclater la cervelle dans sa grange. En homme avisé et maire expérimenté, Yvon Mahé conserve en permanence dans son véhicule une paire de bottes, une corde, un nœud coulant, des sacs-poubelle et des gants de travail. Souvent appelé par les gendarmes[1] en pleine nuit, il est toujours prêt à se déplacer en urgence. « Faut prendre de la distance par rapport au malheur des autres… Être maire en commune rurale donne une force naturelle », philosophe-t-il. Avoir le don de s'ériger en juge de paix aussi, tant les incivilités entre habitants augmentent : « Les gens ont de plus en plus de mal à se supporter. Ils s'insultent, m'appellent pour une branche d'arbre tombée de chez le voisin, un chien qui aboie trop, une voisine qui roule trop vite, ou qui se gare mal,

1. Le maire fait également office d'OPJ (officier de police judiciaire).

bref, l'intérêt personnel domine tout le temps. » Aujourd'hui, en tant que maire, il ne se sent pas toujours en sécurité. « Je me souviens de cet habitant qui délirait, fusil à l'épaule, voyait des Noirs partout, au point que ses voisins avaient dû appeler la gendarmerie ! » Mais le maire doit aussi être celui qui écoute patiemment les chagrins des uns et des autres... et console. « J'ai vu tant d'hommes à bout, qui craquent, subitement... Plus que des femmes », souligne-t-il, encore bouleversé par les quelques maris qui se sont écroulés sur son bureau, notamment après des divorces.

Au fil du temps et des nouvelles législations[1], le maire a perdu de ses compétences et de son autorité. Quand Mahé était également conseiller général[2], des habitants venaient lui exposer longuement leurs doléances, convaincus de sa toute puissance.

Cet homme jovial, d'un optimisme à toute épreuve, s'enorgueillit d'avoir contribué au rayonnement de Fégréac, mais il est aussi las de ne plus plaire à tout le monde.

Même à Fégréac, le monde a changé.

★
★ ★

Au conseil municipal des enfants[3], qui, en cette soirée de décembre, compte dix-neuf participants, quelques collégiennes se chamaillent pour inscrire au tableau blanc les prénoms des membres des diverses commissions.

1. Telle la loi Notre de 2015.
2. De 2001 à 2015.
3. Le conseil municipal des enfants a été instauré à Fégréac en 1996.

Face aux enfants se tiennent les deux animateurs, Yvon Mahé et Jérôme Ricordel, conseiller municipal de l'opposition. À la fois débonnaire et directif, Yvon Mahé mène les débats, attentivement suivi par son principal opposant[1]. Clarisse, Nina ou Noémie (les garçons sont en minorité) s'inquiètent avec véhémence des projets qui n'aboutissent pas (« Ben alors, y servent à rien ! » entend-on fuser à plusieurs reprises) ou s'impatientent d'une action qui prend du temps à porter ses fruits.

Placée parmi des écolières de CM2, je prends des notes sur mon cahier, ce qui a le don de les intriguer. « Oh, vous écrivez trop vite ! Plus vite que nous, et plus petit aussi », remarque l'une d'elles, interloquée. On compare nos écritures. « Moi, la mienne, elle est moche », prétend une autre. Jetant un œil sur son cahier, je me récrie. Toutes deux s'empressent de recopier mes dernières phrases, les mots exacts du maire.

Grâce à leurs facéties, me voilà redevenue fillette à l'école communale de mon village haut-savoyard ! À mon époque, les conseils municipaux des enfants n'existaient pas, sinon, appliquée et concentrée, j'en aurais sûrement fait partie et j'aurais aussi sûrement été intimidée par la journaliste intruse !

*

* *

1. Trois mois plus tard, lors des élections municipales de mars 2020, Jérôme Ricordel, technicien en charge des dossiers PAC à la coopérative locale, est élu maire à la place d'Yvon Mahé.

Qu'ils soient récemment arrivés ou enracinés, les ruraux d'ici ont choisi la tranquillité. Ils observent le reste de la France depuis leur refuge, parfois horrifiés, persuadés que les « fauteurs de troubles » ne résident pas dans leurs campagnes.

Dans cette France tranquille, éloignée du centre et qui se croit dénigrée, la population se sent protégée.

Au risque de se renfermer.

-7-

ANDERNOS-LES-BAINS

Vieille, on ne vous voit pas.
Vous n'êtes pas encore morte, mais vous n'existez plus.

Johanna

Elle est arrivée bien avant l'heure et s'est placée la première dans la longue file d'attente en train de se former. Je perçois d'abord sa voix claire qui se voudrait assurée. Il me semble même qu'elle rit. Mais c'est l'allure qui impressionne : une silhouette altière, pimpante et apprêtée. À 84 ans, Micheline se tient bien droite devant la porte d'entrée du bâtiment au seuil duquel s'affairent des membres de l'association qui achèvent la mise en place.

Pour venir chercher ses denrées alimentaires distribuées gratuitement tous les vendredis matin, Micheline a assorti son masque beige clair à ses bottines et à son impeccable veste en daim qui tombe sur un sobre pantalon fuseau noir. Sa chevelure blanche est savamment remontée en un chignon à la Bardot qui souligne sa nuque et met en valeur sa prestance. Ses mains sont fines, mobiles, ses ongles colorés d'un vernis rouge foncé presque noir dont on remarque, si l'on observe bien, qu'il déborde çà et là.

Souvent, la pauvreté ne saute pas aux yeux. En tout cas, moins qu'on ne le pense. Ici, à Andernos-les-Bains, 12 000 habitants, une commune de Gironde nichée au fond du bassin d'Arcachon, rien ne prépare à la rencontrer. J'ai pu la mesurer pendant mon séjour dans cette ville moyenne et paisible que j'avais choisie pour son attrait grandissant envers nos « vieux », nos « anciens », nos « seniors », peu importe la façon dont on les nomme, même si, souvent, le choix des mots dissimule une gêne qui évite de se confronter au réel.

J'utiliserai le mot « vieux » parce qu'il me semble affectueux, sans connotation péjorative, et surtout parce que j'aime faire face à ce qui, souvent, gêne. Ainsi que l'a démontré Laure Adler dans un livre récent[1], la vieillesse est toujours « plus difficilement vécue chez les plus précarisés[2]» où elle se propage « démocratiquement, à bas bruit, sans que personne s'en offense ».

Il se met à pleuvoir. Face à cette queue qui ne diminuera pas de la matinée[3], les portes du local flambant neuf[4] de l'association catholique Saint-Vincent-de-Paul ouvrent un peu plus tôt que prévu. Une femme voilée, de nombreux jeunes, dont certains en surpoids, et beaucoup de femmes seules sont déjà en train d'attendre. Tous sont silencieux, le regard vide. La distribution hebdomadaire reprend ce mois de septembre après une pause due au premier confinement. Tôt ce matin, Michel, le président de l'association, s'est rendu avec deux bénévoles à la Banque alimentaire

1. Laure Adler, *La Voyageuse de nuit*, Grasset, 2020.

2. *Ibid.*, p. 210.

3. Selon le président de l'association, le nombre d'Andernosiens bénéficiaires avoisine quatre-vingt-dix. Soixante-trois familles et quarante-deux personnes seules.

4. Mis gratuitement à disposition par la mairie.

de Bordeaux récupérer 800 kilos de denrées, dont du café moulu, des coquillettes, des sodas et jus de fruits, de la viande, du lait, des viennoiseries, des plats cuisinés surgelés, des yaourts, des fruits et des légumes frais.

« Salut, ma p'tite Pierrette chérie, vas-y, enfourne ! », harangue Micheline qui, la première, passe de stand en stand, ses cabas en main. Très rapidement, elle les pose sur le sol puis se contente de les traîner : ils sont de plus en plus lourds, car Micheline prend aussi « pour Joël », son voisin de la maison de retraite des Quinconces, une résidence « autonomie senior » proche du port, où elle vit depuis dix ans. Devant les boîtes de conserve pour chats, Micheline décrète : « Figure-toi que moi, j'ai un chien, mais t'inquiète pas, y mangera des trucs de chat ! » Sa voix de stentor égaie les lieux et les circonstances. Micheline accepte tout ce qui est proposé : yaourts, œufs, beurre, viande achetée le matin même à l'Intermarché local par l'association. Je m'occupe de remplir et faire avancer les cabas tandis que Micheline fait son show, ravissant les bénévoles de l'association, qui, toutes, la connaissent.

« J'suis une vieille cougar sans argent ; c'qui m'sauve, c'est mon humour », m'assure la nonagénaire alors que nous rejoignons sa Twingo mal garée devant les locaux de l'association dont les abords, les jours de distribution, sont bloqués par des véhicules pressés d'arriver à temps.

En la voyant réapparaître, le chien fidèle de Micheline, adopté il y a cinq ans et resté enfermé dans l'habitacle, lui fait la fête. On bourre les sacs dans son coffre rempli de bric-à-brac. Le sourire de Micheline est édenté : elle n'a pas les moyens d'aller chez le dentiste. « J'ai choisi les

Quinconces pour mourir, c'est un p'tit rez-de-chaussée, y a un jardinet, l'école maternelle est tout près, y a d'la vie, et même si la mort est au bout, ça m'va », assène-t-elle, exubérante. Je sens que son ton délicieusement sarcastique dissimule une profonde fragilité et une personnalité généreuse.

Micheline dit ne pas souffrir de la solitude, mais aux beaux jours, pour la fuir elle passe ses journées dehors, face à l'eau, dans la toute première cabane de la première darse, propriété d'un ostréiculteur qui a fait faillite. Depuis ce refuge inoccupé, elle harangue les passants qui lui semblent sympathiques ou se concentre sur une grille de mots fléchés.

Surnommée localement « la Brigitte Bardot d'Andernos » en raison de son allure, de la couleur de ses yeux, du flamboyant de son rouge à lèvres, de sa coiffure relevée et de son amour pour les animaux – elle a eu jusqu'à sept chiens –, Micheline est née à Argenteuil, près de Paris. En 2000, son mari est décédé. « D'une belle mort », assure-t-elle. Depuis, la vieille femme n'est dupe de rien. Quand je lui demande si les vieux sont devenus des « gêneurs » ou si elle se sent bien intégrée dans notre société, elle répond, non sans un humour grinçant : « Ce ne sont pas des gêneurs, ce sont des restes. Y vont mourir… Mais purée, qu'on nous laisse mourir dignement ! » En ce qui la concerne, Micheline assure avoir déjà tout préparé, c'est-à-dire les médicaments et le whisky, « quand mon chien sera mort ». On l'aura compris, Micheline n'aime plus que la compagnie des animaux, mais aussi celle « des enfants tout petits, des oiseaux, de la nature ». Le monde politique ne l'intéresse pas, je retiens seulement qu'elle surnomme le président « le microbe », mais n'a pas envie de parler de lui ni de quiconque en politique. Micheline ne vote plus. Ces gens ne la concernent pas. Elle organise sa vie sans eux et ne regarde pas les débats délétères qui animent en permanence les chaînes de télévision tout-info.

Alors que nous discutons, assises dans sa voiture immobile, toutes portières ouvertes, Micheline hèle une silhouette. « Eh ! Oh ! Micheline ! C'est ma voisine aux Quinconces, c'est elle qui cuisine tout ce qu'on nous donne ici pour nous deux. Pasque moi j'cuisine plus… ah, ma Micheline, je l'adore ! » Puis, elle se met à chantonner : « Nous, on est les miséreux, misè-re, misè-re ! »

Intriguée, je m'extirpe de l'habitacle pour courir après cette autre Micheline, sortie elle aussi très chargée de la distribution. Hormis leurs prénoms, rien de commun entre les deux femmes. En jean et polaire blanche, impeccable, la seconde Micheline m'ouvre la porte… de sa Dacia.

À 77 ans, Micheline en a passé cinquante-cinq à Andernos, aux côtés d'un mari militaire qui l'a abandonnée, mais surtout, insiste-t-elle d'une voix au lent débit, qui a toujours refusé qu'elle travaille. Résultat : cette ancienne serveuse de bar, occasionnellement vendeuse de légumes sur les marchés, perçoit une retraite de 349 euros. Micheline a aussi été employée de maison « pour des gens » jusqu'à ses 65 ans, dont un médecin à Bordeaux qui ne la déclarait qu'une heure par semaine alors que son labeur était quotidien !

L'élégance de son brushing et l'attention qu'elle porte à sa couleur, concoctée avec des produits le moins chers possible, prouve que rester coquette en toutes circonstances est un gage de dignité. Ses mains agrippées au volant immobile, comme si nous étions parties pour un grand voyage, Micheline me confie d'innommables secrets : « Au bout de trente-sept ans de mariage, la foudre m'est tombée dessus », commence-t-elle. Tard, trop tard, elle comprend que son mari a violé leur fille (entre l'âge de 5 ans et 17 ans, elle en a 55 aujourd'hui) et procédé à des attouchements sur sa petite-fille. Ces crimes épouvantables ont finalement été dénoncés à la justice par leur propre fille et jeté le père en prison : « Il a pris huit ans. Il en a fait quatre et trois mois. » Nous en sommes là quand la sonnerie de son portable retentit. Voyant qu'il s'agit d'un de ses petits-fils, le visage de Micheline s'illumine, d'autant qu'il lui annonce sa visite pour le lendemain.

Micheline a élevé trois enfants, aujourd'hui adultes, et s'enorgueillit de dix petits-enfants, « même si y en a que deux qui viennent me voir ». La première fois qu'elle est venue à la distribution alimentaire, voilà déjà six ans, elle a pleuré de honte, puis elle s'est habituée. « Nous, les vieux, on nous bouscule facilement, on nous méprise », mais là aussi il a fallu s'y faire. Micheline se souvient d'avoir voté pour Alain Juppé à des élections, mais pour 2017, c'est le trou de mémoire. Pour ce qui est du scrutin de 2022, elle sait déjà qu'elle n'ira pas. « Je le trouve très orgueilleux... », déclare-t-elle sans terminer sa phrase ni prendre le soin de préciser de qui elle parle. Souvent, le président Emmanuel Macron n'est pas nommé par mes interlocuteurs. Ou alors, il est surnommé, et c'est rarement flatteur.

Les produits alimentaires récupérés à la distribution ne suffiront pas pour toute la semaine, Micheline le sait. D'autant que son fils déjeune dans sa chambrette aux Quinconces tous les mercredis, et que, pour rien au monde, elle renoncerait à cette visite ! À la cantine, le repas coûte 5 euros, une somme que la retraitée ne peut dépenser, elle qui ne s'achète qu'une paire de chaussures tous les trois ans et se limite en permanence.

Dans les pays en guerre, mes premiers terrains, rencontrer des mondes différents, voire opposés, où plusieurs camps s'affrontent, m'a toujours fascinée. Dans notre société, qui n'est pas en guerre, les « camps » sont moins visibles, mais tout autant éloignés[1].

*

* *

Dans cette « résidence-services pour personnes âgés autonomes », ouverte en 1986, ainsi appelle-t-on « officiellement » cette maison pour vieux en bonne santé, les appartements des soixante-cinq résidents sont, pour la plupart, petits. Micheline dort sur son canapé tant la place manque. Aux étages bas, l'espace est souvent sombre et exigu, mais la situation de la résidence est exceptionnelle : face au port ostréicole, sur le boulevard David-Allègre et non loin de la pointe naturelle des Quinconces, réputée avoir été l'une des promenades préférées de l'artiste Sarah Bernhardt lors

1. Cf. Anne Nivat, *Dans quelle France on vit*, *op. cit.*, p. 245 et suivantes, chapitre dédié à Montluçon, qui débute sur un salon de l'emploi.

de son séjour à Andernos durant l'année 1914[1]. D'un côté, le bassin, de l'autre, la forêt de pins.

La veille de la distribution alimentaire[2], j'avais été accueillie aux Quinconces pour assister au « conseil de vie sociale » trimestriel. Pour garantir les mesures de distanciation sociale, la table en carré avait été élargie. Aux côtés de son directeur venu de Bordeaux – le représentant d'Énéal[3] Groupe Action Logement est un acteur majeur dans le domaine des résidences seniors –, se tient toute l'équipe de direction, essentiellement féminine, ainsi que Marie-Josée Causse, la représentante du CCAS[4] municipal, puisque la résidence fonctionne en gestion partagée[5] : son propriétaire encaisse les loyers ; la municipalité se charge des animations, de la restauration et des abords.

Face à eux, les représentants des résidents : deux hommes qui resteront totalement silencieux pendant l'intégralité de la réunion, et deux femmes, plus loquaces, dont la souriante « présidente », Thérèse, 78 ans, installée depuis trois ans. Les doléances sont les mêmes que pour toute réunion mêlant

1. Avant son amputation le 22 février 1915, à Bordeaux. Sarah Bernhardt quitta définitivement Andernos en octobre 1915. Merci à Maryse Bigot pour ses notes sur la commune.

2. Le 2 octobre 2020.

3. Ex-Logévie.

4. La mission du Centre communal d'action sociale (CCAS) est de venir en aide aux personnes les plus fragiles de la commune. Il aide à mener une politique solidaire vis-à-vis des handicapés, des personnes âgées.

5. Ce type de gestion est remis en question par le ministère du Logement. À l'avenir, nombre de bailleurs pourraient se délester de la gestion médico-sociale en proposant un repreneur. Le choix serait laissé aux municipalités de reprendre le tout (ce qui ne sera pas le cas à Andernos), ou de le confier à un prestataire. Cela aura forcément un impact sur les résidents dont les pensions de retraite sont égales ou inférieures à 900 euros, très nombreux dans ce genre de résidence, à l'instar des deux Micheline.

bailleurs et locataires : pendant plus de deux heures, il sera question des nuisances de pigeons (que certains résidents nourrissent, ce qui incite les oiseaux à nidifier sous les tuiles), des locaux à poubelles considérés comme trop peu nettoyés par les uns et « parfaitement aux normes » pour les autres, et, bien sûr, des incivilités, comme ce mystérieux dépôt d'ordures « sauvage » à côté du local, sans que « personne ait jamais été pris sur le fait », me confie Thérèse, qui semble cependant davantage attristée par l'absence de réunion de la chorale, Covid oblige. Sur ce dernier point, comme sur tous les autres, le ton et le style plutôt très langue de bois du bailleur tranchent avec la demande d'« humain » de la résidente. « Oui, c'est contraignant, finit par concéder le directeur à propos de la chorale, je vais voir comment on peut faire valider le protocole... »

Finalement, le succès du jardin partagé testé à l'autre bout de la résidence, dont l'espace fleuri et arboré est un havre de beauté au sein du bâtiment vieillissant, met tout le monde d'accord. Ses bordures ont été marquées par des tuiles chaulées blanches, un don des ostréiculteurs, précise Thérèse, qui – elle le déplore – n'habite pas de ce côté-ci.

*

* *

La France est vieillissante, et comme de nombreuses villes françaises, Andernos est une « ville de vieux », même si son maire n'apprécierait sans doute pas que j'évoque sa commune uniquement sous ce prisme. Nous vivons dans un pays où 20 % de la population a plus de 65 ans et cette proportion augmente[1]. Traditionnellement, les personnes âgées se rendent davantage aux urnes. Selon l'institut de sondages Ipsos, 34 % des votants du premier tour de la présidentielle de 2017 avait plus de 60 ans, et ce taux a atteint 41 % aux européennes de mai 2019, largement plus que le poids de cette catégorie d'âge dans le corps électoral[2].

Au cours de l'élection présidentielle de 2017, Emmanuel Macron a réuni 70 % des voix des sexagénaires et 78 % des plus de 60 ans[3]. Le plus jeune président de France avait réussi la prouesse de séduire les seniors qu'il s'apprêtait à taxer ! Du coup, personne ne s'attendait à leur colère, qui s'est exprimée dès janvier 2018[4], d'autant que la hausse de la CSG est survenue en même temps que la suppression de l'impôt sur la fortune. Nos vieux se sont sentis abandonnés, voire déclassés. L'exécutif était-il aveugle ou maladroit au point de croire que, parce que ces Français étaient sortis de leur vie professionnelle, ils deviendraient des « invisibles » qui ne réagiraient pas à ce qu'on leur ôtait et ne descendraient pas dans la rue[5] ? Au début du mouvement des Gilets jaunes, on a retrouvé sur les ronds-points de nombreux retraités et personnes âgées. À cette atmosphère délétère de colère « grise » s'est ajouté le traumatisme de la pandémie qui, courant 2020, fut perçue comme un instrument

1. Cf. Insee, ce chiffre date de 2019, contre 15 % en 1998.
2. 32,9 % selon l'Insee.
3. Selon les estimations d'Ipsos.
4. Au 1er janvier 2018, la CSG a augmenté de 1,7 % pour les retraites supérieures à 1 200 euros brut par mois.
5. Ce calcul n'a pas fonctionné puisque, le 10 décembre 2018, Emmanuel Macron a reculé, pour la première fois du quinquennat. Cf. « De Chirac à Macron, les présidents face à la vague grise », *Le Monde*, 23 novembre 2019.

de division entre catégories d'âges : brutalement, les plus de 65 ans furent présentés comme des « personnes vulnérables ». Ils eurent la désagréable impression d'être ostracisés et infantilisés[1].

Laure Adler estime la société actuelle « réactionnaire, violente et méprisante envers ses vieux », et souligne qu'elle les exclut, « voire les ghettoïse, [ce qui est] le signe infaillible de l'échec d'une civilisation[2] ». Interviewée par *Le Monde* à propos de son livre, elle dit aussi, et c'est magnifique : « Il faut faire passer le message aux jeunes : dans chaque vieux subsiste une irrépressible jeunesse[3]. »

Peu perceptible avant la crise sanitaire, la question du « grand âge » a surgi grâce à (ou à cause de) la pandémie mondiale, sans que personne se pose la question des droits et des libertés de nos vieux.

En France 7,5 % d'entre eux (65-74 ans) vivent sous le seuil de pauvreté. Ce chiffre monte à 14,7 % pour l'ensemble de la population. Le taux de pauvreté progresse dramatiquement après 75 ans : une fois veuves et malgré la pension de réversion, de nombreuses femmes (dont l'espérance de vie est plus longue que celle de leur époux) subissent l'effondrement de leurs revenus.

---

1. De nombreux sociologues ont relaté ce désagréable sentiment de « minorisation » de la part de l'État, cette manière d'être poussé hors du statut d'adulte responsable. Cf. « Les liens entre générations à l'épreuve du Covid-19 », *Le Monde*, 5 septembre 2020, qui cite la sociologue Isabelle Mallon, maître de conférences à l'université Lumière-Lyon II et spécialiste de la construction sociale des âges de la vie.
2. Cf. *Le Monde*, 6-7 septembre 2020.
3. Laure Adler, *Le Monde*, *ibid.*

En rez-de-chaussée de la résidence des Quinconces, je suis invitée chez Johanna, 91 ans, en compagnie de Domi, 65 ans, ex-coiffeuse et jeune présidente du club du troisième âge, récemment rebaptisé club « loisirs-amitiés ». Domi, qui porte ses lunettes haut sur le crâne, est une blonde dynamique et avenante, très active dans le milieu associatif local, mais aujourd'hui, elle ne trouve personne pour la remplacer. Deux déambulateurs trônent dans le salon de Johanna : le sien et un autre, livré la veille, et ces objets limitent la circulation autour de la table à manger. Domi est venue laver les cheveux de Johanna la Hollandaise, arrivée en France à 23 ans et résidente aux Quinconces depuis le même nombre d'années ! Si la vieille dame en a besoin, elle lui donnera un petit coup de ciseaux. Un poster du chanteur d'opéra Luciano Pavarotti est punaisé au mur, juste au-dessus du téléphone filaire, un livre sur le ténor italien a été posé sur la console. Trois canaris babillent à gorge déployée, couvrant parfois notre conversation, interrompue par l'irruption de la toute jeune employée de pharmacie en blouse blanche qui toque au carreau (et non à la porte d'entrée, quasiment jamais utilisée). Elle apporte un troisième modèle de déambulateur, celui déposé la veille ne convenant pas. Nous voici, Domi et moi, en train de les essayer au milieu du salon étroit et encombré, comparant avantages et inconvénients sous l'œil vif de Johanna qui répète avec force : « Surtout, faut pas qu'y soit trop large ! Ma fille vous l'avait bien dit, ici, c'est tout p'tit, faut qu'ça reste maniable ! » On rit.

Finalement, aucun ne convient. La pharmacienne repart avec le dernier modèle apporté et reviendra chercher l'autre plus tard. Il faut recommencer les recherches. « Aujourd'hui, on ne répare plus, on jette direct », se lamente Johanna qui se serait bien passée de racheter un déambulateur neuf.

Johanna est une femme énergique et volontaire. Son mari est mort depuis quarante-deux ans, « mais j'ai jamais pu regarder un autre homme ! » lance-t-elle d'une voix tremblante. À son côté, pendant des décennies, Johanna a tenu une station d'essence jusqu'à leur expropriation au moment de la construction de l'autoroute A73.

On passe à la cuisine. Domi a posé son baquet sur l'évier et fait pencher la tête de Johanna qui obtempère tout en parlant. Elle se souvient qu'avec les indemnités de l'expropriation ses deux enfants s'étaient acheté des biens immobiliers. Quand elle est en colère, la tonalité gutturale du hollandais, sa langue natale, réapparaît. « Appuie-toi bien en arrière », conseille Domi, tandis que Johanna m'explique avoir appris le français « à l'oreille » et, finalement, aimer cette France où, pourtant, elle se sent bien seule aujourd'hui. « Là ça fait neuf mois que je ne suis pas sortie de chez moi, y en a pas un qui serait venu me demander si j'ai besoin de pain ! », affirme-t-elle à propos de ses voisins résidents qu'elle trouve « pas ouverts » et « pas francs ». Un gros matou roux surgit de la fenêtre restée entr'ouverte.

Se sent-elle invisibilisée ? De tous mes interlocuteurs, je n'ai jamais reçu réponse si puissante sous la forme d'une cinglante « anecdote » : à son âge avancé, Johanna ne va plus se promener en forêt, mais elle s'y rendait encore il y a quelques années, croisant familles avec enfants, ou des couples à vélo. « Neuf fois sur dix, affirme-t-elle, vous seriez une boule de caca à terre qu'ils vous verraient, au moins pour vous éviter, mais là, non… Vieille, on ne vous voit pas. Vous n'êtes pas encore morte, mais vous n'existez plus. »

Johanna touche une retraite de 700 euros, dont 400 sont immédiatement affectés au loyer. Après le shampoing, nous sommes repassées au salon. Ses cheveux mouillés ont frisé, l'humidité accentuant leurs reflets bleus. Pleine d'humour et de verve, Johanna passe en revue les aspects négatifs de la résidence. Rien ne s'améliore, son téléphone fixe a été en panne à de nombreuses reprises, il n'y a pas de gardien, la clôture en bois de son jardinet a été supprimée. « Je ne me sens plus sécurisée », affirme-t-elle. Quant aux pigeons, elle avoue les avoir nourris avec bonheur chaque fois qu'elle sortait son chien. « Ici, certains m'ont tourné le dos à cause de ça ».

Il est temps pour Domi de poursuivre sa journée en allant égayer celle d'autres vieux. Elle non plus n'est pas dénuée d'humour : « J'suis malheureuse avec ce Covid, parce que j'suis très tactile… on n'inclut pas assez nos vieux dans la vie de tous les jours, pareil avec nos handicapés, on a oublié le sens de la famille, on a oublié qu'on avait des parents », se désole-t-elle arborant un désarmant sourire. Cet automne, Domi a dû renoncer au Loto de son association, pourtant un moment important. « Je les sens si heureux ceux qui viennent aux réunions, alors, quand y'en a pas, ça montre à quel point ils sont seuls. Et puis, quand tu regardes la télé, tu vois que des jeunes, des beaux, des bien foutus. Un gros ventre et déjà t'es hors normes ! », fulmine-t-elle.

Domi a deux filles, dont l'une est auxiliaire de vie, un métier déconsidéré et inconnu du public… comme si ces femmes dévouées – et parfois ces hommes – n'étaient pas indispensables, alors qu'ils sont parfois le seul rayon de vie et de bonheur de nos vieux.

*

* *

Avec une « auxiliaire », j'ai voulu pousser les portes des domiciles, partager l'intimité de personnes âgées qui refusent de vieillir en résidence comme aux Quinconces et restent chez elles. Pas avec la fille de Domi, qui travaille en indépendante, mais avec Élise, 44 ans, une employée au CCAS d'Andernos depuis un an.

Après une carrière dans la grande distribution, Élise a voulu changer de voie. Son compagnon est pêcheur à la palourde, mais gagne moins bien sa vie depuis la crise de 2008. Un second salaire est nécessaire.

« Pour être respectée, sois toujours respectable », confie la jeune femme, dont c'est la devise. Au volant de sa Seat blanche, Élise me récupère devant le CCAS et nous voilà parties rendre visite à Mme Doujolet, une ex-institutrice de 90 ans, veuve, dont le fils sexagénaire habite Marseille et passe la voir une semaine tous les deux mois. La vieille femme habite seule dans une maison près du lycée. « C'est Élise, je badge… », prévient l'auxiliaire en haussant la voix quand elle franchit le seuil, impeccable dans son pantalon noir, ses baskets blanches à lacets roses et son coquet corsage. Prévenue de ma présence, qu'elle a acceptée, Mme Doujolet apparaît en robe de chambre bleu pastel passée sur un douillet pyjama rose. « Élise, je vous ai laissé beaucoup de vaisselle… », prévient-elle d'une voix faiblarde.

Nous prenons place dans un vaste salon ensoleillé, encombré d'imposants divans, d'un piano, de bibelots et de photos encadrées de toute la famille jusqu'aux arrière-petits-enfants. Ici aussi, un chat de gouttière règne en maître. C'est celui des voisins, prompt à venir caresser les mollets de cette autre maîtresse.

Claudine Doujolet, Saint-Quentinoise d'origine, réside à Andernos depuis 2007. À la mort de son mari, elle a déménagé dans cette maison plus petite, de plain-pied, mais encore très confortable. « Je sombre », souffle-t-elle tandis qu'Élise, vaillante, entame la vaisselle. Pudique et fière, n'en laissant rien deviner aux visiteurs, Claudine est aveugle de l'œil gauche, ce qui la prive de ses activités préférées (lecture, télé, travail manuel) et l'isole.

« C'est tentant de mettre quand même la 5, ou la 7, dit-elle en parlant de la télé, mais ça me fait pleurer l'œil. Qu'est-ce que j'attends, moi ? Rien du tout, j'ai vécu... »

Claudine insiste : une vie entière au travail lui a donné satisfaction. Elle aimait son travail d'enseignante. Maintenant qu'elle a le temps, la nonagénaire se pose des questions, beaucoup de questions même, parfois existentielles : grande lectrice des travaux du paléontologue Yves Coppens, Claudine espérait qu'après avoir décrypté le mystère du squelette de Lucy on éluciderait « le commencement des planètes » avant sa mort, mais l'ignorance reste grande en ce domaine. En approchant de sa propre fin, Claudine se préoccupe des origines du monde.

Jeune ou âgé, chacun exige des certitudes, ou à défaut, quelque explication : « Notre fin viendra de la technologie trop avancée, qui, forcément, fait des bêtises... Je pensais qu'on trouverait des définitions, qu'on percevrait des avancées dans l'exploitation de l'univers, mais on reste dans l'incertitude… », regrette cette enseignante ex-syndicaliste qui aime se remémorer son bonheur à monter à Paris pour les manifs du week-end. Claudine n'a pas voté aux dernières élections municipales, elle ne le fera pour la présidentielle que si on l'emmène. La vieille femme philosophe sur ce que notre société est devenue : « Une catégorie de Français est trop exigeante… et une autre catégorie, très pauvre, n'arrive pas à s'en sortir. L'éducation n'est plus là, il n'y a plus que de la consommation à tout-va ! Moi, la guerre m'avait appris à économiser l'eau, l'énergie, les aliments. Les privations nous ont donné des leçons terribles, que je ne retrouve pas dans la génération actuelle. Les vieux sont de plus en plus nombreux, mais l'esprit de famille a tourné. Moi, d'mon temps, la proximité avec mes parents était là. »

En cuisine, Élise prépare un pamplemousse pressé, car la vieille dame n'a pas encore pris son petit déjeuner. Ses enfants souhaiteraient qu'elle s'installe en maison de retraite, ils s'inquiètent de sa solitude, mais la nonagénaire résiste : « Ils me prendraient pour une folle là-bas avec mes exigences… parce que, moi, si on me met dans une chambre non ensoleillée, j'en mourrai ! Élise, vous restez combien ? Une heure ? », lance-t-elle, soudain inquiète. La caisse de retraite de Claudine rémunère son auxiliaire de vie pour un nombre d'heures limité. Des infirmières passent trois fois par semaine pour sa toilette. Elle se plaint d'avoir du repassage en retard et de ne plus pouvoir nettoyer seule ses lustres.

Élise est passée au-dehors balayer le sol. De loin, on l'entend prévenir qu'elle va chercher le courrier, vider les poubelles et les trier. Élise déclare toujours ses intentions tout haut avant de s'activer, pour ne pas prendre au dépourvu ses « mamies », comme elle les appelle affectueusement.

Claudine confie n'avoir cotisé que trente-deux annuités au lieu de trente-sept, et regrette de ne pouvoir se payer autant d'heures d'auxiliaire qu'elle le souhaiterait. Elle ne livre pas le montant de sa retraite, sans aucun doute plus élevée que celle de Johanna et des deux Micheline, mais elle aussi semble faire très attention à ses dépenses. Pour alléger sa note de chauffage, la vieille femme possède un insert, mais elle redoute de l'allumer seule chaque matin. À 12 h 55, sa coiffeuse arrive. Élise et moi nous retirons.

« J'aime mon métier parce que je trouve toujours des gens bienveillants, avec des valeurs », confie Élise en nous conduisant ailleurs. L'auxiliaire a accepté ma présence parce qu'elle aussi souhaiterait écrire un livre à propos de son travail. Elle se souvient de ses propres préjugés à propos de ce métier et sourit. « Qu'est-ce que je peux faire pour vous aider aujourd'hui ? » est toujours sa première question. Sa voix est chaleureuse, ses phrases précises et sans chichis. « Certaines mamies me donnent des conseils de vie : anticipez, achetez votre appart. » Leur désir de transmission traduit un souci bienveillant de l'autre dont Élise ne peut plus se passer.

Nous nous garons à l'autre bout d'Andernos, devant une maisonnette blanche à un étage accessible par un escalier extérieur. C'est ici que vit Murielle, 88 ans, qui attend Élise de pied ferme : elle a déjà préparé sa liste de courses. Une poupée gît sur le divan défraîchi de sa pièce à vivre sobrement meublée d'une table, d'une armoire et d'un buffet. Les volets sont tirés, la kitchenette impeccablement rangée. « La poupée vient du marché d'Andernos, elle est comme moi : pas moderne ! », prévient avec humour la quasi-nonagénaire qui tient à retirer son masque quelques secondes pour que je l'admire. Pendant que nous devisons, Élise vérifie la liste. Voilà une génération où les veuves mentionnent toujours en premier lieu l'activité de leur mari. Celui de Murielle, disparu il y a vingt ans, était pharmacien. Depuis, c'est la solitude, cette compagne obligatoire qu'elle a apprivoisée.

Murielle me déclame un court poème de Platon, se met à chantonner des airs d'opérette avec un certain talent. Jeune, elle s'était rendue en Autriche avec son époux applaudir Herbert von Karajan, l'événement l'a marquée. Elle a envie que la journaliste de passage sache qu'elle a eu une vie avant de se retrouver ici, et que ces flamboyants moments sont encore vifs dans sa mémoire.

Murielle extirpe une planche à dessin de derrière le divan et nous montre ce qu'elle avait réussi à faire avec sa prof il y a quarante ans. Même Élise ne connaissait pas ces esquisses. « J'veux aller directement dans la case "tombe" », nous lance-t-elle, enjouée. Elle précise : « Je refuse de m'faire enfermer dans une maison de vieux, je veux rester chez moi ! Comme j'ai pas eu d'enfant, c'est moi qui décide ! »

Élise et moi argumentons pour que Murielle nous accompagne faire ses courses, mais rien n'y fait : depuis cinq ou six ans, la vieille dame vit cloîtrée. Il y a d'abord ces satanées quatorze marches de l'escalier extérieur qui la rebutent, mais c'est surtout le désir de sortir qui l'a quittée, pourtant, elle marche encore bien, fait toujours son ménage seule et lave ses vêtements à la main puisque Murielle n'a jamais eu de machine à laver ! Il y a encore une quinzaine d'années, elle se rendait tous les soirs à vélo près de la mer admirer le coucher de soleil. Le temps qu'Élise descende son sac-poubelle, elle évoque la politique. « On sait plus pour qui voter... le jeune, moi j'l'appelle le prince. C'est p'têt une erreur, mais on a voté pour lui, on n'avait pas l'choix. On a espéré... »

« Je crois bien que j'ai de la chance ! », confie Élise alors que nous nous asseyons sur un banc de la plage du Mauret où elle vient parfois manger un morceau ou se reposer entre deux « mamies ». Élise travaille trente-cinq heures par semaine pour un salaire entre 1 100 et 1 350 euros mensuels. Son loyer pour « un petit paradis » avec neuf cents mètres carrés de jardin s'élève à 750 euros par mois (partagés avec son compagnon), « mais c'est parce que le propriétaire est un ami, sinon le loyer monterait facile à 1 000 ! ». Élise est une femme épanouie, tant de collègues ne peuvent en dire autant. « J'ai pas de longs trajets, c'est un poste stable, et ici, on jouit d'une vraie qualité de vie ! »

Mais surtout, la jeune femme, qui a prévu de consacrer à ce sacerdoce cinq années, pas une de plus, croise les doigts pour sa titularisation[1]. Grâce à cela, son salaire sera un peu plus élevé et elle pourra enfin se projeter. Même

1. C'est chose faite depuis le 1er octobre 2021.

si « elle ne croit plus trop » à l'acte de voter, Élise vote écolo depuis ses 20 ans, mange bio, du moins elle essaie, parce que c'est cher, et fait ses courses auprès des petits producteurs locaux.

En fait, avoue-t-elle, gênée, « mon bulletin de vote, c'est mon porte-monnaie ».

*

* *

La France d'Andernos est aussi celle qui épargne et se préserve, tels ces représentants du troisième âge conviés à un atelier « bien-être » de la mairie. Quand Patrick, l'animateur, se présente, il ôte un instant son masque « pour que l'on voie son sourire ». Notre groupe de sept (dont un couple) s'est regroupé en lisière de forêt, non loin des Quinconces.

« J'ai l'habitude de travailler la zénitude », explique Patrick, 58 ans, un ex-de la marine marchande, élégant dans son large pantalon de toile brun assorti à son pull col V de fin cachemire au revers gris perle. Nous nous tenons debout en cercle, chacun donne son nom et son âge. « Je pense être la doyenne et j'en suis fière », dit une femme de 82 ans, ses yeux cachés derrière des lunettes noires.

« Sentez bien la terre sous vos pieds, fermez les yeux, commence Patrick en s'approchant de chacun, replaçant à la verticale d'un geste précautionneux les déséquilibrés, comme s'il s'agissait de pantins désarticulés. Relâchez vos épaules, votre menton aussi, ne soyez pas au garde-à-vous », insiste-t-il. Consciencieux, Patrick passe de l'un à l'autre, regarde une telle aux yeux clos, puis une autre, qui ne parvient pas à les fermer, observe les tensions du groupe, exhorte chacun à « être simplement présent entre ciel et terre et à respirer ». Il demande de faire un petit pas en avant en arborant si possible un petit sourire. J'admire cet homme qui s'adresse avec tant de gentillesse à des personnes inconnues qui ne le regardent pas et ne sourient pas.

Quand Patrick évoque la forêt comme une source d'oxygène où l'on vient se « recharger », les visages restent impassibles. L'animateur demande maintenant de pencher la tête vers le bruit qu'ils perçoivent quand il se déplace. Lorsque, lentement, Patrick se met à marcher, certaines têtes se tournent mollement. Menton relevé, lèvres pincées, visiblement tendue, ma voisine conserve la sienne ostensiblement penchée en arrière. Quand, finalement, il lance un objet, tous tournent leur visage aveugle vers le bruit de la chute, sauf elle, qui reste impassible. Quand Patrick ramasse l'objet, la bordure de son caleçon apparaît, sur laquelle est imprimé le logo « beau gosse officiel ». Je suis la seule à en sourire. « Placez-vous davantage face au soleil, conseille-t-il à ma voisine avec tact et douceur. Maintenant, ouvrez les yeux, touchez ce que vous voyez, avec vos mains, oui ! » La plupart s'exécutent, mais une participante reste les deux mains dans les poches de son bermuda, imperméable à l'évocation de « nos frères végétaux ». L'animateur entraîne ensuite le groupe à prendre une « douche énergétique » : frictionner certains points de son corps pour mieux le percevoir. « Moi, j'ai pas forcément de sensations, voilà mon problème ! », lâche une certaine Françoise.

Quand Patrick termine la session avec la « position de l'arbre », plus personne ne suit, c'est devenu trop compliqué. Dès la fin, le couple tourne rapidement les talons et les langues des femmes se délient. Françoise, ex-employée de banque, Jeanine, ex-fonctionnaire de mairie, et Monique, ingénieure, admettent toutes être des privilégiées. Inscrites via leur Caisse d'assurance maladie, cette activité leur a paru moins rebutante qu'un atelier de sophrologie, et surtout, elle remplit leur journée.

Habitué des Ehpad, Patrick confirme que, lors d'une première session, timidité et anxiété dominent. « Même s'ils ont du pouvoir d'achat, nos vieux sont de plus en plus relégués en marge de la société. Cette population n'est plus ni regardée, ni écoutée, ni même touchée tactilement », insiste l'instructeur qui, après un burn-out, ne se déplace plus en ville, comme à Bordeaux où il se sent trop « stressé ». Il sait que celle qui s'est plaint de douleurs en début de séance n'aura plus mal en fin d'atelier, preuve que ces maux sont avant tout émotionnels. « Beaucoup se sentaient mieux dans leur vie active, quand ils se laissaient dépasser par un travail rythmant leur quotidien. Depuis qu'ils sont inactifs, c'est le malaise. Tout leur fait peur : ce qu'on mange, ce qui se passe au coin de la rue, ce qu'on voit à la télé. Ce trop-plein d'émotions renvoie à la fragilité de l'être humain », insiste-t-il. Les septuagénaires et plus aimeraient parvenir à s'ouvrir à l'autre, mais ils ont besoin qu'on leur tende la main : « Ils tâtonnent pour réussir leur deuxième vie… Leur colère est omniprésente, mais elle n'arrive pas à sortir. Quant à leur émotion, elle est dévastatrice. »

*

* *

Andernos-les-Bains est une commune riche qui attire chaque année de « nouveaux arrivants », souvent des vieux avec du pouvoir d'achat, qui souhaitent une propriété. Le secteur immobilier y est prospère et de plus en plus recherché par ce troisième âge actif, avide de calme et de soleil.

Arrivée à Bordeaux par le TGV, j'ai loué une voiture pour rejoindre le « fond du bassin », ce littoral au front de mer dépourvu de vagues, où l'eau n'est nulle part profonde, ce qui lui ôte un certain attrait, mais attire une population plus familiale. À Andernos-les-Bains on a l'impression d'être en vacances toute l'année.

Pendant les quarante-huit kilomètres de route, pratiquement sans discontinuer, j'ai longé des zones industrielles et commerciales plus ou moins denses. Dans quelques années elles seront encore plus homogènes, me disais-je en conduisant. Puis les abords de la départementale se sont transformés en une forêt de pins majestueux bordée de bruyère mauve aux éclats rythmés par le mouvement de mon véhicule face au couchant.

Au premier rond-point d'Andernos, je suis passée devant un bâtiment sinistre et sans panache, entouré d'un grand parking : le casino, propriété du groupe Partouche[1].

« On a un vrai problème avec l'appellation "les vieux", réagit Jean-Yves Rosazza, 65 ans, quand je lui explique la raison de mon séjour dans sa ville. Les seniors qui s'installent sont en pleine forme, mais étonnamment grégaires », souligne cet homme débonnaire, à l'œil vif et malicieux,

1. Il existe 198 casinos en France, dont 39 sont la propriété du groupe Partouche. Celui d'Andernos appartient au groupe depuis 2004.

aisément réélu maire[1] en 2020. Mettant fin en 2014 à quarante années du « règne » de son prédécesseur[2], en 2020, Rosazza était le seul candidat à sa succession.

Jean-Yves Rosazza a vécu plusieurs vies avant de devenir maire : professeur pendant seize ans, puis agent immobilier vingt-six années durant. Petit-fils d'un Italien descendu avec sa truelle d'un village qui porte son nom sur les hauteurs de Turin, ce grand-père maçon est venu tenter sa chance en France en 1926, il a bâti la moitié de la ville. Pendant trente-six ans, son fils, le père du maire actuel a été premier adjoint.

Jean-Yves Rosazza récuse le terme de cité balnéaire : « On n'a pas d'eau ici », répète-t-il. L'été, le Cap Ferret et Arcachon décuplent leur population, et Lacanau la multiplie par vingt, mais Andernos ne fait que la tripler, ce qui ravit le maire, soucieux de démontrer qu'ici on vit à l'année. Même si sa hantise est de se transformer en « banlieue-les-bains ».

Rosazza dresse fièrement la typologie de ses administrés, pilotes ou ingénieurs chez Thalès, tous des quadras nantis qui ont quitté Paris sans état d'âme. S'y ajoutent d'anciens copains d'école et leurs enfants qui n'ont pas les mêmes moyens pour se loger sur leur terre natale !

Jusqu'à peu, la ville n'abritait que trois hôtels, un « vide sidéral » qui pouvait provoquer des tensions entre particuliers, divisés entre ceux disposés à ouvrir l'été leur maison à la location sur des sites internet, et ceux qui ne voulaient pas en entendre parler, forçant l'édile à jouer les faiseurs de paix.

1. Sans étiquette.
2. Philippe Pérusat a été maire RPR, puis UMP, de 1974 à 2014.

Mais le principal souci de Jean-Yves Rosazza est ailleurs : depuis la loi Duflot[1], l'État exige « de la densité en ville » alors que cet habitat qui s'étend paisiblement le long de la côte et à l'intérieur des terres, reste, il en est convaincu, l'atout principal de ce territoire, et que le maire ne veut pas entendre parler de construction d'immeubles. « On a bien une parcelle où on pourrait construire des HLM[2], mais les écologistes nous bloquent. » Comme dans toutes les communes à l'économie saisonnière, le problème du logement des jeunes et des saisonniers[3] reste entier.

À plusieurs reprises pendant mon séjour, on m'a laissé entendre que les raisons incitant à s'installer à Andernos n'étaient pas forcément les meilleures. Le maire, en sa qualité d'ex-agent immobilier, osera m'expliquer clairement la situation. Quand il faisait visiter appartements et maisons à des candidats à l'achat souvent retraités et déjà propriétaires dans le Var ou les Bouches-du-Rhône, certains lançaient : « Ben nous, on est venus ici pour ça... » Ne comprenant pas ce qu'ils voulaient dire, il les questionnait encore plus clairement : « Ben, ici, y a pas d'Arabes. » D'autres lancent aussi plus hypocritement : « L'immigration semble bien maîtrisée par chez vous, c'est bien agréable », ou encore, « Dans le bottin, y a aucun nom qui me déplaît... ».

1. La loi ALUR dite loi Duflot II, du 24 mars 2014, vise à favoriser l'accès au logement et réglementer les locations en luttant contre la mise en location de logements inadéquats. Elle promeut aussi la construction en réformant le droit de l'urbanisme.

2. Andernos-les-Bains possède 5 % de son parc en HLM.

3. À l'image des stations de montagne et pour éviter qu'ils partent dormir à quarante kilomètres ou au camping, l'intercommunalité souhaiterait leur construire une maison.

Deux sœurs d'origine marocaine propriétaires d'un magasin de vêtements du centre et fières d'avoir racheté cette boutique il y a dix ans, confirment cet état d'esprit. Si elles avaient été des hommes, les deux sœurs pensent qu'elles se seraient peut-être moins facilement « adaptées », homogénéité locale oblige. Le troisième âge actif vient chercher à Andernos un style de vie paisible face aux fameuses « passes », ces pointes à dépasser pour atteindre la haute mer, mais aussi une absence de tensions, ce qui, pour beaucoup, équivaut à une absence de mixité[1] sociale.

Quand Rosazza gérait son agence, il s'estimait heureux de vendre six maisons par mois. Aujourd'hui, son successeur en vend dix-neuf ! Une maison avec terrain ne reste pas à la vente plus de trois jours ! À mon hôtel, tenu par Annie et Monique, deux anciennes de l'Éducation nationale, arrivées il y a sept ans pour refaire leur vie commune au fond du bassin, cet engouement m'est confirmé. Depuis trois ou quatre ans, il ne se passe pas une semaine sans qu'un client réserve à « Villa Teranga » pour faire des repérages avant d'acheter ou parce qu'il vient d'acheter.

Justement, un couple qui a quitté Morangis, à quinze kilomètres de la porte d'Orléans, séjourne à l'hôtel pendant les travaux de leur maison. Je suis invitée à visiter leur chantier. En jean, baskets et fin pull en cachemire, Bernard, 68 ans, ancien dentiste, n'est pas le genre de retraité à jardiner. « Tout comme ce fond du bassin sans vague, ici, c'est la France qui ne veut pas de vagues », assure-t-il, pensif. Le couple a acquis en 2016 cette maison de plain-

1. Au premier tour de l'élection présidentielle de 2017, Marine Le Pen a obtenu ici 11,64 % des voix, puis 25,28 % au second tour.

pied, dépourvue d'un vaste jardin et plus petite (110 m^2) que celle qu'ils possédaient en banlieue parisienne, pour 400 000 euros. Bernard a gagné sa vie sans jamais tromper le fisc, son épouse a servi dix-neuf ans sa municipalité. Tous deux estiment avoir « donné » leur part à la société et aspirent aujourd'hui à leur tranquillité, même si s'installer à Andernos a symboliquement rappelé son âge à Bernard, ce qui, avoue-t-il, n'a pas été moralement facile.

Je retrouve Josette, 71 ans, son épouse, dans la salle du petit déjeuner de notre hôtel commun. « Il n'était pas question de nous installer dans une ville de retraités, où l'on ne vous parle que des morts... », ironise cette femme menue, élégante, à la rousse chevelure, que je sens volontaire et déterminée, deux qualités que j'apprécie. Josette voulait s'installer dans un endroit « qui vit », et doté d'établissements scolaires, même si cela ne concerne plus leur couple. Cette région où habitait déjà sa sœur jumelle l'a séduite. À peine arrivée, Josette s'inscrit à des cours de yoga et de tai chi ; devient membre de toutes sortes d'associations, sinon « impossible de rencontrer quiconque ».

Cette ancienne maire adjointe entretient un rapport sain avec la mort : « Les gens ne veulent pas mourir, se désole-t-elle. Moi, ça ne me fait pas peur ! Je crains davantage la souffrance, la maladie. Mais surtout, insiste-t-elle, après avoir passé tous les caps fatidiques de 40, 50, 60 ans et la ménopause, je VEUX pouvoir mourir ! »

En 2022, elle ira voter, tout comme son mari qui espère que, d'ici là, « nos dirigeants cesseront de s'appesantir sur les droits des citoyens et mettront les devoirs en avant, comme celui, capital, de se respecter les uns les autres ! ». Le duel prévu « Macron-Le Pen » ne fait peur ni à l'un ni à l'autre car, ils en sont convaincus, Macron le gagnera.

« C'est plutôt la nièce Le Pen qui me glace », avance Josette. Bernard, lui, redoute qu'après les Gilets jaunes « des milices finissent par se lever ».

*

* *

Chez Henriette, une baraque ostréicole isolée sur la dernière darse avec vue imprenable sur la marée basse, la majorité des convives est âgée. Un couple paraît jouir en silence de ce radieux soleil d'octobre. En fine doudoune beige sans manches, casquette et lunettes noires, Madame savoure une douzaine d'huîtres pour 12 euros, tandis que Monsieur déguste les pinces de son demi-homard bleu à 26 euros. Le vin blanc coule à flots.

Le cuisinier et propriétaire de la baraque se remémore les années de folie quand « Andernos, c'était le jazz[1], avec son Café central[2], ses concerts *live*, sa discothèque et ses pizzas chaudes et croustillantes à la fermeture du night-club ». Cette liberté en plein « cœur de ville » s'est évanouie, et malgré toute sa bonne volonté, le maire Jean-Yves Rosazza, qui l'a aussi connue, ne réussira pas à la faire renaître.

La nouvelle place du Quatorze-Juillet est belle, mais les commerces n'y « prennent » pas. Il se dit que les pas-de-porte sont trop chers. Pour trouver une certaine ambiance, de la musique et des jeunes, il faut pousser jusqu'à la zone artisanale d'Andernos, même le maire le reconnaît !

1. Ce festival de jazz était très connu.
2. Devenu une banque.

Au *Vin d'Orge* ou au *Régent*, des bars à bière coincés entre un coiffeur, une pizzeria et des artisans de la zone commerciale, les jeunes se retrouvent à partir de 16 heures, sans craindre de gêner leurs aînés.

Dans l'air encore chaud de cette fin de saison, je longe le boulevard de la République parallèle au littoral. Plus on s'approche de la mer, plus les bâtisses se resserrent. Leurs noms, *La Houle*, *Le Cigalon* ou *Le Mirasol* se détachent des frontons. Toutes les rues perpendiculaires regorgent de maisons à vendre ou déjà vendues. Ici, des volets bleus, mauves ou blancs, là, d'impersonnels stores tirés le soir ou en journée pour se protéger de la chaleur. Dans le soleil couchant, différentes générations déambulent sur la jetée, une des plus longues de France. Les jeunes tiennent les commerces, les vieux consomment.

*

* *

Je ne résiste pas à la tentation d'aller faire un tour au casino, d'autant que son gérant, absent du vendredi soir au samedi soir pour cause de shabbat, est, m'a-t-on dit, un « personnage ». La région compte quatre établissements similaires à proximité, c'est dire si les jeux de hasard sont prisés du public senior, mais aussi des récipiendaires du RSA. Tous caressent le rêve de gagner le gros lot.

Tout en vapotant, André Barouk, 45 ans, m'explique gérer son neuvième établissement de jeux. Il travaille de concert avec son épouse, qui passe à plusieurs reprises vérifier le tour de notre conversation sans y participer, sauf pour lâcher qu'elle n'aime pas la région, « trop paisible ».

Engoncé dans un costume gris perle, Barouk m'expose sa passion du divertissement, insiste sur les autres activités d'un casino. Le chiffre d'affaires de l'entreprise est en baisse et le casino n'a pas le choix : comme tous les établissements similaires de l'Hexagone, il doit se diversifier. Volubile et bonimenteur, ce commercial-né à la fine barbichette, que ses lunettes noires font ressembler à un acteur de série B américaine, parle avec ses mains. Il essaie de me convaincre qu'il respecte sa « délégation de service public ». En effet, son cahier des charges est municipal, mais Barouk prétend outrepasser ses devoirs en prêtant certaines de ses salles (pas les plus conviviales) à la demande d'associations locales.

L'homme a commencé comme portier, œuvré six années durant comme croupier, et passe aujourd'hui le plus clair de son temps à quadriller ses salles, habile à déceler le client loquace ou, au contraire, celui qui préfère rester silencieux. La posture du corps du joueur, sa gestuelle, ses regards (ou leur absence) le renseignent.

Tout comme sa femme, Barouk craint de finir par s'ennuyer à Andernos, alors il prévoit de grands travaux, mais après, il ne sait pas. Les temps festifs de la discothèque et de ses deux « piscines » étant révolus[1], il se triture les méninges pour attirer et fidéliser une clientèle avide de jeux originaux et curieuse de nouveaux lieux de convivialité, ce qui n'est pas une mince affaire.

Barouk insiste lourdement sur ses « obligations légales » et m'apprend qu'on ne glisse plus la moindre pièce dans les fameuses « machines à sous » clignotantes, mais une

1. Ces activités ont été stoppées en 2005, un an après la reprise du casino par le groupe Partouche.

simple carte prépayée. « Une machine à sous, c'est comme une femme, soit ça marche, et le client reste dessus, soit il change de machine. » Atterrée par cette métaphore, je suis pourtant tentée de croire que Barouk a raison : il est 13 h 30, et un homme qui a commencé à jouer une heure trente plus tôt vient de gagner 20 000 euros sur une de ces machines. Son gain s'affiche au-dessus de toutes les caisses en grosses lettres lumineuses. « Les autres clients doivent savoir ! », glisse Barouk avant d'aller le saluer avec empressement. C'est un habitué de Bordeaux qui joue durant sa pause-déjeuner. Toujours jouer loin de chez soi, c'est une règle d'or.

★
★ ★

La France d'Andernos-les-Bains n'est pas à plaindre. Comme si elle avait adopté la langueur de ses marées, comme si les colères et frustrations françaises n'atteignaient pas ce fond du bassin sans vagues, elle prend le temps de vivre.

Son bassin s'envase, c'est inéluctable. Faudrait-il entreprendre de grands travaux au risque de détruire le site naturel ou ne devrait-on pas lui « ficher la paix » ? Que ceux qui critiquent partent s'installer ailleurs, tel est le message.

Ici, on se pose moins de questions parce qu'on semble avoir trouvé une réponse : l'entre-soi, une autre forme de communautarisme.

-8-

CHÂLONS-EN-CHAMPAGNE

J'connais même pas la vie
de mes amis proches, alors, non,
les politiques peuvent pas
connaître la mienne !

Florian

Elles ont toutes pris soin de déposer leur progéniture dans les préfabriqués – l'école est en travaux – et se sont attablées les unes face aux autres dans une pièce étroite et encombrée mise à disposition par l'école primaire Lapie au quartier prioritaire du Verbeau[1], à Châlons-en-Champagne.

Toutes, sauf une, qui manifeste une joie si vive à venir les rejoindre que son retard lui est instantanément pardonné. Nabila – « avec un seul l », comme elle le précise – se faufile en silence face à Christine et le tour est joué. Hadrien, l'animateur, peut commencer à distribuer les pièces et les huit femmes démarrent leur partie d'échecs.

Pendant plus d'une heure, toutes oublient leurs soucis, se détendent, s'évadent même, avant de récupérer leurs enfants qui jouent dans les ateliers voisins, la plupart parce qu'ils ont été sélectionnés pour suivre un « parcours

1. Depuis 2019, le quartier subit une rénovation de grande ampleur. En 2017, une convention a été signée avec l'ANRU, l'Agence nationale pour la rénovation urbaine, 96 millions d'euros seront investis sur dix ans dont 68 millions injectés par les deux bailleurs sociaux châlonnais.

d'excellence ». Ma présence ne passe pas inaperçue, d'autant que Diego Salazar, le président de l'Échiquier châlonnais, m'a emmenée sans avoir eu le temps de prévenir quiconque. Juste avant de pénétrer dans l'école, Diego ôte son blouson de cuir et passe une veste qu'il garde dans son véhicule. Il me présente aux mamans à qui j'explique mon projet de livre et ma volonté de comprendre la France en me déplaçant sur le terrain. Comme toujours, c'est une affaire de confiance et de respect mutuel. Ces femmes ont entre 30 et 40 ans, elles sont au chômage, au RSA, femmes de ménage, comptables, enseignantes en collège ou auxiliaires de vie. Elles incarnent les différents visages d'une France métissée. L'une d'elles porte le voile. En quelques phrases, je leur raconte l'Irak, l'Afghanistan ou la Tchétchénie, et l'hospitalité de ceux qui m'ont raconté leur vie dans la guerre et accueillie pour que j'accomplisse mon travail de passeuse. Ils sont ceux à qui je dois tout. Contrairement à d'autres assemblées, je n'ai pas besoin d'en dire beaucoup, ces femmes comprennent vite. Certaines opinent de la tête, d'autres font errer leur regard sur les échiquiers. Quand j'évoque la chaleur humaine, la confiance, la nécessité du respect mutuel et de la curiosité bienveillante, elles savent de quoi je parle.

Après une dizaine de minutes, je leur avoue que moi non plus, je ne sais pas jouer aux échecs. Après ce topo, Diego m'entraîne dans la salle des 7-10 ans où Gwenaëlle a commencé à faire jouer les débutants. Je raconte aux enfants que je parle plusieurs langues. Ils s'amusent à deviner lesquelles. J'engage un bout de conversation en russe avec quatre gamins de deux familles arméniennes. Ils sont étonnés, ils n'ont jamais entendu quiconque autre que leurs parents parler cette langue ici. Tous redoublent d'excitation pour divulguer la langue utilisée à la maison : arabe, comorien, vietnamien, etc. Ça fuse, ça virevolte, la joie et l'entrain de ces enfants sont une récompense pour les employés de l'Échiquier chalonnais, un club champion de France.

« On est la Rolex du quartier ! », s'amuse Diego, 50 ans, pas peu fier de parvenir à valoriser les habitants de ces quartiers « QPV[1] » dont il est lui-même issu. Ex-président de la Fédération française des échecs de 2013 à 2016, Diego est un autodidacte, avec pour seul diplôme un BEP de cuisine.

Au Verbeau, les immeubles de cinq étages abritent des familles aux revenus modestes, où le père, s'il est encore présent, travaille souvent comme cariste, manutentionnaire, manœuvre ou chauffeur à la SAPEST, le principal employeur de la ville, une plate-forme logistique des hypermarchés Leclerc ravitaillant le Grand Est. Le quartier est en pleine rénovation, financée pour plus de la moitié par les deux bailleurs sociaux. Sous l'impact de la loi ELAN[2], ici comme ailleurs en France, on réduit le parc social là où sa densité est trop forte[3]. Certains bâtiments ont été rasés,

1. L'appellation QPV, Quartier prioritaire de la ville, a remplacé celle de ZUS, Zone urbaine sensible et des CUCS, Quartiers en contrat urbain de cohésion sociale.

2. La loi ELAN date du 23 novembre 2018, elle est dite « portant évolution du logement, de l'aménagement et du numérique », et vise à réformer le droit immobilier.

3. D'après la loi française, le taux de logement social doit être de 25 %. À Châlons-en-Champagne, il atteint 46 % en 2020. La Marne est le second département de France qui en possède le plus après la Seine-Saint-Denis.

d'autres le seront, remplacés par des espaces verts et un centre social et culturel.

Quand nous retournons dans la salle des mamans, c'est à peine si elles nous remarquent. Chacune est concentrée sur son jeu au point d'avoir perdu la notion du temps. L'irruption de certains enfants dans notre salle parce qu'ils ont terminé leur session, les ramènent à la réalité. Certaines s'arrêtent, mais celles qui n'ont pas terminé poursuivent leur partie, même si les horaires sont dépassés et que le retour à la maison sera plus tardif. Diego et Hadrien arborent un air compréhensif et satisfait.

« Le but, c'est déjà qu'on batte nos enfants ! », souligne Angélique en riant, complètement prise au jeu. « On a toutes joué en ligne pendant le confinement sur *Discord*, mais c'est quand même mieux en vrai ! », admet Myriam, dont le foulard fait ressortir la beauté, assaillie par ses trois filles qui seraient déjà prêtes à reprendre une partie. « J'ai pas de télé chez moi, elle est cassée, et je peux pas m'en racheter une, alors j'ai acheté à mon garçon des jeux de société », précise Nabila avant de courir chercher Alan dans la salle des 4-5 ans.

Diego Salazar n'est pas seulement un passionné d'échecs, il est convaincu que, pour faire évoluer la situation dans les quartiers, il faut s'atteler au « sociétal », comme il dit. Conscient du désengagement progressif de l'État dans toutes les activités sportives, il a convaincu des écoles de s'engager à ses côtés sur les échecs car, « plus on démarre tôt, idéalement dès la maternelle, mieux c'est ». Diego a observé qu'avec la pratique l'enfant se concentre mieux et obtient de meilleurs résultats scolaires. Depuis 2017, son « parcours d'excellence[1] » commence par la « détection » de huit filles et de huit garçons[2] à l'école. « J'assume parfaitement le terme d'excellence. Petit, moi, fils de rien, je battais aux échecs les fils de médecin et d'avocat. J'étais le meilleur », se souvient Diego. Concrètement, le directeur de l'école remet aux parents une lettre expliquant que leur enfant a été sélectionné. La lettre précise que c'est gratuit. « Souvent, les parents ne savent pas jouer aux échecs. Grâce à cette détection, certains sont fiers de leur enfant pour la première fois ! », précise Diego. Diego ne baisse jamais la garde et renouvelle ses efforts de sensibilisation chaque année, car le jeu des échecs reste perçu comme « élitiste », voire « inaccessible ». Au départ, il avait pensé faire signer la lettre par le maire, mais il a vite renoncé : « Pour les parents, le directeur de l'école reste l'autorité proche. Le maire, c'est déjà trop lointain... D'autant qu'en maternelle le directeur fait un peu office d'assistante sociale... », et que « les échecs sont un support pour réussir son cursus scolaire et avancer droit dans la vie ».

En septembre 2020, un fait divers a défrayé la chronique locale et fait la fierté du club : un jeune membre du club, qui venait à ses entraînements toujours accompagné de son père au chômage, avait participé aux championnats de France. Un soir, il a surpris son papa en train de frapper sa mère dans l'appartement familial et a filmé la scène ! Grâce à ce réflexe, l'homme violent a été incar-

1. Depuis cette date, tous les trois ans, Diego doit à nouveau convaincre la Ville, l'Agglomération, l'État et l'Agence nationale du sport (ANS) pour obtenir ses subventions.

2. Après Châlons, les villes de Dieppe, Reims, Épernay s'en sont inspirées.

céré. Diego en est convaincu, c'est la pratique des échecs qui a apporté au gamin sang-froid, détermination et sens des responsabilités.

★
★ ★

Deux jours plus tard, je me rends chez Nabila à Saint-Memnie, commune mitoyenne de Châlons où elle est locataire au premier étage, face à la barre d'immeuble où vit sa mère, d'origine berbère marocaine. Quand je sonne, Nabila regarde France 24 sur son écran d'ordinateur. Peu de meubles occupent cet intérieur soigné, chaleureux et sans prétention. Nabila me fait visiter en détaillant l'origine et le coût de chaque meuble : « Mon frère militaire et ma belle-sœur m'ont offert cette penderie et ce lit ; ce trampoline m'a coûté 10 euros dans une brocante ; cette armoire, une vraie folie, 700 euros, je l'ai payée en plusieurs fois, mais tu vois, il fallait bien que je puisse ranger mes affaires. »

Nabila, 44 ans, bénéficaire du RSA, est un charmant tourbillon. « J'ai un grand cœur, je l'jure », claironne-t-elle en ouvrant la porte de la chambre d'Alan, son fils de 4 ans, qui est à l'école. Elle y déniche d'ailleurs un carnet à spirale et petits carreaux pour que je continue à prendre mes notes. Quel bonheur de noircir ce cahier jalonné des dessins d'Alan que je contourne soigneusement. Nabila poursuit la liste de son ameublement : un ami lui a offert cette machine à laver le linge, elle a acheté sa cuisine sur Le Bon Coin pour 160 euros, et son frigo lui en a coûté 49 chez Cash !

Après deux années au RSA, sans misérabilisme ni larme à l'œil, Nabila se considère comme « pauvre ». Surendettée, ne parvenant jamais à mettre de l'argent de côté, elle s'est retrouvée interdite bancaire. Hier, elle a fermé son compte à La Poste et acheté une offre bancaire « Nickel » chez son buraliste. Son frigo est souvent vide, sauf quand elle revient de l'épicerie sociale avec des bons alimentaires. « Ça fait une éternité que je ne me suis pas fait faire les ongles et le coiffeur j'en parle même pas, j'y suis pas allée depuis trois ans ! ».

Nabila a décroché son baccalauréat à 37 ans, en VAE[1], mais depuis la naissance de son fils, en 2016, elle n'a pas retrouvé d'emploi stable et jongle entre des missions d'intérim, ses droits au chômage et le RSA.

Alors que nous discutons, installées autour de la table du salon spécialement dressée pour moi et richement garnie de thé, café, biscuits divers et variés « tous faits maison et sans gluten ! », son portable sonne. En recherche de travail, elle doit répondre. Justement, il s'agit d'un employeur qui propose une « mission » d'une demi-journée payée 40 euros nets. La jeune femme soupire : « Voilà mon quotidien. C'est très dur de trouver quoi que ce soit, parce que je dois rester disponible pour amener et aller chercher Alan à l'école… Je ne trouve que des CDD. Franchement, c'est comme si j'avais la poisse. » Nabila accumule formations et stages proposés par Pôle emploi dont elle est un pilier, mais elle a l'impression de tourner en rond, et ce cercle « vicieux » l'inquiète. « J'veux pas un stage, j'en veux plus de ces stages, j'veux une embauche, je veux de l'argent ! », clame-t-elle.

1. Validation des acquis de l'expérience.

Absorbées par le récit de sa situation précaire, nous avions presque oublié le thème des échecs. Quand elle cherchait des activités pour canaliser l'énergie de son garçonnet, Nabila a rencontré Diego. « Alan m'a fait m'intéresser à ce jeu... Quand j'ai reçu la lettre de détection, tu peux pas imaginer ma joie ! Bon, j'ai un peu l'impression d'avoir merdé avec Alan, je lui parle trop depuis qu'il est tout petit, je lui ai trop fait tout partager, j'ai voulu être trop pédagogique... s'auto-incrimine-t-elle. Alors, les échecs, c'est une vraie joie pour nous deux ! »

Ce vendredi soir, j'emmène Nabila, sa maman et Alan dîner chez Flunch. Entre deux confinements, l'établissement est quasi désert, hormis un père avec sa fillette, et trois copines qui avalent leur menu à vitesse grand V avant de disparaître. Derrière les stands, les employés ne sourient pas. Ils ont sans doute leurs raisons, mais l'ambiance n'est pas chaleureuse. Les néons bourdonnent et leur lumière crue nous donne un air blafard.

À peine assis, Alan disparaît dans la zone de jeu avec la fillette du monsieur attablé seul. Nous en profitons pour discuter de politique. À la présidentielle de 2017, Nabila a voté Jean-Luc Mélenchon au premier tour et Marine Le Pen au second. « La France était une grande puissance, elle est devenue la dernière, glisse-t-elle entre deux bouchées du menu Vegan. Tout a commencé à partir en cacahuètes avec Sarko... le karcher, franchement j'ai pas apprécié. Hollande, lui, me faisait penser à Barbapapa... Avec Macron, c'est Bôgosse qui débarque ! » La façon franche et naturelle qu'a Nabila de résumer nos politiques me fait sourire. Enjouée, volubile, Nabila fait tout vite, que ce soit manger, récupérer Alan aux jeux parce que son plat est servi ou le consoler parce qu'il s'est fait mal. Sa mère semble plus patiente. Elle seule parvient à nourrir le petit qui pleurniche de fatigue.

Nabila est préoccupée par la mondialisation, mais surtout par le manque de solidarité qu'elle constate dans son propre pays : « Si quelqu'un te rend un service aujourd'hui, tu vas te sentir redevable, c'est bizarre, non ? avance-t-elle avant de changer de sujet : Regarde les grands créateurs des smartphones, et ben, leurs enfants, ils z'en ont pas ! Ils nous divisent toutes ces élites, c'est ça qu'ils font, mais eux, ils ont tout compris, ils se protègent ! » Mère et fille admettent avec amertume se sentir « condamnées à subir » les décisions de tous ceux qui mènent d'autres vies que la leur.

« On n'est pas libres en fait », conclut Nabila avec fougue, ajoutant que ce ne sont pas les politiques qui lui donnent de l'espoir, mais son « cœur ».

Myriam, la maman voilée des trois filles aperçues aux échecs, a elle aussi acceptée de me recevoir. Elle réside dans une maison de location avec un petit jardin en bordure du Verbeau. Les trois gamines, non voilées, de 13, 10 et 6 ans partagent le vaste espace avec une jeune chienne imposante et joueuse. Sans emploi, mais occupée à plein temps par l'éducation des filles et la logistique de la maisonnée, Myriam, elle-même issue d'une famille de six enfants, est en train de préparer le retour de la maisonnée vers Marseille, leur ville d'origine, où est déjà rentré son mari, cadre dans un hypermarché. Myriam aurait souhaité avoir un emploi, même si cette option lui semble difficile compte tenu de son désir de rester voilée. Douée en pâtisserie – je le constate à la saveur des sablés ornant la table –, elle se serait bien vue « *cake designer* », comme en témoignent les nombreuses photos de sa page Facebook, notamment à l'occasion des festivités de l'Aïd.

Alya, la plus jeune des trois fillettes, a été « détectée » par l'école via le fameux « parcours d'excellence » de Diego. Fervente organisatrice des activités extrascolaires des trois filles, Myriam a voulu qu'elle essaie par curiosité, et a même accompagné sa cadette épileptique à son premier cours. Le jeu a fasciné mère et fille. Motivées par Diego, Myriam et les deux autres sœurs d'Alya s'y sont mises aussi ! « Grâce aux échecs, on a été plus facilement intégrés à Châlons », précise Myriam, qui a même contribué bénévolement aux soirées du club. Pour le plus grand plaisir de Diego, l'Échiquier châlonnais est devenu leur deuxième famille.

Sans son voile, les traits purs de Myriam, rehaussés par des yeux sobrement maquillés, dévoilent une chevelure fournie tirée vers l'arrière. « Je comprends pas pourquoi ici en France on a si peur de la différence, réfléchit-elle à haute voix. Ici, faut vraiment être dans un moule, sinon on te lynche ! Combien de fois j'ai entendu, “on va t'arracher le chiffon que t'as sur la tête !”. Une fois, à la CAF, mon interlocutrice a prétendu qu'il manquait à mon dossier ma carte de séjour, elle arrivait pas à admettre que j'étais française ! » Dans ces cas-là, Myriam se force à rester calme, souriante et fait encore chanter davantage son accent marseillais. Sa mère, une catholique pratiquante, s'est voilée quand elle s'est convertie, ce qui lui a valu des problèmes avec certains employeurs. Myriam, elle, s'est voilée à sa majorité, comme ses trois sœurs. « Pour moi, la vraie liberté, c'est justement qu'en France on puisse porter une jupe ou un voile ! »

Même avec le revenu de son mari cadre, les fins de mois de cette famille de cinq personnes « sont toujours galère », assure Myriam. « Notre époque manque vraiment d'altruisme, souligne cette femme qui se pose des questions sur l'utilité d'aller voter. Un second tour rebelote Macron-Le Pen, ça donne vraiment pas envie ! » Pour ajouter quelques secondes plus tard : « Ok, Marine Le Pen assume ne pas aimer les immigrés, mais Macron, lui, il est plus vicieux... Parce que, même s'il n'est pas islamophobe, il sera bien obligé de suivre l'ambiance générale ! » Myriam s'interroge sur les convictions profondes du chef de l'État élu en 2017 : « Notre président est censé représenter le peuple... mais nos politiques ne nous représentent pas du tout... Les gens en ont marre d'aller voter pour tomber sur des pourris qui ne pensent qu'à eux ! »

Avant de s'installer à Châlons, les filles fréquentaient une école privée musulmane de Marseille où leur mère voilée les accompagnait dans leurs activités. Ici, les filles ont suivi une scolarité publique et Myriam, quasiment toujours volontaire pour les sorties scolaires, n'a même pas eu à retirer son voile : manquant cruellement de parents volontaires, les profs « ne vont pas chercher les détails, comme un bout de tissu sur la tête », précise-t-elle. « Mes filles avaient fait une moitié d'année dans le public à Marseille avant Châlons et c'était pareil. Les maîtresses me savaient volontaire et me demandaient toujours de les aider, tout en sachant que je suis voilée. Alors que certaines mamans sans travail et sans voile ne voulaient pas se déplacer... »

★

★ ★

Présent dans la ville depuis 1946, L'Échiquier châlonnais est une institution. Longtemps installé derrière la cathédrale Saint-Étienne, dans la remarquable maison Clémengis à colombages, le club a manqué de place et a dû trouver une nouvelle adresse. L'idée de s'excentrer au Pôle Henri-Dunant à La Bidée, un quartier prioritaire sur la rive gauche de la Marne, a commencé à germer. Courant 2017, le club a ouvert au deuxième étage d'un immeuble en cœur de quartier, au-dessus d'une médiathèque axée sur le numérique et non loin d'une mosquée, d'un foyer pour mineurs migrants et du Centre de formation des apprentis (CFA), un imposant édifice circulaire qui draine des milliers de jeunes stagiaires et d'apprentis.

« Avant, on était à côté d'une église, s'amuse Diego... Aujourd'hui, quand on vient en voiture, on trouve plus facilement la mosquée ! » l'anecdote continue à amuser. Du coup, la signalétique a été renforcée sur les vitres du club, bien visible si on lève les yeux depuis le parking.

Au club, je rencontre Paul Velten, 27 ans, grand maître international. Grandi à Bayonne, le jeune homme en baskets Adidas blanches et pull bleu marine vit depuis 2013 en colocation à Fanières, une ville mitoyenne de Châlons, où il poursuit sa carrière de joueur, contribuant à l'aura et au pouvoir d'attraction du club. Après avoir débuté en contrat aidé, Paul est prestataire : il fait des tournois, donne des cours (notamment en virtuel pendant la pandémie) et forme d'autres joueurs[1]. Plutôt introverti, il évoque tout de même librement sa famille adoptive, l'histoire dramatique de sa grand-mère qui a fui le Vietnam, sa mère orthophoniste, son père ingénieur aéronautique, tous deux fervents paroissiens d'un groupe de prière du Sud-Ouest, qui ont eu l'intelligence de laisser croître sa passion des échecs. Écouter Paul parler des échecs, c'est se plonger dans la routine d'un athlète de haut niveau qui soigne son alimentation pour qu'elle soit saine et pratique la natation trois fois par semaine pour rester en excellente condition physique. Par son intensité nerveuse, chaque partie vide les joueurs.

À la fois plongé dans son monde et sensible aux grandes préoccupations de sa génération, le jeune homme paraît éloigné des médias et du monde politique. « J'ai voté dès que j'ai eu l'âge, je me sentais presque investi d'un super-pouvoir, j'étais content », se souvient-il. Mais ce sentiment disparaît vite : aujourd'hui, Paul a du mal à s'identifier « aux politiques qui en arrivent là », ils lui ont ôté l'envie de se déplacer vers les urnes. Le poids de la dette le préoccupe, il redoute qu'on mette trop d'années à le régler. « Pour se réveiller, on a besoin d'un choc », affirme-t-il en écho à l'éventualité d'élire Marine Le Pen à la présidence de la République en 2022. Le jeune

1. En 2019, par exemple, Paul Velten a touché environ 1 250 euros mensuels en donnant des cours lors de stages d'accompagnements à des tournois, des cours particuliers en présentiel, mais aussi par internet ainsi que des cours collectifs. Ses gains liés aux tournois sont variables (6 700 euros au total pour 2019). En 2019, il a joué 110 parties officielles et environ 90 parties rapides et « blitzs » (une journée de tournoi avec un grand nombre de parties).

homme n'a plus envie de voter, mais ne serait pas choqué si ce devoir était rendu obligatoire. Pourtant, insiste-t-il : « Ça serait quand même tellement bien d'avoir envie de voter… »

Nous rejoignons les autres membres du staff dans le hall, où une longue table de déjeuner a été montée. Chaque fois que cela est possible[1], Diego organise des moments de convivialité entre ses athlètes pour renforcer les liens et rendre chacun plus solide. Tous les samedis, pour ne pas perdre la main, les quatre sportifs de haut niveau du club s'auto-entraînent.

Jordan, entraîneur et arbitre et Fabien, animateur, s'affairent dans la cuisine. Chacun a apporté un petit quelque chose. Jordan, 27 ans, originaire de Saint-Dizier, est entraîneur à l'Échiquier depuis cinq ans, lui aussi grâce à un contrat aidé, devenu contrat sport. Le jeune homme prend grand soin de ses souliers, porte beau son jean et sa chemise, sur laquelle il a passé une veste bleu sombre. Jordan a raté son bac trois fois, il était décrocheur à l'école, les échecs l'ont sauvé ! Aujourd'hui en CDI, ironie du sort, il intervient souvent… dans des écoles pour faire éclore des vocations.

Jordan n'a voté à aucune élection : il estime que se déplacer au bureau de vote est une perte de temps. Pour lui, la société est en train de « vriller » : « Tout descend, les revenus de tout le monde baissent, ça va très mal partout, alors, moi, j'suis heureux dans mon coin », estime cet individualiste solitaire. À table, on retrouve Hadrien,

1. Hebdomadairement, en période hors Covid.

Julien, Gwénaelle, la seule femme de l'équipe « et la plus diplômée, celle qui les supporte tous ! » claironne-t-elle. Il y a aussi Antoine, l'autre grand maître, et surtout, un nouveau, placé à mes côtés : Sergueï Fedorchuk, 40 ans, venu de Vinnitsa, en Ukraine. Quatre fois champion de Moldavie, Sergueï est classé parmi les meilleurs joueurs mondiaux. Une nouvelle fois, mes voyages en France m'offrent l'occasion de parler russe[1]. Sergueï est accompagné de son épouse Elena Partac, 35 ans (également grand maître internationale), une jeune femme radieuse qui serre dans ses bras leur fille âgée d'à peine un mois. Dans nos verres, de l'Oasis, de l'eau, du Coca ou... du champagne. « Sergueï renforce notre équipe, c'est un vrai buteur », lâche Diego en filant la métaphore footballistique. Il a embauché Sergueï pour jouer les onze parties du championnat de France au nom du club[2].

Jamais à court d'idées, en plus du parcours d'excellence, Diego a conçu un ambitieux « plan de féminisation[3] » dont l'idée lui est venue lors d'une fête deux ans auparavant, quand l'irruption d'un homme, mécontent de ne pas avoir retrouvé sa femme et ses enfants à la maison parce qu'ils se trouvaient à la soirée de l'Échiquier, l'avait choqué. De rage, cet homme avait forcé tous les membres de sa famille à rentrer, les avait empêchés de

---

1. Une autre occasion s'était présentée pendant l'enquête de terrain de mon précédent livre, *Dans quelle France on vit*, *op. cit.*, à Évreux, quand j'avais rencontré des Tchétchènes dans un centre commercial.

2. Pour cause de pandémie mondiale, le championnat de France d'échecs n'a pas pu être organisé en 2020-2021.

3. Le 4 mars 2021, L'Échiquier châlonnais a reçu la visite de Nadia Hai, ministre déléguée chargée de la Ville.

revenir jouer, et la famille avait même fini par déménager ! Diego a eu l'idée de faire jouer les mamans pour éviter ce genre d'incident. Réussir à les faire sortir de leur appartement pour les échecs est un gage d'implication dans la vie du quartier. Les héroïnes, ce sont elles.

*

* *

La ville de Châlons-en-Champagne possède un triste record, celui du taux d'abstention aux différents scrutins électoraux. Cette proportion diffère selon la localisation des bureaux de vote, mais les quartiers prioritaires les plus pauvres se classent en tête. Dans cette ville de 54 000 habitants en décroissance démographique[1], si l'on se réfère aux résultats par bureau, ceux qui votent communiste s'abstiennent le plus. À Châlons, comme dans le reste de la France, les jeunes votent peu, et quand ils votent, les 25-34 ans se prononcent majoritairement en faveur du Rassemblement national[2].

À quelques pas de L'Échiquier chalonnais, un imposant bâtiment de béton circulaire me rappelle les édifices de cirque en Russie et dans les ex-républiques soviétiques. Même entre deux confinements, de nombreux jeunes y rentrent et en sortent. C'est le Centre de formation des apprentis (CFA), qui prépare à de nombreux métiers plu-

1. Même si cette décroissance a ralenti durant la dernière décennie.

2. Cf. Franck Johannès, « Le Rassemblement national, premier parti des 25-34 ans », *Le Monde*, 4, 5, 6 avril 2021, p. 12-13. En revanche, selon le même sondage Ipsos, les 18-24 ans préfèrent le RN à la même hauteur que le reste de la population.

sieurs milliers d'apprentis et de stagiaires en alternance ou en formation continue, et c'est aussi l'École de la deuxième chance (E2C[1]). Tous deux se sont financés grâce à la Région.

Grâce à la bonne volonté des directrices[2], j'ai pu m'entretenir avec des élèves volontaires. Âgés de 16 à 25 ans, ces jeunes sont des décrocheurs sans emploi, diplôme ou qualification. Sont-ils pour autant sans avenir ? Toutes les six semaines, pendant douze à quinze jours, ils sont reçus dans ce bâtiment non pour y suivre des cours magistraux, mais pour bénéficier de remises à niveau individualisées en mathématiques, français et culture générale. Ils passent le reste du temps en entreprise. La durée maximale de la formation est d'un an, pour une moyenne d'environ cinq mois par personne. Dans cette « grande école des décrocheurs », toute notion d'année scolaire a disparu, les professeurs sont des « formateurs référents » chargés de suivre leurs « stagiaires ». Comme dans les établissements scolaires traditionnels, le nombre d'enfants dyslexiques et dyspraxiques a explosé. « Le plus grand drame, déplore Christophe Wissler, formateur, est qu'ils ne savent plus jouer au ballon ! Ils ne pratiquent même plus de sport ! »

Le pari de l'école de la deuxième chance (E2C) est de les remobiliser, explique Armelle Simon, responsable de

1. Sur une idée initiale d'Édith Cresson, alors commissaire européen à la jeunesse, qui a étudié le phénomène du décrochage scolaire. En 1997, Marseille accueille la première E2C de France.

2. Alméa Formation a été créée en 2016 par la fusion des quatre structures gestionnaires des CFA Interpro de Champagne-Ardennes. Merci pour leur hospitalité à Corinne Grosse, sa directrice générale, à Armelle Simon, alors déléguée territoriale E2C Marne, devenue déléguée territoriale Champagne-Ardennes, et à Christophe Wissler, formateur référent.

celles de Reims et de Châlons, pour accéder à un emploi ou s'intégrer dans une formation professionnelle. Une rémunération financée par la Région est versée au stagiaire, un principe éminemment controversé : l'encadrement estime qu'on « donne de l'argent pour obtenir plus de jeunes » sans prendre en compte le fait qu'ensuite il sera épineux de les mobiliser pour des formations ne rapportant « que » 400 euros par mois.

Armelle insiste sur la personnalisation de la remise à niveau et le « projet professionnel » du jeune adulte à qui on veut faire « reprendre sa vie en main ». Christophe, quant à lui, déplore que les stagiaires se montrent parfois peu concernés par le cadre à respecter. « Tous possèdent des portables à forfaits illimités. On attend d'eux qu'ils soient ponctuels et qu'ils nous préviennent s'ils ont un empêchement ou un retard, mais bon, ils s'en fichent… » Les jeunes sont priés de s'autonomiser et de trouver seuls leur stage, mais rares sont ceux vivant dans des structures familiales stables. « Ils sont dans la misère, soupire la directrice, attristée. Les stagiaires encore chez papa-maman et pour qui tout va bien sont à compter sur les doigts d'une main… Tous nous parlent des Illuminati, beaucoup pensent que la Covid n'existe pas. Ils croient aussi que quand Marine Le Pen sera au pouvoir, elle remboursera leurs amendes ! »

La veille, dans son cours d'anglais[1], Christophe Wissler a expliqué mon projet, et même si je représente « le système médiatique » et qu'ils sont persuadés que leur vie n'est

1. Après avoir brièvement présenté le but de ma venue, il a demandé aux stagiaires qui voulait me parler, sachant que je ne prendrais aucune photo ni

pas et ne sera jamais « connectée » à celle de ceux dont, justement, on parle dans les médias, trois ont accepté la rencontre.

Je fais la connaissance de Marine, 20 ans, Florian, 28 ans et William, 21 ans, dans une salle de cours où j'ai demandé à rester seule avec eux. Chacun coincé sur son siège à pupitre intégré, j'essaie de capter leur attention en racontant mon itinéraire, si éloigné du leur, qui témoigne à la fois de mes privilèges, mais aussi de mes innombrables difficultés de jeune femme indépendante pour tracer sa route à une époque qui, beaucoup plus qu'aujourd'hui, taisait les embûches à venir. Nos différences les intéressent, ils ont envie d'en savoir plus et si j'avais laissé faire, nous n'aurions discuté que de mon travail. Je leur répète que j'ai besoin d'eux : s'ils ne me racontent pas leur vie, leurs expériences, leurs espoirs, leurs déceptions, leurs colères, comment parviendrai-je à retracer ce vécu qui n'est pas le mien ? Je les détends en précisant que je ne suis pas romancière, dommage, sinon je pourrais inventer sans me déplacer et personne ne chercherait à savoir si j'ai vraiment recueilli leurs paroles. La glace est brisée. Nous décidons que je m'entretiendrai avec chacun séparément.

Marine commence pendant que les deux garçons font un tour. La jeune fille au regard bleu azur mis en valeur par une longue chevelure ébène porte un ample sweat-shirt noir dont le logo DISNEY révèle sa passion pour les films et dessins animés, peut-être aussi la petite fille qu'elle est restée. Dans son cabas posé sur le sol à ses

ne filmerais. Une dizaine a accepté et l'on a réussi à organiser un rendez-vous avec trois d'entre eux.

pieds, je distingue un pot de tabac : Marine achète de quoi fumer en grande quantité de l'autre côté de la frontière, en Belgique, parce que c'est beaucoup moins cher, et elle roule ses cigarettes. « Ici, c'est beaucoup mieux qu'à l'école parce qu'ils ne nous notent pas ! lance-t-elle d'une voix aiguë, enfantine. Mais attention, ils nous donnent du travail, le récupèrent et sont toujours à l'écoute », ajoute-t-elle pour ne pas laisser une impression de laxisme.

Marine habite à trente kilomètres d'Épernay. Tous les matins, elle se lève à 5 heures pour prendre l'autocar de 6 h 54, arriver à Châlons à 7 h 35 et attraper sa correspondance pour le CFA. Ses journées sont longues. Le soir, elle rentre juste à l'heure pour regarder avec sa mère le feuilleton sur TF1 *Demain nous appartient*, et elle se couche tôt tant elle est lessivée.

Arrivée à l'E2C deux mois plus tôt après avoir tenté une formation en carrosserie, Marine va commencer un stage dans un Leclerc. Le secrétariat l'intéresse. Quand j'évoque la possibilité de voter, elle s'esclaffe en répondant qu'à part pour les délégués de classe quand elle allait à l'école elle n'en voit pas l'intérêt. (Marine n'est pas la seule jeune à se souvenir de l'élection des délégués.) « Si on compte Macron et Marine Le Pen, Sarko, Hollande, ben, y datent un peu, hein ? Même Mélenchon… » Marine a déjà décidé que si, pour le deuxième tour de la présidentielle de 2022, c'était le duel attendu, elle n'irait pas voter. « Y sont tous très forts pour parler, mais après… Non, c'est juste cette histoire de traverser la route pour trouver un emploi que j'me rappelle ! Ben oui, j'sais m'sieu Macron, j'suis au courant… », ironise-t-elle, riant même franchement et manquant de faire tomber les lunettes noires à grosse monture relevées sur son front. Marine aimerait bien savoir pourquoi le président a dit ça, tellement c'est une énormité. « Il est jeune. Peut-être c'est quand on est plus vieux qu'on a plus d'expérience ! ».

À 16 ans, Marine est tombée enceinte de son copain « renoi ». « Il est musulman, moi je suis blanche. Il voulait pas du gosse. » À un mois de grossesse, sous la menace de cet « ex », elle avorte, et ça l'émeut d'en parler parce qu'elle « kiffe encore » cet ex-copain. Pourtant, finalement, en y réfléchissant, elle se dit que c'était la meilleure solution et que, « pour les mecs, on attendra ».

Le premier de tous ses rêves est d'obtenir son permis, ensuite – mais c'est irréel pense-t-elle –, ce serait de posséder son propre appartement et d'avoir des enfants. Son père, cariste dans une boîte de champagne, se drogue. « Il m'a même proposé du shit », ajoute-t-elle avec naturel[1].

C'est au tour de Florian de s'avancer tête basse, l'air fermé, pour se replacer exactement au même pupitre que plus tôt. Lui aussi a posé son sac à dos par terre. Ce brun ténébreux au visage anguleux serti d'une petite barbichette porte un fin pullover à même la peau ; il a sagement placé sa doudoune sur le dossier de son siège. Originaire de Laon, une ville « moyenne » que j'avais choisie pour illustrer le « sentiment de déclassement » dans mon livre précédent[2], Florian réside dans une HLM à quarante-cinq minutes à

1. Marine a abandonné l'E2C à la suite du décès de son père en avril 2021. Elle avait pourtant confirmé son projet de secrétaire après des stages jugés « constructifs ».

2. Cf. *Dans quelle France on vit*, *op. cit.*, p. 115 et suivantes.

pied du CFA. À 28 ans, c'est un champion des formations. Son visage s'éclaire à mesure qu'il m'en égrène la liste. Il semble content que je prête attention à ses problèmes et que je lui pose des tas de questions pour ne pas me tromper en retraçant sa réalité. « Pour un patron, on est tous de la main-d'œuvre gratuite ! Trouver un stage, c'est pas si difficile. Y a des patrons enclins à faire aimer leur métier. Y en a d'autres qui vous apprennent que les bases... », assure-t-il en relevant le menton.

Son choix de l'expression « enclin à » m'impressionne. Adepte des jeux de rôles en ligne, le jeune homme, qui n'a pas achevé sa classe de troisième et n'a pas non plus mené à terme son apprentissage en horticulture, s'exprime avec une grande aisance et un vocabulaire fourni.

Il se souvient quand l'assistante sociale de sa mère avait suggéré son placement en foyer à Saint-Quentin. Florian a quatre frères et sœurs, tous de pères différents. À aucun moment il n'évoquera le sien. Je suis triste de constater à quel point les chances de réussite de Florian ont été annihilées par cette détresse familiale. Aujourd'hui âgé de plus de 25 ans, il perçoit les 497 euros du RSA, mais son but reste la formation qualifiante avec un travail à la clé. « Même si on me propose pas l'emploi après, je ferai quand même la formation, ajoute-t-il en baissant la voix. Pour moi, le RSA c'est qu'un moyen de secours. Je sais que certains pensent que c'est gagner de l'argent sans rien faire. Moi aussi j'ai pu le penser, mais c'est fini ça... Je m'ennuie tellement à rien faire. Avoir un travail, c'est la garantie de pas s'ennuyer ! »

Florian ne vote pas. « J'connais même pas la vie de mes amis proches, alors non, les politiques peuvent pas connaître la mienne ! s'enflamme-t-il. On m'a dit que c'était stupide de pas voter, mais j'y peux rien, ça m'intéresse pas. J'ai déjà regardé des émissions politiques à la télé, ben non, j'accroche pas... », insiste-t-il, persuadé qu'un président ne peut être aimé par tout le monde.

Se faire aimer, est-ce seulement possible ? Florian n'est pas certain qu'il mènerait une vie plus heureuse avec un peu plus d'argent. S'il avait des moyens, il irait déjeuner ou dîner au restaurant KFC où le prix du menu équivaut à ses deux jours de nouilles-saucisses. Avoir pu se cuisiner ce week-end un pot-au-feu pour 20 euros le remplit de joie. Florian estime sa vie « ni très heureuse, ni très merdique ». « Mais si j'avais pas arrêté l'école avant la fin de la 3e, j'aurais quand même eu plus de connaissances. J'aurais p'têt' pu travailler dans un grand restau sur un paquebot, ou me faire embaucher dans l'armée de l'air, ça m'aurait vraiment plu ! » Tête relevée, souriant, Florian me regarde enfin[1].

William, le seul Châlonnais du trio, a arrêté l'école en première pour s'engager dans l'armée. Trois ans et une OPEX[2] au Mali plus tard, le jeune homme blond vénitien de 21 ans, à l'impeccable chemise blanche rentrée dans son jean ceinturé, est devenu papa d'une petite fille et a abandonné l'armée. Sa compagne, une ex-assistante maternelle, inscrite dans des agences d'intérim, a plus de vingt ans de plus de lui. Cette expérience de terrain suivie à son

1. En avril 2021, Florian est en CDD de quatre mois chez Grand Frais en tant que brochetteur. Il est aujourd'hui en CAP boucherie grâce à son entreprise.

2. Dans le jargon militaire, cet acronyme signifie « opération extérieure ».

retour de séances de psy pendant trois mois ont pesé dans son choix. Le jeune homme considère la paternité comme incompatible avec la fonction de militaire. Mais l'armée rechigne à se séparer d'aussi jeunes volontaires : William a obtenu une rupture conventionnelle, mais il reste soumis à une obligation de disponibilité. Dans le cadre de la réserve, ses supérieurs souhaitent qu'il entraîne bénévolement au tir les jeunes recrues le week-end. Passionné de mécanique, William se verrait bien routier ou technicien de maintenance. La politique ? Malgré son âge, il dit s'être arrêté à Chirac : « Ah, quand je l'voyais serrer des mains au Salon de l'agriculture… Comparé à Nicolas Sarkozy, François Hollande ou Macron, c'était quand même autre chose ! », claironne-t-il. Sa compagne a voté aux municipales, pas lui. « Ouais, ça peut toujours servir de voter, mais j'attends un programme qui garantisse quelque chose aux jeunes… et puis aussi aux retraités, parce qu'on va vivre vieux ! Un programme, c'est comme une lettre de motivation à un employeur. On nous apprend ici à en faire… Les politiques, c'est vraiment un monde bizarre, y s'tapent dessus, on dirait des gosses, on sent pas leur sincérité, analyse-t-il, dubitatif, même s'il a pu rêver que Barack Obama soit français.

Après avoir décrété ne rien avoir contre les migrants « qui viennent chez nous parce qu'y savent qu'on leur donnera plein de choses alors que nous on galère », le discours type de l'électeur RN, William assure qu'il ne votera jamais RN parce qu'il ne fait pas confiance à ce parti : « Quand il sera au pouvoir, le RN dégagera tout le monde et y aura p'têt' une guerre… nucléaire. » Cette perspective ne lui dit rien de bon.

« Ici, après l'école et l'armée, c'est une troisième chance pour moi, et ça sera sûrement la dernière », reconnaît-il. Plus jeune, William se battait tous les week-ends avec son père, agent de sécurité parce qu'il levait la main sur sa mère. « Même si j'savais pas vraiment conduire et qu'j'avais pas le permis, c'est moi qui l'emmenais à la police », se remémore-t-il avec la sincérité des enfants qui ont grandi trop vite. Ce fils adolescent a vu son paternel se taper la tête contre les murs en cellule de dégrisement et n'a pas compté ses séjours à l'hôpital. De retour de la caserne, un vendredi soir, William le surprend une nouvelle fois en train de battre sa mère. « Il l'étranglait par terre. J's'rais pas arrivé, elle serait morte. » Impossible d'arrêter le flot de paroles de William. « Mon père a connu ma mère en boîte échangiste, il la forçait à y retourner sans cesse. Il l'a même violentée quand elle était enceinte de moi ! » Dix-sept ans seulement séparent William de sa mère adorée. Serait-il parti loin au Mali pour être enfin à l'abri de la violence intrafamiliale ? À la naissance de sa fille, quand William a présenté le nouveau-né à son père, il a ajouté : « Regarde-la bien parce que tu la reverras plus jamais[1] ! »

*

* *

Châlons-en-Champagne s'est longtemps appelée Châlons-sur-Marne en l'honneur de la rivière qui la traverse, le principal affluent de la Seine. Située en contrebas, la Marne est

1. En janvier 2021, William a signé un CDI comme livreur chez Domino's Pizza où il est récemment passé « manager », quelle fierté ! Il est aujourd'hui chef d'équipe à Courte Paille.

cependant presque toujours invisible, il n'y a pas de quais et la ville s'est développée sur sa rive droite en tournant le dos au fleuve. Prospère ville gallo-romaine, au Moyen Âge Châlons fut réputée pour son industrie de draps de laine, déclinante à partir du XIVe siècle. Dès lors, la ville se mue en bourgade administrative, puis en ville de garnison. En 1991, on dénombre encore 3 000 militaires[1]. Mais comme en Picardie et en Champagne-Ardennes, la désindustrialisation et la démilitarisation du Grand Est ont provoqué un exil vers l'Ouest et sur le pourtour méditerranéen. En 1997, Châlons récupère la dénomination qui avait perduré jusqu'au XVIIIe siècle et qui met à l'honneur le produit le plus noble de la région : le champagne[2]. La ville est une préfecture de Région jusqu'en 2015, mais elle perd ce statut en même temps que ses casernes. Cette « petite ville a tout d'une grande », aime à rappeler son maire Benoist Apparu[3], arguant de sa Foire Expo très courue, la deuxième plus grande de France après le Salon de l'agriculture de Paris, et la première du Grand Est[4].

1. Ils sont aujourd'hui moins d'une centaine en ville, mais l'armée est encore présente à quinze kilomètres, à Mourmelon, et à une vingtaine de kilomètres, à Suippes.

2. Merci à René Doucet pour m'avoir fait visiter la ville.

3. Cf. mon entretien avec Benoist Apparu le 9 septembre 2020. Entre 1977 et 1995, la ville a été gérée par Jean Reyssié, communiste et cheminot de profession. Les dix-huit années suivantes, ce fut l'administration UMP de Bruno Bourg-Broc, professeur d'histoire. Depuis 2014, et réélu en 2020, le maire Benoist Apparu, est directeur d'une foncière de logements et ancien ministre du gouvernement Fillon.

4. La Foire de Châlons est un événement qui, chaque année depuis 1947, draine plus de 250 000 visiteurs en dix jours. Je tiens ici à remercier Bruno Forget, son inénarrable et énergique directeur, pour m'avoir ouvert son carnet d'adresses pendant mon séjour. Une telle générosité est à souligner.

« Châlons se cache, Châlons est humble », proclame un poète local. À l'heure où les territoires rivalisent pour séduire de nouvelles populations, ne le serait-elle pas un peu trop ? Ses balades en barque sur le Mau et le Nau, les deux cours d'eau parcourant la ville, ainsi qu'à pied dans le Jard[1], ont toujours attiré des visiteurs. Capitale des arts du cirque, la ville abrite un campus de l'École nationale supérieure des arts et métiers (ENSAM, 2 500 étudiants) et trois IUT. Mais Reims, à une demi-heure d'autoroute, attire comme un aimant : la cathédrale de Châlons est beaucoup moins visitée que celle où furent sacrés les rois de France[2] !

C'est la fête, ce jeudi soir place de la Rép' au pub Shop & Bières Sacobri : on donne le « premier concert Covid » de la ville. Sur la place de la République, défigurée par un parking, quelques bâtisses à colombages, où Jeanne d'Arc et ses capitaines se seraient reposés en marchant vers Reims, témoignent de la grandeur disparue de la ville. La soirée d'octobre est encore douce, un couple se tenant par la main hésite à entrer. Pour avoir le droit de se démasquer, il faut rester assis. Yohann, un des gérants qui poursuit une carrière dans le bâtiment, s'échine à faire respecter la consigne. Pas simple dans un bar à concert, où trois guitaristes, un batteur et un pianiste se donnent à fond. « En passant notre temps à faire la police, on perd sans doute des

1. « Jard » pour jardin. À Châlons, on trouve « le grand Jard », dans lequel a été ouvert un Skate Parc réputé, et « le petit Jard », classé jardin remarquable.

2. Dans le chapitre consacré à Laon dans mon précédent ouvrage, *Dans quelle France on vit* (*op. cit.*), j'avais constaté le même phénomène : au niveau touristique, la cathédrale de Laon est délaissée par rapport à celle de Reims.

clients, mais bon, au moins, on est là ! », admet-il, soulignant que la soirée lui coûte cher puisqu'il a fallu embaucher le groupe, louer les moyens acoustiques, l'agent de sécurité, et rémunérer les six employés. Même si depuis la Covid, il s'en félicite, la clientèle a rajeuni, les jeunes n'ayant plus « nulle part où aller ».

Florence, 58 ans, une belle Châlonnaise au tempérament de feu, chez qui j'avais passé cinq heures à discuter, m'avait parlé de ce lieu et convaincue de m'y rendre avec elle. Au premier étage du bar, nous retrouvons Maxence, 22 ans, employé chez Ludovic Vachet, la cinquième génération de boucher, un artisan prêt à transmettre son commerce à son ancien apprenti. Maxence est accompagné de Célestine, son amoureuse. Nous sommes servis par Amandine, 25 ans, rencontrée au bar d'en face, un après-midi où elle était de repos. Pour réussir à se parler, il faut hausser la voix.

Quelque jours plus tôt, Florence m'a reçue à l'heure du petit déjeuner, en robe pailletée dans son appartement en HLM du quartier du Parc Saint-Pierre, juste en face d'habitations militaires désaffectées. Ses ongles sont soigneusement manucurés, ses deux auriculaires pailletés de mauve. J'admire son intérieur aux rideaux vert pomme et posters colorés ainsi que des clichés encadrés de ses voyages, mais surtout, des photos de Tom, son fils unique, DJ à Reims, accrochées sur tous les pans de mur. Le père de ce fils l'a quittée il y a déjà de nombreuses années, mais l'ancienne coiffeuse en parle avec douceur comme de « l'homme de (s)a vie ».

Florence a grandi dans le bar de ses parents situé face au cirque, qu'ils ont vendu au moment de la construction des quatre voies de la « pénétrante ». Dès l'âge de 15 ans, elle a appris la coiffure et restera employée vingt et un ans dans le même salon. À la naissance de son fils, Florence change d'employeur. Elle y reste quatorze ans pour un salaire mensuel de 1 264 euros net. En 2018, après quarante années de labeur, la Châlonnaise se retrouve licenciée économique. « À mon âge, me voilà à pleurer comme une gamine devant les filles de Pôle emploi ! J'avais tellement honte d'être au chômage, mais je dois dire que les conseillères m'ont toujours mise en valeur ! »

Peut-être, à l'avenir, devra-t-elle se contenter d'être embauchée dans les usines du coin « où j'serai encore plus fracassée », mais, pour cette femme chaleureuse, élégante avec ses cheveux relevés et son écharpe rose poudre, qui se tient bien droite face à moi au Saco, il est inconcevable de ne pas travailler. Du coup, Florence admet « profiter » des formations offertes par Pôle emploi pour « faire reculer son chômage » et « avoir de belles expériences », celles que personne n'a pu lui offrir dans sa jeunesse.

Au second tour de l'élection présidentielle de 2017, elle a fait barrage à l'extrême droite en votant Macron. Déçue par son compagnon de l'époque qui vote Marine Le Pen, depuis, elle ne vote plus : « On n'a plus confiance en personne, on sait plus qui est qui… J'aurais bien demandé son avis à mon père, mais il est décédé… » En 2022, Florence n'a pas l'intention de voter, sauf si Le Pen et Macron se retrouvent au second tour.

Dans la vie de Florence, comme dans celle de tant de Français de tous âges, la politique ne tient plus aucune place, et les mêmes mots reviennent : « Qu'est-ce que peuvent m'apporter ces gens-là ? J'compte pas sur eux, pour rien. Ils ne me représentent pas. Y z'ont pas d'incidence sur ma vie. Y servent à rien les politiques, y voient la misère, les problèmes, mais en même temps y veulent rien voir. En fait y m'dégoûtent ! On n'en a plus besoin ! », assène-t-elle.

À son âge, justement, Florence ne veut plus être coiffeuse. « J'ai plus la force ni l'envie d'écouter les clientes… qui ne parlent que d'elles-mêmes ou de leurs maris, toujours pour critiquer bien sûr. Ça a fini par me gonfler. Et puis, j'pensais que ces femmes avaient de la considération pour moi, tu parles ! Pendant des années j'ai eu de très bons rapports avec mes fidèles clientes, mais du jour où tu t'en occupes plus, c'est fini, t'existes plus ! En fait, t'es vite remplacée dans la vie… »

Florence est simplement déçue de ne pas s'être rendu compte plus tôt qu'elle n'avait pas assez vécu pour elle, comme si sa vie s'était déroulée sans qu'elle ait choisi quoi que ce soit, à l'image de tant de femmes rencontrées en France ou dans le monde. Mortifiées par ce constat, certaines se recroquevillent. D'autres, comme Florence, se libèrent.

À plus de 50 ans, l'ex-coiffeuse est retombée amoureuse, a été embauchée comme serveuse dans le bar-tabac d'une copine, a étiqueté des fringues dans des magasins de vêtements où ses anciennes clientes la reconnaissaient, a interrompu un stage de formation parce qu'elle ne pliait pas le papier cadeau comme sa cheffe, de vingt-cinq ans sa cadette, exigeait qu'elle le fasse, et s'est retrouvée au chômage, un statut qu'elle abhorre, même si, « au chômedu, j'gagne à peu près ce que j'gagnais avant en coiffure, et ça m'laisse mes soirées de libres, par exemple pour aller voir les Lovin'

Stones avec toi en concert[1]... », reconnaît-elle. Comme ce soir sur la place de la Rép'.

Maxence le boucher et Célestine sont en couple depuis à peine huit mois et irradient de bonheur. Maxence revient de loin : orphelin de père depuis ses 11 ans, il a grandi seul avec sa mère et sa sœur aînée. Assidu dans cette boucherie qu'il n'a plus quittée depuis son stage découverte en classe de 3e et dont les ventes ont explosé depuis la Covid et la vente en ligne, le jeune homme a mis de l'argent de côté et acheté deux appartements qu'il loue tout en résidant chez sa mère. « Mon grand-père était maçon, il m'a toujours dit que j'avais raison de vouloir investir dans la pierre. Mes potes me prennent pour un fou, j'comprends pas, ils n'ont pas d'ambition, des fois même ils vivent aux crochets de l'État... J'ai pas du tout envie de rester ouvrier avec le même salaire[2] encore dans dix ans... Même ma mère qui travaille dans les pompes funèbres depuis trente ans n'a jamais gagné cette somme ! »

Maxence a pour habitude de relâcher le poisson qu'il pêche en rivière et ne sait pas quoi penser du réchauffement climatique. Il assure ne pas être réceptif aux théories complotistes, mais se demande si « les ultra-riches ne mettent pas au pouvoir tous ceux qui les arrangent. Parce qu'il y a quand même des gens au-dessus qui gèrent et qu'on voit pas... ». Entre amis, Maxence et Célestine ne

1. Un groupe musical fan des Rolling Stones qui donne des concerts à Châlons.

2. En décembre 2021, le salaire de Maxence s'élève à 1 820 euros nets mensuels.

parlent pas politique. Personne ne dévoile s'il vote ni pour qui, ni combien il gagne et ces tabous agacent le jeune boucher, qui, lui, assume sa situation et est déjà en pourparlers avancés avec son patron pour reprendre son commerce.

Maxence s'abstient de voter parce qu'il ne sait pas à qui donner sa voix. « On est et on restera toujours dans une société de consommation ! », cette certitude le désole. « On nous monte les uns contre les autres pour pas parler des vrais sujets. Par exemple, y en a qui font des enfants sans assumer derrière, ben, moi, j'veux que mes enfants manquent de rien... » Peu importe qui arrivera au pouvoir, ça ne changera rien. Sauf si c'est Marine Le Pen, à propos de laquelle il a lu une publication partagée sur sa page Facebook. Maxence a oublié de quoi il s'agissait précisément, mais il était d'accord avec ce qu'elle affirmait. En revanche, il doute fortement de sa capacité à gouverner une fois au pouvoir.

⋆
⋆ ⋆

Amandine, vingt-cinq ans, la jeune Châlonnaise qui nous sert au Shop & Bières Sacobri, salue chaleureusement Maxence, un bon copain de son frère. Employée de laboratoire en CDD dans une usine de craie, Amandine est titulaire d'un master en chimie et travaille irrégulièrement au « Saco » pour des « extras ». Comme de nombreux jeunes diplômés du coin, la jeune femme n'arrive pas à trouver du travail dans son domaine. Amandine est la fille d'une employée d'hôpital et d'un soudeur sur camions poids lourds. Elle avait d'abord entamé des études de médecine en visant pharma, mais elle s'est « loupée ». Aujourd'hui, elle est prise dans un cercle vicieux : trop qualifiée pour ce job de technicienne, elle manque d'expérience professionnelle pour un poste de « chef de projet ». Ses prétentions salariales refroidissent les employeurs potentiels, qui, plutôt que l'embaucher comme « technicienne de labo », la recrutent au grade inférieur.

Les cheveux remontés haut derrière la tête, ses yeux soulignés par un fin trait d'eye-liner, je reconnais en Amandine une jeune femme déterminée, qui réfléchit toujours quelques centièmes de seconde avant de répondre à mes questions. « Mon domaine d'études est particulier. Je le savais, j'ai merdé... J'aurais dû aller direct vers un doctorat en fait. » Amandine est inscrite à Pôle emploi « au cas où », mais généralement, elle trouve tous ses jobs elle-même.

La jeune femme n'a voté qu'une fois, à la présidentielle de 2017. Pour 2022, elle se forcera à aller voter, mais elle aussi se sent peu concernée par les joutes entre politiciens, estimant les politiques peu concernés par sa vie, leur rendant bien la pareille, et jugeant les partis politiques dépassés. Elle ne comprend pas les « futilités » qui obsèdent les politiques et les médias, comme ce fameux « communautarisme » ! « Je me sens plus utile à trier mes déchets qu'à choisir un président ! », affirme même la jeune femme, exaspérée par les incessants débats sur les chaînes de télévision d'information continue à propos de sujets « inintéressants », comme la retraite, non que cela soit trop tôt pour en parler, mais parce qu'elle est convaincue qu'elle n'en aura pas.

Avec sa colocataire, Amandine discute les heures sur les chances de chacun pour trouver sa place dans un pays qui ne pense qu'à conserver la sienne en tant que puissance mondiale, un paradoxe qu'elle estime indécent. Mais, par dessus tout, Amandine aimerait savoir si ses doutes sont partagés ou si son avis est minoritaire.

Fille unique, elle ne veut pas d'enfant. « C'est horrible ce que je vais dire, mais je veux pas avoir à m'occuper de quelqu'un d'autre que moi-même. J'ai pas le temps ! Y m' faudrait une autre vie pour essayer ! » On convient finalement que cette affirmation reflète son sentiment du moment, qui pourra être modifié avec le temps[1].

*

* *

Le nom de Cindy, 22 ans, m'a été soufflé par le Centre culturel et social Rive gauche. Rien qu'à voir sa haute et gracile silhouette s'avancer lentement sur le parking de la médiathèque, juste en dessous de l'Échiquier châlonnais, je suis sûre que cette jeune fille ira loin dans la vie. En la regardant me revient même en tête le refrain du tube « Super Nana », de Michel Jonasz : « Elle marche/ parmi les détritus/On dirait, comme sur les prospectus/Ces filles allongées à l'ombre des cactus/Tu vois c'que j'veux dire et pourtant c'est juste/Une super nana. » Cindy n'a sûrement rien à voir avec la fille de la chanson, mais elle me paraît une « super nana ».

1. En mars 2021, Amandine a été embauchée à Roubaix dans une petite société qui apporte des solutions clients à des problèmes rencontrés dans le secteur de la chimie. Elle a rejoint une école de commerce parisienne en alternance pour obtenir un master Ingénierie d'affaires et l'entreprise a accepté de financer sa thèse. Ce contrat d'apprentissage durera deux ans, au cours desquels Amandine alternera mission commerciale et projet de labo. Elle est ravie.

Le quartier manquant de bars, je demande aux employées de la médiathèque s'il est possible de s'installer dans un coin. Elles acceptent, la médiathèque étant vide. Cinq minutes plus tard, alors que Cindy vient de débuter le récit de sa vie, surgit une patrouille de police. Le déclenchement intempestif de l'alarme du club des échecs à l'étage supérieur les a faussement alertés.

Cindy a obtenu son bac pro au lycée Jean-Talon puis a été admise en BTS « commerce international » à Reims. Pendant deux mois, elle a pris deux fois par jour le train pour Reims, mais la « mentalité » de ce BTS « sélect » lui a peu à peu ôté l'envie « d'être comme eux ». Elle s'explique : « Tous les étudiants étaient issus d'un milieu différent du mien et passaient leur temps à critiquer des gens que, justement, moi je pourrais côtoyer ! » La jeune fille à la coiffure nattée depuis le haut du crâne jusque sur son dos, aux longs cils fournis, à la carnation parfaite et aux stupéfiants yeux en amande, serre contre elle une pochette mauve assortie à son pull. À ce souvenir, elle baisse la voix, son doux visage se penche sur ses mains fines qui tordent et détordent la chaînette dorée de sa pochette. « J'espère que c'est pas ce qu'on a fait qui définit ce qu'on va devenir ! Moi j'pense que c'est plutôt comment on va se battre ! C'est triste quand même de penser ça, non ? », murmure Cindy.

Incapable de poursuivre sa scolarité à Reims, la jeune fille réintègre un autre BTS[1] dans un lycée châlonnais. Elle réalise aussi que, pour se spécialiser, il faudrait poursuivre

1. BTS Management des unités commerciales (MUC).

au-delà du BTS, mais toutes les écoles envisagées à Reims ou à Paris sont payantes. Cette découverte la perturbe : « C'est simple : soit tes parents sont aisés et t'as pas de problèmes, soit ils essaient d'obtenir un prêt et moi, ben, j'ai pas voulu demander à mon père de faire ça[1]. Déjà que mes parents se sont toujours débrouillés pour qu'on manque de rien... Arrivée à un certain âge, j'pense que j'suis parfaitement capable de travailler et d'économiser... » Séparés, les parents de Cindy auraient tenté le prêt, mais leur fille a préféré ne pas leur imposer cette pression supplémentaire. Douée en droit, Cindy s'inscrit gratuitement à l'université de Reims, où elle se rend en voiture après avoir financé son permis grâce à des boulots de caissière et de vendeuse.

Douée, besogneuse et disciplinée, le rêve de Cindy est de créer sa marque de vêtements. « À la base, je dessine. Toutes mes études là, c'est pour faire plaisir à mes parents... » Faute d'avoir réussi à trouver un stage de trois mois en entreprise, Cindy ne validera pas sa licence e-commerce.

Pas encore majeure au moment de l'élection présidentielle de 2017, elle se souvient du jour où elle a reçu sa carte d'électrice. Plus tôt, à l'école, les discussions allaient bon train sur les possibilités de barrage à Marine Le Pen, même si, « faut être clairs, on ne peut pas tout rejeter dans son programme, tout comme dans les programmes des autres d'ailleurs. Y a partout du bon et du mauvais, et question immigration, je peux comprendre qu'on limite, je comprends aussi ceux qui disent qu'on fait rien pour eux et qu'il y en a que pour les migrants... » Cindy reconnaît que

1. Le père de Cindy est agent de sécurité dans une grande surface. Sa mère travaille comme garde d'enfants.

« certaines choses » sont vraies dans ce que dit Marine Le Pen, et que ces « choses » sont horribles. Mais elle n'en veut pas pour autant à ses amis qui votent pour elle : « C'est leur façon de penser, je respecte ça ; c'est juste qu'on n'a pas le même parcours. »

Elle aussi est catégorique sur un point : « Les politiques ne nous représentent pas. Comment le pourraient-ils ? Ils ne viennent pas voir sur le terrain » et surtout, critique-t-elle, ils ne trouvent pas « la bonne façon de nous toucher ».

Elle non plus ne regarde plus les informations, refusant ce flux permanent de mauvaises nouvelles et l'image négative des quartiers véhiculée dans les médias. Elle glisse dans le même sac élites médiatiques et politiques : « Plus ça avance, plus ils veulent qu'on cesse de réfléchir par nous-mêmes. Ils nous incitent à croire bêtement ce qu'un tel ou une telle va dire, nous donnent des idées qui ne sont plus ce qu'on pense, comme si on allait les avaler. »

De lourds godillots noirs vernis sans talons (elle est déjà si grande) ajoutent une touche originale à sa tenue. À son oreille gauche, cinq minuscules brillants soulignent un lobe délicat. Notre discussion évoque les différentes nuances de couleur de peau et leurs conséquences sociales. « Quand je me promène avec ma nièce plus foncée que moi, une très belle jeune fille, j'entends toujours dire que je suis plus belle qu'elle ! J'peux t'le dire : plus tu vas être claire, plus tu vas réussir dans la société ! », insiste Cindy, elle-même métisse[1], qui veut me raconter une autre anecdote. Elle et un ami arabe de son âge, au profil scolaire similaire, ont

1. Son père est d'origine béninoise. Sa mère est mi-béninoise, mi-espagnole.

postulé pour le même petit boulot de vente à Châlons. Quand il s'est présenté, poli et bien habillé, il a été refusé. Le lendemain, Cindy a immédiatement été embauchée. « Je ne savais même pas quoi lui dire à mon copain en fait… », se remémore-t-elle, gênée. Ces sujets complexes sont une source d'embarras constante pour celle à qui l'on lance souvent : « Vous êtes très belle… pour une Noire… », une expression raciste et choquante.

Nous achevons la conversation dans ma voiture parce que la médiathèque s'est remplie et que je ne suis pas à l'aise pour continuer à l'interroger dans un espace public où n'importe qui peut nous entendre. « La société dans laquelle on vit ne me plaît pas, y a trop de non-dits, s'emballe Cindy. Comme si les Français ne voulaient pas montrer qui ils sont vraiment… » Pour contrer ces dénis, la jeune femme n'envisage qu'une solution : s'impliquer en politique ! Elle croit encore au vote, parce qu'elle croit à l'engagement. « On ne peut pas bouger la mentalité des gens si on n'est pas activiste ! Moi, je vis ici, dans ce quartier prioritaire, mais je sais que j'ai une meilleure vie que la plupart de ces jeunes. Les différentes communautés passent leur temps à se critiquer les unes les autres, du coup elles s'autolimitent… il faut pas ! Faut jamais se laisser abattre ! »

*
* *

Les jeunes de Châlons ressemblent à ceux de toute la France : ils sont à la fois pétris de certitudes acquises sur le Net, au gré de leurs interactions sociales, des relations familiales et de leur milieu social, mais ils cherchent aussi leur place. Questionnés sur leurs intentions de vote ou sur ceux qui nous gouvernent, telle une pointe d'amertume, leurs doutes jaillissent. Car nos jeunes doutent de tout : d'eux-mêmes, des adultes, de leurs enseignants, de leurs parents, de leurs collègues, de leurs patrons, des politiques, des médias en continu qui ont bercé leur enfance, mais surtout, de notre système politique et sociétal.

C'est la plus grande différence avec ce que je ressentais à leur âge : quitte à être ultérieurement déçue (et je l'ai été), j'avais davantage confiance en moi, en l'avenir, et cette foi naïve encourageait toutes les hardiesses.

Aujourd'hui, le futur de notre pays appartient à cette génération désillusionnée, mais si impatiente d'agir.

ÉPILOGUE

Que ce soit Virginie la podologue devenue cheffe des Gilets jaunes de Givors, le jeune Emiliano qui cherche sa voie à Alès, Christiane ou Laurent, bénéficiaires de l'aide sociale à Denain, le couple formé par Jessica et Jean-Luc dans le Diois, celui d'Alix et Valentin à Saint-Maixent-l'École, Morgane et Manu, les deux éleveuses de chèvres à Fégréac, Johanna, résidente des Quinconces à Andernos-les-Bains, ou Cindy étudiante de Châlons-en-Champagne, chaque expérience de vie est unique et singulière – reflétant en cela ce que Pierre Rosanvallon nomme l'« individualisme de singularité[1] » –, mais ceux qui les vivent sont de plus en plus liés par un sentiment commun : la défiance.

Toutes les enquêtes d'opinion et sociologiques le prouvent, la désillusion des citoyens à l'égard de la *res publica* a envahi

1. L'avènement de l'individualisme de singularité contemporain, explique Pierre Rosanvallon, est lié à « la complexification et l'hétérogénéisation du monde social », mais aussi et surtout « au fait que les individus sont dorénavant autant déterminés par leur histoire que par leur condition sociale », cf. *Les Épreuves de la vie*, *op. cit.*, p. 70.

et quasi restructuré l'espace politique[1] : aujourd'hui, plus que le traditionnel vote « de classe » ou le clivage « gauche-droite », le niveau de confiance est l'élément qui éclaire avec le plus de justesse ce que sera le face-à-face du second tour de l'élection présidentielle de 2022.

Depuis le début des années 2000, c'est comme si ce sentiment déterminant entre humains – la confiance – était constamment remis en question. Son opposé, la défiance, a fini par nourrir forces populistes et partis antisystème et même contaminer d'autres domaines, comme le système bancaire, qui a glissé vers l'automatisation, voire la virtualisation de ses services. En médecine, la tendance est similaire : à l'origine respectueuse du savoir du praticien, la relation de médecin à patient est devenue « égale », pour quasi s'inverser, le patient surinformé se considérant comme un acteur à part entière de sa santé et n'hésitant plus à remettre en cause l'expertise de son médecin. Dans le domaine de l'éducation, certaines universités ont profité des confinements pour imposer des cours en distanciel, ce que certains professeurs refusent, convaincus que cette nouvelle façon d'enseigner est moins efficace que le présentiel.

Même si, depuis 2013, la Haute Autorité pour la transparence de la vie publique offre le droit de consulter les déclarations d'intérêts et de patrimoine des élus[2], le citoyen désenchanté continue de ressentir au plus profond de lui

1. Cf. « La confiance, denrée politique en voie de disparition », *Le Monde*, 23 novembre 2019.

2. Cette possibilité a été ouverte après l'« affaire Cahuzac », débutée en décembre 2012, lorsque ce ministre délégué au Budget fut accusé par le site internet Mediapart de fraude fiscale. Cahuzac reconnaîtra finalement sa faute en avril 2013 et sera condamné.

injustice et ressentiment à l'égard des institutions et de ceux qui les incarnent. Se prenant à rêver d'une démocratie moins verticale, il n'accepte plus automatiquement ce que « les sachants » disent et remet allègrement tout en doute. Il fait sécession, devient un citoyen différent.

Le 7 mai 2017, au soir de sa victoire, Emmanuel Macron a prononcé un discours empli d'espoir. Quand il a évoqué ceux « qui ont voté pour Mme Le Pen », sa voix a été couverte par la foule, mais il a insisté : « Ne les sifflez pas, ils ont exprimé aujourd'hui une colère, un désarroi, parfois des convictions, je les respecte et je ferai tout durant les cinq années qui viennent pour qu'ils n'aient plus aucune raison de voter pour les extrêmes. » Malgré la clameur, le président a poursuivi : « Vous avez choisi l'audace, et cette audace nous la poursuivrons. Chaque jour qui vient, nous continuerons à la porter [il scande ses mots avec son bras gauche, main ouverte], parce que c'est ce que les Françaises et les Français attendent, c'est ce que l'Europe et le monde attendent de nous ! Ils attendent qu'à nouveau la France les étonne, que la France soit elle-même ! » Savourant le moment, le chef de l'État fixait la foule : « Nous ne céderons rien à la peur, à la division, au mensonge, nous ne céderons même rien à l'ironie, à l'entre-soi, à l'amour du déclin ou de la défaite. (...) Je réconcilierai, car je veux l'unité de notre peuple et enfin, mes amis, je vous servirai avec humilité, avec force, je vous servirai au nom de notre devise, Liberté, Égalité, Fraternité [clameur], je vous servirai dans la fidélité de la confiance que vous m'avez donnée, je vous servirai avec amour ! Vive la République, vive la France ! »

Un peu plus d'un an plus tard, à l'automne 2018, un mouvement atypique gagne de nombreux Français qui, parce qu'ils se sentent ignorés et méprisés, traités sans respect et la proie de multiples injustices, se regroupent des mois durant sur des ronds-points. La sensation de mépris a nourri leur ressentiment. Ces trouble-fêtes sont aussitôt critiqués : leurs revendications paraissent peu claires, elles ne correspondent pas à celles que l'on attendait, mais surtout, leur irruption sur ces ronds-points, dans les studios de télévision, au cœur des conversations, a provoqué un malaise. D'autant que ces dizaines de milliers d'hommes et de femmes osent remettre publiquement en question la légitimité des responsables politiques dont ils se méfient. Nombreux sont ceux qui pensent comme eux sans pour autant se joindre physiquement au mouvement. Cette façon de s'exprimer est totalement inédite.

Comme toute une série avant lui, le discours politique du soir de la victoire de 2017 s'est évaporé. « Se faire élire aujourd'hui est trop souvent la voix la plus directe et la plus sûre vers la détestation. (…) Le rythme de la carbonisation politique s'accélère en même temps que son degré s'intensifie. Curieuse et courageuse idée, au fond, que de se présenter à des fonctions désormais aussi détestées[1] », analyse, lucide, l'ancien ministre Mathias Fekl[2]. Souvent, la parole est belliqueuse d'emblée, et qui gagne en notoriété

1. Cf. *La Maison sur la colline*, *Le 1*, n° 312, « 600 jours pour quoi faire ? », 2 septembre 2020.

2. Mathias Fekl a été secrétaire d'État au Commerce extérieur puis ministre de l'Intérieur à la fin du mandat de François Hollande.

gagne des *haters*. Excellent vecteur de cette violence verbale, les médias sociaux répandent la « haine » envers le chef de l'État et ses affidés, mais aussi un fort sentiment de dégoût envers quiconque a le pouvoir, et ce sentiment ruisselle en cascade sur les institutions de la République, quasiment tous les élus… sauf le maire, verbalement malmené par ses administrés, mais encore reconnu « utile ». Pour ce livre, j'ai rencontré, écouté et recueilli reproches, espoirs et aspirations des uns et des autres, y compris les états d'âme de quelques maires. Cinq ans plus tôt, un édile s'était étonné de mes pérégrinations dans « sa » ville : « Avec qui donc parlez-vous, madame Nivat, puisque ce n'est pas avec nous ? » Ce refus d'admettre qu'une autre parole que la sienne soit audible illustre une époque prompte à étouffer toute alternative, à persister dans un entre-soi nocif et à développer de solides postures de déni qui ont (sans doute) contribué à ce que la grogne éclate.

La confiance est une denrée rare et fragile : on ne la trouve plus que chez ses proches, sa famille, ou ceux que l'on estime bien connaître. Elle résulte toujours d'efforts. Ainsi que le montre depuis onze ans le baromètre du Cevipof chargé de mesurer l'ampleur de la fracture politique, dès que la distance sociale s'accroît, la défiance surgit. Hormis envers leur conseil municipal, les Français ne se fient plus à quiconque : si 50 % de la population fait « plutôt » confiance à son/sa maire, ce chiffre tombe à 29 % concernant le président de la République actuel ; 29 % de la population pense être traitée par la société « avec mépris » et 24 % « avec injustice[1] ». Pis encore, 49 % de la population pense que la démocratie française ne fonctionne « pas bien[2] ».

Puisque, comme l'affirme Pierre Rosanvallon, « dans la démocratie comme forme sociale de l'individualisme de singularité, il y a l'aspiration à être important aux yeux d'autrui, à être unique. Il y a la formulation implicite d'un droit égal pour chacun à être considéré comme une star, un expert ou un artiste ; à voir ses idées et ses jugements pris en compte, reconnus comme ayant une valeur[3] », de nouvelles attentes démocratiques sont nées. Gênés, les responsables politiques les négligent et ne remettent pas leurs comportements en question.

Le premier tour du scrutin présidentiel est prévu pour le 10 avril 2022 et jamais le risque d'une forte abstention n'a été aussi grand. « On était tous contents de la jeunesse du président, maintenant c'est devenu la tête à claques. Macron nous a bernés, il a fait pschitt… Comment terminera-t-il son mandat ? », m'avouait à mi-mandat un ostéopathe parisien déçu.

« Ce n'est pas un vote qui fait changer les choses, car, à l'aboutissement, il y a des contents et des non-contents, mais ça reste un des moyens d'exprimer une voix et c'est toujours mieux que rien, m'expliquait par texto, résignée, Mélissa, 19 ans, secrétaire médico-administrative, après mon passage dans sa ville, à Châlons-en-Champagne. Je ne dirais pas que c'est dépassé de voter, car les femmes se sont battues

1. Cf. résultats de l'enquête « En quoi les Français ont-ils confiance aujourd'hui ? Le baromètre de la confiance », vague 12b, publiés en mai 2021.
2. 48 % ont répondu : « bien ».
3. Cf. Pierre Rosanvallon, *op. cit,* p. 71.

pour avoir le droit de vote, mais ça n'a plus le même impact. On va plutôt voter car il le faut, ou qu'on a un espoir que ça change un jour, même si l'on sait que non. C'est vrai que c'est devenu un peu banal. On est désarmés face à la situation car, justement, on ne trouve pas de moyens pour que cela change réellement. Je n'ai pas de solution miracle pour faire évoluer notre société, mais on pourrait commencer par avoir des élus qui osent dire les choses qui vont et celles qui ne vont pas, sans passer par des stratagèmes de politiciens, simplement quelqu'un qui soit clair et je pense que ma génération recherche vraiment ça, parce qu'on a du mal à croire ce que disent les politiciens, et pour cause, ils ont prouvé par le passé qu'ils sont pleins de belles paroles, mais pauvres en actes, pourtant, ils sont encore là, emballent tout ça dans du papier cadeau au lieu de dire réellement la vérité ! Cette manière de faire éloigne la jeunesse du vote, parce qu'on en a marre des belles paroles, on veut la vérité ! » Éclatante illustration de ce qui préoccupait le sociologue Didier Lapeyronnie, persuadé que « la vie sociale réelle se déploie au plus loin des stéréotypes et des querelles convenues qui fondent l'essentiel de notre vie idéologique et politique[1] ». Lucide, il constatait : « Ceux qui étaient sociables et confiants le sont un peu plus. Ceux qui étaient méfiants sont encore plus méfiants. Ceux qui haïssaient Macron le haïssent plus encore. (...) La "colère" augmente et se répand. Le processus affecte aussi le monde

1. Didier Lapeyronnie (1956-2020), sociologue, auteur, entre autres, de *Refaire la cité*, avec Michel Kokoreff (Le Seuil, « La République des idées », 2013). Cf. François Dubet, « Le sociologue Didier Lapeyronnie est mort », *Le Monde*, 14 septembre 2020.

politique et intellectuel : chacun déroule son programme spécifique en y voyant à la fois l'explication (je vous l'avais bien dit) et la solution (la mienne) : l'écologie pour les écolos, le féminisme pour les féministes, le libéralisme pour les libéraux, la nation pour les nationalistes, Mélenchon pour Mélenchon… Chacun prétend que le monde doit changer. Or nous assistons à l'inverse. Nous ne voyons pas apparaître d'idées nouvelles ou inédites. Les attitudes ne changent guère, bien au contraire, et chacun est affairé à bien se caler dans son rôle. Le monde ancien se crispe : il lui est insupportable de perdre le pouvoir[1]. »

Depuis la pandémie, tel un mantra, les médias ressassent l'avènement d'un « monde d'après ». Pourtant, je ne discerne encore que « le monde d'avant », peinant à céder sa place. Dans les laboratoires d'analyses et les hôpitaux, une majorité d'hommes occupent les postes les plus gratifiants (direction et médecins). Où que l'on porte le regard, dans tous les milieux, les rapports hommes-femmes illustrent encore largement la domination du patriarcat.

Socrate avait la sagesse d'avouer « je sais que je ne sais pas ». Soyons réalistes, et admettons qu'une nette séparation entre l'« avant » et l'« après » est illusoire : tout est mouvant à chaque instant. Cessons aussi de nous demander qui appartient à la catégorie des « essentiels » et qui à celle des « oubliés », car nous ne sommes pas des catégories.

Ce livre polyphonique ne provoquera pas de polémique, car je n'y dénonce rien et ne milite pour aucune chapelle.

1. Cf. Didier Lapeyronnie, « Avec le virus, Alien est revenu prendre la commande de notre esprit », *Le Monde*, 27 avril 2020.

J'y raconte, pour le partager avec tous, ce qui se joue « dans les profondeurs de la société[1] », et ce *road-movie* qui offre « une portée politique aux émotions recueillies[2] » à travers la France contemporaine rappelle à quel point la démocratie se mérite.

L'observer, y compris quand elle semble dysfonctionner, c'est aussi la choyer.

1. Cf. Pierre Rosanvallon, *op. cit.*, p. 152.
2. Cf. Aurélie Adler, « Redonner voix aux émotions, littérature et culture ouvrière », *in* Pierre Rosanvallon, *op. cit.*, p. 204.

BIBLIOGRAPHIE

– Laure ADLER, *La Voyageuse de nuit*, Grasset, 2020, 223 p. ; Le Livre de Poche, 2021.
– Marc AUGÉ, *Une ethnologie de soi, le temps sans âge*, Le Seuil, coll. « Point », 176 p., 2018.
– Raphaëlle BACQUÉ, Ariane CHEMIN, *La Communauté*, Albin Michel, 330 p., 2017.
– Isabelle BARBERIS, *L'Art du politiquement correct*, PUF, 202 p., 2019.
– Salomé BERLIOUX, Ekki MAILLARD, *Les Invisibles de la République*, Robert Laffont, 2 011 p., 2018.
Nos campagnes suspendues ; la France périphérique face à la crise, éd. de l'Observatoire, 200 p., 2020.
– Pierre BOURDIEU (*dir.*), *La Misère du monde*, 1 454 p., Le Seuil ; réédition 2015.
– Barbara CASSIN, *Le Bonheur, sa dent douce à la mort*, Fayard, 234 p., 2020.
– Éric CHARMES, *La Revanche des villages*, Le Seuil, « La République des Idées », 105 p., 2019.
– Louis CHAUVEL, *La Spirale du déclassement, essai sur la société des illusions*, Le Seuil, 208 p., 2007.
– Christine CLERC, *Le Bonheur d'être français*, Grasset, 283 p., 1982.

– Isabelle COUTANT, *Délit de jeunesse, la justice face aux quartiers*, La Découverte, 322 p., 2005.
Les Migrants en bas de chez soi, Le Seuil, 218 p., 2018.
– Éric DELBECQUE, *Les Silencieux*, Plon, 360 p., 2020.
– Didier ERIBON, *Retour à Reims*, Fayard, 252 p., 2009.
– Didier FASSIN et Alban BENSA (*dir.*), *Les Politiques de l'enquête, épreuves ethnographiques*, La Découverte, 328 p., 2018.
– Cynthia FLEURY, *Ci-gît l'amer*, Gallimard, 322 p., 2020.
– Jérôme FOURQUET, *L'Archipel français, naissance d'une nation multiple et divisée*, Le Seuil, 379 p., 2019.
avec Jean-Laurent CASSELY, *La France sous nos yeux*, Le Seuil, 496 p., 2021.
– Stéphane GATIGNON, *Qui connaît Günter Schabowski ?, réflexions d'un élu local de Seine-Saint-Denis sur un monde chamboulé de A à Z*, Alma éditeur, 113 p., 2017.
– Paule GIRON, *Vieux et debout !*, ed. In Press, Old'UP, 139 p., 2019.
– Julie GRAZIANI, *Tout le monde peut s'en sortir*, éd. de L'Observatoire, 196 p., 2020.
– Vincent GRIMAULT, *La Renaissance des campagnes*, Le Seuil, 304 p., 2020.
– Christophe GUILLUY, *No society, la fin de la classe moyenne occidentale*, Flammarion, 237 p., 2018.
Le Temps des gens ordinaires, Flammarion, 198 p., 2020.
– Vincent JAROUSSEAU, *Les Raisins de la colère*, Les Arènes, 161 p., 2019.
– Michel KOKOREFF, Didier LAPEYRONNIE, *Refaire la cité*, Le Seuil, « La République des idées », 107 p., 2013.
– Didier LAPEYRONNIE, *Ghetto urbain. Ségrégation, violence, pauvreté en France aujourd'hui*, Robert Laffont, 604 p., 2008.
– François LAPLANTINE, *La Description ethnographique*, Armand Colin, 119 p., 2015.
– Jean-Pierre LE GOFF, *La France d'hier, récit d'un monde adolescent des années 1950 à Mai 68*, Flammarion, « Champs essais », 455 p., 2019.

– Éric LESER, *Automobile : France d'en haut contre France d'en bas*, Eyrolles, 201 p., 2018.
– François-Guillaume LORRAIN, *Ces autres lieux qui ont fait la France*, Fayard, 329 p., 2021.
– Ali MAGOUDI, *N'ayons plus peur ! Enquête sur une épidémie contemporaine (et les moyens d'y remédier)*, La Découverte, 196 p.,1998.
– Éric MAURIN, *Le Ghetto français ; enquête sur le séparatisme social*, Le Seuil, « La République des Idées », 89 p., 2006.
– Bruno PATINO, *La Civilisation du poisson rouge, petit traité sur le marché de l'attention*, Grasset, 166 p., 2019.
– Pascal PERRINEAU, *Le Populisme*, PUF, « Que sais-je ? », 124 p., 2021.
Le Grand Écart, chronique d'une démocratie fragmentée, Plon, 201 p., 2019.
– Edwy PLENEL, *La Victoire des vaincus, à propos des Gilets jaunes*, La Découverte, 188 p., 2019.
– Frédéric PLOQUIN, *La peur a changé de camp*, Albin Michel, 325 p., 2018.
– Pierre ROSANVALLON, *Les Épreuves de la vie. Comprendre autrement les Français*, Le Seuil, « Compte à rebours », 224 p., 2021.
– Bernard ROUGIER (*dir.*), *Les Territoires conquis de l'islamisme*, PUF, 351 p., 2019.
– François RUFFIN, *Leur folie, nos vies ; la bataille de l'après*, Les Liens qui libèrent, 270 p., 2020.
Ce pays que tu ne connais pas, Les Arènes, 209 p., 2019.
– Danièle SALLENAVE, *Parole en haut, silence en bas*, Gallimard, « Tracts », 56 p., 2021.
Jojo, le gilet jaune, Gallimard, « Tracts », n° 5, 2019.
– Pierre SANSOT, *Les Gens de peu*, PUF, « Quadrige », 223 p., 2017.
La France sensible, Petite Bibliothèque Payot, 254 p.,1995.

– Barbara STIEGLER, *Il faut s'adapter ; sur un nouvel impératif politique*, NRF essais, Gallimard, 284 p., 2019.
– Marine TONDELIER, *Nouvelles du front, La Vie sous le Front national. Une élue de l'opposition raconte*, Les Liens qui libèrent, 160 p., 2017.
– Pierre VELTZ, *La France des territoires, défis et promesses*, éditions de l'Aube, 157 p., 2019.

REMERCIEMENTS

Merci à toutes celles et ceux qui ont accepté de me parler pour cette enquête, refusant pour la plupart l'anonymat. Votre enthousiasme et votre confiance sont la preuve que le journalisme de terrain est non seulement encore possible, mais attendu et utile.

Jamais maison d'édition n'aura si bien porté son nom : chez Fayard, je me sens « chez moi ». Merci à Sophie de Closets de si bien me lire, à Hélène Guillaume d'accepter mes modifications sur épreuves, à Pauline Faure et à tous les personnels du 13, rue du Montparnasse.

À *Denain*, j'ai une pensée émue pour l'abbé Joseph qui, se sachant condamné, a bien voulu me recevoir pour me parler de sa ville. Merci également à mon confrère, Vincent Jarousseau.

À *Givors*, je remercie particulièrement Nicolas Ballet, journaliste et rédacteur en chef au *Progrès*, pour m'avoir ouvert son carnet d'adresses. Grâce à son talent et celui de ses équipes, il passionne chaque jour ses lecteurs via les informations locales.

À *Alès*, mon installation aux Prés-Saint-Jean n'aurait pas été possible sans l'aide précieuse de Bernard Lamouroux et d'Isabelle Meirargues. Ma gratitude va aussi à Cécilia Racaud, professeur au lycée Einstein de Bagnols-sur-Cèze, pour ses suggestions de contacts.

Merci à Hervé Mariton d'avoir pensé au bourg de Recoubeau-Jansac et au village de Miscon pour mon chapitre sur *le Diois*.

À *Saint-Maixent-l'École* je remercie Carole Laidet, photographe et amoureuse de sa ville.

Sans l'aide efficace de ma consœur, Anaïs Castagna, originaire de *Châlons-en-Champagne*, je n'aurais sans doute pas appréhendé la ville de la même façon.

Merci également à Lénaïc Leroy, directeur de cabinet du maire Benoist Apparu.

Enfin, pour la documentation et l'organisation des séjours à Denain, Alès, Fégréac et Andernos, je remercie ma consœur, Bettina Deguglielmo.

TABLE DES MATIÈRES

Cet ouvrage a été imprimé en France par
CPI Brodard & Taupin
Avenue Rhin et Danube
72200 La Flèche (France)

pour le compte des Éditions Fayard
en janvier 2022

Photocomposition Nord Compo à Villeneuve-d'Ascq

N° d'édition : 53-7420-3/01 - N° d'impression : 3046504